绿色创新系列丛书

碳寻

企业碳中和先立后破之路

王遥 施懿宸 著

电子工业出版社
Publishing House of Electronics Industry
北京·BEIJING

未经许可，不得以任何方式复制或抄袭本书之部分或全部内容。
版权所有，侵权必究。

图书在版编目（CIP）数据

碳寻：企业碳中和先立后破之路 / 王遥，施懿宸著.—北京：电子工业出版社，2024.1
（绿色创新系列丛书）
ISBN 978-7-121-46754-7

Ⅰ.①碳… Ⅱ.①王…②施… Ⅲ.①企业管理－节能减排－研究－中国 Ⅳ.①F279.23

中国国家版本馆CIP数据核字（2023）第225763号

责任编辑：张振宇
印　　刷：天津千鹤文化传播有限公司
装　　订：天津千鹤文化传播有限公司
出版发行：电子工业出版社
　　　　　北京市海淀区万寿路173信箱　邮编：100036
开　　本：880×1230　1/32　印张：11.875　字数：338.4千字
版　　次：2024年1月第1版
印　　次：2024年1月第1次印刷
定　　价：88.00元

凡所购买电子工业出版社图书有缺损问题，请向购买书店调换。若书店售缺，请与本社发行部联系，联系及邮购电话：（010）88254888，88258888。
质量投诉请发邮件至zlts@phei.com.cn，盗版侵权举报请发邮件至dbqq@phei.com.cn。
本书咨询联系方式：（010）88254210，influence@phei.com.cn，微信号：yingxianglibook。

参与编写人员

王　遥　施懿宸　杨晨辉　朱一木
胡雅琳　李梦晨　邓洁琳　杨乐静
俞　越　万秋旭　杨昆澍　王子睿
葛筱箫

推荐序

李 高

全国人大环资委委员，联合国气候变化框架公约缔约方大会副主席，中国环境学会气候投融资专委会主任

受邀为本书作序，恰逢第28届联合国气候变化大会（COP28）即将在迪拜拉开帷幕，全球目光再次聚焦在应对气候变化。在不久前举行的联合国气候雄心峰会上，联合国秘书长古特雷斯再次呼吁各国加强合作，共同应对气候变化危机，敦促各国加大工作力度，尽快将计划转化为行动。

气候变化是全人类的共同挑战，对我国的影响也极为显著。应对气候变化，关乎人类前途命运，事关中华民族永续发展。应对气候变化需要全社会共同努力，企业是其中不可或缺的主体。当前，许多企业已经认识到气候变化将对企业生产经营带来不利影响，开展积极行动，迎接挑战。但对于绝大多数的企业而言，对气候变化给企业带来的风险和挑战的理解尚不够深入，缺乏应对气候变化的具体目标和时间表、路线图。《碳寻——企业碳中和先立后破之路》的出版恰逢其时，本书立足实际，从企业的视

角出发，多角度全方位为企业制定与落实绿色低碳转型提供参考方法与路径，为建设可持续的未来提供指导。

  本书从气候变化对企业的影响开篇，在对国内外应对气候变化的政策行动进行梳理的同时，针对企业生产经营中的关键议题、关键领域，深入浅出地为企业低碳发展设计框架。本书依托中财大绿金院在绿色领域的研究，特别从ESG、碳金融两处着笔，为企业的碳中和之路提供运营、资金解决方案。本书还通过各行业实现绿色低碳转型的代表案例，深入分析各行业的最佳实践，展示各类企业是如何应对环境挑战、提高资源效率、降低碳排放的。毫无疑问，这些都将为企业提供参考与指导，激励更多企业碳中和之路行稳致远。

  绿色低碳发展不仅是承诺、是责任，更是理想、是机遇。落实绿色低碳转型，入局气候变化，方能突破发展瓶颈、实现可持续增量发展。希望有更多的中国企业因地制宜探索低碳发展路径，自主开展节能降碳增效的技术升级，努力实现产业链的绿色低碳转型，为全球应对气候变化贡献中国智慧与中国力量，携手"碳寻"创建清洁美丽世界。

CONTENTS

目 录

第一章
迈向零碳之思：企业躬身入局迎接气候变化

1.1 气候危机如何影响企业发展 / 3
1.2 企业是时候直面气候危机了 / 26
1.3 碳全球化下，无人能独善其身 / 48
本章小结 / 52
本章思考 / 53

第二章
零碳政策之寻：企业碳中和发展指南针

2.1 关注本土政策 / 57
2.2 睁眼看世界 / 75
2.3 机遇与挑战并行 / 107
本章小结 / 123
本章思考 / 123

VII

第三章
低碳产业之路：企业该怎么走

3.1 能源革命：碳中和愿景的核心 / 129

3.2 零碳工业：再造"世界工厂"新名片 / 141

3.3 建筑业：钢铁森林里的绿色生机 / 153

3.4 交通运输业：碳足迹的主战场 / 166

3.5 企业减碳"三步走"：碳核查、碳减排、碳抵消 / 179

本章小结 / 215

本章思考 / 215

第四章
零碳运营之术：ESG 框架下的治理措施

4.1 ESG 战略规划：绘制企业可持续发展蓝图 / 219

4.2 组织运营：推进企业及价值链绿色运营 / 246

4.3 风险控制：企业必备风险控制 SOP 工具 / 267

本章小结 / 274

本章思考 / 274

第五章

碳金融之力：实现碳中和转型的助推器

5.1 弄懂碳金融	/278
5.2 金融机构如何布局碳金融市场	/309
5.3 碳金融产品交易流程	/320
5.4 碳金融投融资工具	/334
本章小结	/341
本章思考	/342

第六章

零碳实践之行：典型案例选

6.1 制造企业零碳案例	/345
6.2 科技企业零碳案例	/350
6.3 能源企业零碳案例	/355
6.4 金融企业零碳案例	/360

后　记

/366

第一章

迈向零碳之思：企业躬身入局迎接气候变化

- 零碳转型战略定力
- 零碳政策指引
- 零碳行业重塑
- 零碳企业优化
- 零碳金融工具使用
- 零碳实践样本

二氧化碳在空气中的占比仅约0.03%，却是形成生态危机的"罪魁祸首"。21世纪以来，温室气体引发的负面影响越发严重地危及地球这颗蓝色星球上的所有生物，并持续侵害生态环境的和谐与种群生活的稳定。无论是强降雨、持续高温、干旱、寒流等极端天气导致的突发性"黑天鹅"风险，还是诸如雾霾等由于渐进气候变化累积导致的持续不断且难以短期治理的"灰犀牛"风险，都能够对全球生态平衡造成巨大冲击，并产生大规模的社会经济影响，从而再次带来对生态环境的影响。而发展低碳经济则是改善气候变化的有效途径，这已成为国际社会的共识！

1.1 气候危机如何影响企业发展

气候变化所造成的负面影响将毫无疑问地影响到企业生产、运营的各个环节，继而造成如资源短缺、供应链中断等重大事件。目前，绝大部分应对气候变化的战略行动和具体措施多由国家层面推行，其中行业领先以及气候意识较强的企业选择了积极应对，但是仍有相当一部分企业在相关领域的意识有待提升。

2020年9月，中国国家主席习近平在第七十五届联合国大会一般性辩论上正式提出中国碳减排目标：争取于2030年前达到峰值，努力争取2060年前实现碳中和。中国"30·60""双碳"目标的提出，意味着中国迈向低碳时代。这是中国对世界的庄严承诺，也是中国立足新阶段、贯彻新发展理念、构建新发展格局、推动高质量发展的内在要求。

2022年10月，中共二十大召开，提出要"积极稳妥推进碳达峰碳中和，立足我国能源资料禀赋，坚持先立后破，有计划分步骤实施碳达峰行动"。这是中央对"双碳"目标的战略部署，显示中国在实现"双碳"目标上更加坚定、更加自信。

在中共二十大的谋篇布局下，中国"30·60""双碳"目标由顶层设计走向落地执行，国际市场碳关税机制逐步实施，国内政策及国际标准的完善都大大增加了中国企业的低碳转型压力，然而"危和机总是同生并存的，克服了危即是机"。以"双碳"目标为契机，中国企业抓住零碳转型的机遇，就有可能抓住"零碳红利"，再造国际竞争优势[①]。"零碳红利"是指围绕智

---

① 详情参见《零碳时代的产业再造——"零碳红利"释放中国制造新动能》。

能化和5G发展所带来的低碳技术红利、产业碳资产和国内碳市场环境优化所带来的碳市场红利、中国企业与国际碳关税接轨的国际化红利。这个概念提出时更聚焦在制造业绿色低碳转型的细分场景下，但其所指向的三个方面具体内容，对所有行业企业均有参考价值。

整体而言，企业要推行零碳转型战略，就应当首先对经营范围内潜在的气候问题建立足够清晰、系统的认知。就气候风险的构成与传导机制而言，可分为直接影响与间接影响两个主要范畴。直接影响对应的是企业自身因面对气候变化而承压的系统性风险；间接影响则对应的是气候风险借助利益相关方的传导链路，进一步反馈至企业自身的潜在负面因素。因此，企业需要将气候变化管理纳入企业战略管理中，以期在日常经营活动中最大化降低气候变化所造成的不利影响。

1.1.1 直接影响：企业的系统性气候风险

物理风险。物理风险是指气候变化的物理冲击所带来的财务影响，包括洪水、台风、海啸等极端天气带来的急性风险，以及气温升高、海平面上升等长期气候模式发生变化带来的慢性风险。物理风险可能会对企业的组织运营产生财务影响，如对资产形成直接损害、造成供应链中断等负面影响。除此以外，企业的财务绩效还可能受到极端温度变化，水资源可用性、来源和质量变化的影响，甚至包含生产活动场所、运输需求和员工安全等维度的影响[1]。表1-1列出了物理风险的类型、来源及应对措施。

表1-1 企业物理风险分类

物理风险		
风险类型	风险来源	应对措施
运营风险	极端气候事件造成的生产受阻	建立气候变化应急预案,将工厂迁移至气候变化影响较小的地区
财务风险	因气候变化而造成的资产减值,如设备损坏等	识别潜在的气候风险

资料来源:根据公开资料整理

转型风险。在与气候变化相关的缓解和适应要求下,企业向零碳经济转型将遭遇广泛的政策、技术、市场和声誉不断变化的制约。其中,缓和主要是指减少人类活动带来的温室气体排放,从而缓和全球气候变化的程度。根据这些变化的性质、速度和重点,转型风险可能会对企业造成不同程度的财务和声誉损失[2]。如表1-2所示,企业需要及时关注所在地区出台的低碳发展相关政策,并针对政策要点制定有效举措,从而降低经营层面的气候风险。而企业为之付出的成本与资源投入,都在有关风险管理范畴之内。

---

[1] https://assets.bbhub.io/company/sites/60/2020/10/FINAL-2017-TCFD-Report-11052018.pdf.

[2] https://assets.bbhub.io/company/sites/60/2020/10/FINAL-2017-TCFD-Report-11052018.pdf.

表1-2 企业转型风险分类

转型风险		
风险类型	风险来源	应对措施
政策风险	政策变化（如低碳政策要求）	制定企业低碳发展战略，提高应对气候变化的韧性
技术风险	高碳能源使用成本提高	发展和应用新能源等清洁技术
市场风险	低碳市场驱动	发展低碳生产模式，研发低碳清洁产品
声誉风险	市场重视低碳可持续产业	完善气候风险信息披露与风险管理机制
金融风险	高碳产业融资受阻	布局转型金融，引导产业绿色投融资

资料来源：根据公开资料整理

根据企业面临的风险类型，气候风险所产生的直接影响将会在企业生产运营的业务端、运营端及投融资端发生。

1. 业务端气候风险

如表1-3所示，业务端气候风险主要分为物理风险和转型风险两类，物理风险主要包括运营风险和财务风险两类；转型风险主要包括政策风险、技术风险、市场风险、声誉风险及金融风险五类。业务端受气候风险的直接影响，对应的是企业自身因面对气候变化而承压的系统性风险。

在气候变化问题的牵引之下，环境与气候风险敞口将进一步扩大，监管政策、低碳技术、市场需求等方面的形势转变也会对企业的生产经营活动产生深远影响。

表1-3　业务端气候风险分类

风险类型		业务端
物理风险	运营风险	√
	财务风险	√
转型风险	政策风险	√
	技术风险	√
	市场风险	√
	声誉风险	√
	金融风险	—

资料来源：根据公开资料整理

如表1-4所示，气候风险对业务端的影响主要在政策和法律风险、技术风险和市场风险领域。风险由供应链上游传导至下游业务端领域，对企业现有业务及产品造成直接影响。

表1-4　业务受气候风险影响

风险类型	风险相关内容	对企业的直接影响
政策和法律风险	气候变化相关政策和法律演变及不确定性带来的风险	使企业生产的高碳产品面临核销和提前淘汰的风险，影响企业财务收支
技术风险	企业在对新低碳技术的投资失败风险、向低排放技术过渡的前期成本过大产生的财务风险以及技术更新不及时导致的被市场淘汰风险	低碳技术的投资金额大、周期长、见效慢，如果企业内部的现金流出现短缺，不仅前期的大量投资将会搁浅，后续的生产也无法继续；在快速的市场变化中，企业如果无法及时进行低碳技术的更新，将面临竞争力不足甚至被淘汰的风险

续表

风险类型	风险相关内容	对企业的直接影响
市场风险	受客户行为改变、市场信号的不确定性、原材料成本增加等影响，企业生产成本进一步增加，企业盈利风险增加	市场快速转变及不稳定性传递的风险将导致企业产品和战略的搁浅，进一步影响企业收支状况

资料来源：根据公开资料整理

第一，政策和法律风险上升。政策和法律风险指围绕气候变化相关政策和法律的持续演变，企业在各个环节所面临的外部风险内生化过程。业务层面，国际机构与政府组织正陆续出台促进现有企业运行机制适应气候变化的标准与要求，包括"对现有产品和服务的授权和监督"等内容。由于气候政策缩紧与法律条文修订，存在一定的不确定性，现有高碳产品可能会面临核销和提前淘汰的风险，从而影响企业的财务收支。这有可能改变企业原本的产品策略，从而延缓甚至无限推迟企业的商业拓展进度，增大既有项目的开发成本，甚至在一段时间内持续影响企业的市场定位与战略方向。

第二，技术风险上升。气候变化产生的物理风险具有传导效应，其产生的极端气候将直接影响各个系统稳定性，进而传导至相应的政策，迫使政策适时调整。气候的物理变化带来的破坏性使人们更加了解到环境保护的重要性，进一步传导至环保需求。技术风险是指企业在改进低碳技术或产品创新过程中存在的风险，包括对新技术的失败投资、向低排放技术过渡的前期成本及技术更新不及时导致的市场竞争力下降。在低碳转型或新兴领域技术新旧交替的过程中,企业现有技术系统极易发生紊乱,阶段性不适宜的技术开发和部署决策可能会导致前期投资"颗粒无收"。在转向低排放技术过渡的期间,由于前期投入的大量成本无法立即转化成为生产效益,并且研发费用会在相对较长的周期内加速公司现金流的减少,进而影响企业财务收支平衡。例如,根据《巴黎协定》,已探明化石燃料储量的80%将在未来变成搁浅资源,这意味着企业持有的相关资源将因此逐渐贬值;同时,对化石传统能源依赖较强的企业还需要投入更多的研发成本以寻求更加清洁的能源[①]。此外,低碳发展时期,企业技术更新的及时性与自身业务开展的市场竞争力相挂钩。激烈的市场角逐越发青睐高产能、低能耗的业务模式,技术层面某一个环节的错位极可能侵蚀企业既有的利润空间,甚至导致企业面临被迫出局的潜在风险。

第三,**市场风险上升**。市场风险的本质是受气候风险影响,经济社会中的供求关系调整,从而传导至业务流程之中,包括客户行为改变、市场信号的不确定性、原材料成本增加等。首先,当原材料成本及资源回收成本增加时,企业的生产成本也进一步提升,从而影响企业的盈利情况。其次,客户行为的迅速转变会导致企业已推出或正处于开发阶段的项目受阻,产生大量沉没成

---

① 孙永平,李疑,李莹仪.气候变化与企业运营:风险、机遇与策略[J].江南大学学报(人文社会科学版),2021,20(1):92-101.

本。受此影响，市场上高碳业务需求的锐减将激化企业其他固有隐患，继而形成负面舆情，部分受气候风险承压能力薄弱或气候应对性不足的企业甚至会发生信用违约等极端性突发事件。

2.运营端气候风险

企业的运营范畴主要包含交通运输、维持企业日常经营、货物采购等内容，因此在气候风险的传导机制上具有一致性。气候风险会影响企业主体的日常运营，根据风险的性质和特点，如表1-5所示，可将其分为运营风险、财务风险、政策风险及声誉风险四部分。

表1-5　运营端气候风险分类

风险类型		运营端
物理风险	运营风险	√
	财务风险	√
转型风险	政策风险	√
	技术风险	—
	市场风险	—
	声誉风险	√
	金融风险	—

资料来源：根据公开资料整理

如表1-6所示，受气候风险影响，运营端的风险影响主要集中在运营风险、财务风险、政策风险及声誉风险领域。运营端受气候变化的直接影响，导致企业运营成本增加。

表1-6 运营端受气候风险影响

风险类型	风险相关内容	对企业的直接影响
运营风险	企业受气候风险导致的运输环节及供应链中断而产生的直接成本增加	交通运输中断，导致企业的交通调度以及技术设施维护成本增加，供应链中断导致产能不足，企业被迫调整上下游商品流转策略
财务风险	极端气候频发加大企业融资难度	企业受极端气候影响导致产能稳定性被打破，盈利风险增加，难以获得银行信贷资金支持，从而导致企业现金流不稳，财务收支不均
政策风险	国家出台的气候变化适应和减缓政策导致以企业为承压方直接产生的经营成本上升的风险	企业将因政策的改变负担巨大的沉没成本，上游产业链基础设施资产面临搁浅风险，现有高碳产品面临滞销风险，致使企业对政策的反应力度进一步被削弱
声誉风险	企业的环境与气候不作为行为导致大众产生负面印象，甚至面临行业歧视	消费观的"绿色化""低碳化"会导致大众对环境不友好企业的自发抵制，致使企业利润降低，口碑下降，甚至需要退出市场

资料来源：根据公开资料整理

第一，运营风险上升。运营风险是指企业受极端气候事件的影响，需要直接增加营业成本以维持企业的正常运转。具体而言，受气候变化影响，"绿天鹅"事件频发，极端天气的频繁出现会立刻冲击企业的既有运营模式。直观来看，企业运输难度的提高将无可避免地破坏供应链的稳定性，并在短期内难以寻求替代渠道。由于全球温室气体排放的持续影响，气候生态圈所勉力维系的脆弱循环正分崩离析，海陆空都不同程度地承受着一定的不确定性。海上运输及铁路运输都受到来自极端飓风及洪水的影响,交通调度及基础设施的维护修缮使企业的运营成本急剧增加。而气候变化导致的产能不足破坏了供应链的稳定性,进而影响上下游之间商品的流转,迫使企业调整采购战略。

知识点:什么是"绿天鹅"?

2020年1月,国际清算银行(BIS)发布《绿天鹅:气候变化时代中的中央银行和金融稳定》报告,首次提出"绿天鹅"概念,即指气候变化引发的、极具破坏力的极端事件,可能对社会发展和经济增长造成严重的财产损失,进而对金融市场构成系统性风险。"绿天鹅"事件可以被理解为气候领域的"黑天鹅"事件,是极具破坏性的"现象级"事件,且具有非线性特征。而"绿天鹅"与"黑天鹅"不同的是,长期气候变化发展趋势可以预测,若不加以有效控制,则预测将逐步成为现实,且不可逆。此外,气候灾害等"绿天鹅"事件还将给社会经济带来一系列相互交错的连锁反应。对于"黑天鹅"更为集中地反映在经济、金融、财富端的负面影响而言,气候风险还会危及人类的健康与生命安全,引发级联效应(Cascade Effect),产生更加复杂且更为巨大的危害。

第二，财务风险上升。具体是指气候变化加大了企业的融资难度，并给企业造成更不稳定甚至更低的现金流。部分处于气候恶劣区域的企业及受气候影响较大企业的生产具有很大的不确定性，该风险会造成此类企业更难以得到来自银行的资金支持。企业在供应端难以规避气候带来的影响，导致无法有预期、稳定地生产产品。而银行为了规避风险，在向企业提供贷款时已将气候变化风险纳入授信和额度评估之中，煤炭等受气候影响极大的高碳排放行业很难获得信贷资金支持，企业的财务风险也随之增加。

第三，政策风险上升。具体是指国家出台的气候变化适应和减缓政策导致以企业为承压方直接产生的经营成本上升的风险。当企业由于政策和法律的变化负担过高的成本时，企业将变更其业务和政策偏好以减少损失。随着气候风险的不确定性增加，以及政策和法律的要求进一步提升，高碳排放企业产业链上游的基础设施因法律的限制将产生巨大的资产搁浅，企业在管理相关风险的过程中会产生大量并不直接可见的成本支出。例如，企业自行开展环境监测的各种设施支出、环保机构管理支出等。

第四，声誉风险上升。声誉风险是指消费者对组织或企业产生负面看法的风险，具体包括因媒体大众批判以及消费者偏好转变而产生的品牌歧视风险。由企业形象的恶化导致的消费者流失造成的市场萎缩及利润减少，企业需投入大量的宣传成本用于改善大众的负面看法。随着绿色消费意识在消费者中的不断普及，以及大众消费偏好的不断改变，消费者更愿意选择树立环境友好品牌形象的产品并愿意为其支付更多的溢价，甚至开始自愿抵制高污染企业及其产品，从而导致高污染企业逐渐失去市场，最终倒闭。

3.投融资端气候风险

企业的投融资视角与偏重自身内部工作的业务、运营板块不同，更为具象化地呈现出实际操作中金融属性的一面。因此，气候变化对投融资业务的风险传导可以直接类比金融机构的承压流程。如表1-7所示，投融资端气候风险主要分为物理风险及转型风险两类，物理风险主要分为运营风险和财务风险，转型风险主要分为政策风险、技术风险、市场风险、声誉风险及金融风险。投融资机构持有的高碳资产受气候风险影响导致资产缩减，风险

表1-7 投融资端气候风险分类

风险类型		投融资端
物理风险	运营风险	—
	财务风险	√
转型风险	政策风险	√
	技术风险	—
	市场风险	—
	声誉风险	—
	金融风险	√

资料来源：根据公开资料整理

传导至投融资端，使投融资端受气候风险影响导致资产搁浅[①]。

如表1-8所示，从风险传导层面来看，气候变化相关风险会增加企业参与投资项目的违约风险，进而影响金融机构的投资决策。

表1-8 投融资端气候风险影响

风险类型	风险相关内容	对企业的直接影响
信用风险	支持大量高碳企业资产的投融资端受企业盈利能力下降影响造成经济损失的风险	受气候风险的影响，高碳企业盈利能力下降，甚至面临负债风险，持有大量高碳企业资产的投融资端面临资产搁浅的压力
市场风险	气候风险推动高碳资产贬值的风险	气候风险引起的突发事件可能导致高碳企业的资产搁浅，促使市场对高碳资产重新定价，推动高碳资产贬值，加剧企业债务积累和债务负担；同时，低碳转型政策的实施会导致投资者对资产盈利的预期发生变化，加大碳密集型资产的价格波动，引发市场抛售行为乃至经济危机，使金融机构在高碳行业的投资损失增加
流动性风险	拥有较多碳密集型资产的金融机构在短期内无法进行再融资的风险	受气候风险影响，碳密集型企业无法进行稳定生产，难以获得银行的长期信贷资金，加剧了企业发生债务违约的风险，持有较多碳密集型资产的金融机构受此影响资产发生搁浅的风险增大

资料来源：根据公开资料整理

第一，信用风险上升。气候风险推动产业结构向绿色低碳方向调整，加剧了"高能耗、高排放"行业的经营压力，导致高碳企业的盈利能力下降，高碳投资项目的债务违约概率增加。

[①] 资产搁浅是指由法律政策、技术创新和环境影响等外部变化导致资产过早地被减记、贬值或转换为负债的状况。

持有大量高碳资产的投融资端的资产搁浅风险也会随之不断上升，最终给投融资端带来巨大的经济损失。

第二，市场风险上升。气候风险引起的突发事件可能导致煤炭、石油等高碳企业的资产搁浅，促使市场对高碳资产重新定价，推动高碳资产贬值，加剧企业债务积累和债务负担，直接导致企业的经济损失，同时使关联金融机构的市场风险敞口扩大，造成连带经济损失或风险。同时，低碳转型政策的实施会导致投资者对资产盈利的预期发生变化，加大碳密集型资产的价格波动，引发市场抛售行为乃至经济危机，使金融机构在高碳行业的投资损失增加。

第三，流动性风险上升。在信用风险和市场风险的协同作用下，拥有较多碳密集型资产的金融机构资产负债表会受到极大冲击，导致其可能无法在短期内进行再融资。碳密集型企业受气候变化影响大，由于其生产的不确定性，很难获得银行的长期贷款，这也进一步加剧了碳密集型企业的违约风险。受此影响，持有大量密集型碳资源的金融机构随着市场环境变化不仅难以获得稳定的资金来源，更有可能由碳密集型企业的违约风险导致投资搁浅，最终引发无法估计的损失。

1.1.2 间接影响：利益相关方的传导效应

1.供应链的风险传导

气候风险不仅对企业运营产生直接影响，更会通过价值链关键环节对企业运营造成间接损失。因此，企业应充分考虑价值链各环节（如供应链、下游客户等）在气候风险下，由于政策、法律、技术、市场等因素的变动，对企业运营可能造成的影响，并在发展战略中制定应对策略，以更好地提升企业应对风险的能力（见表1-9，表1-10）。

表1-9 供应链气候风险分类

	物理风险		转型风险				
	运营风险	财务风险	政策风险	技术风险	市场风险	声誉风险	金融风险
供应商	√	√	√	√	√	√	
客户	√	√	√	√	√	√	
投资者	√	√					√

资料来源：根据公开资料整理

表1-10 供应商气候风险分类

风险类型		供应商
物理风险	运营风险	√
	财务风险	√
转型风险	政策风险	√
	技术风险	√
	市场风险	√
	声誉风险	√
	金融风险	—

资料来源：根据公开资料整理

气候变化对供应链的风险在于企业未能清楚地认识到气候变化与供应链运营风险之间的因果关系。在很大程度上，企业将气候变化视为一种战略层面的风险，而不是一种运营层面的风险。例如，对于果蔬供应商来说，气候变化可能会抑制上游作物的生长发育，从而导致产量下降、供货不足等问题。供应链的复杂性导致其易受气候变化的影响，每个节点都是一个"脆弱点"，一个节点的崩溃将连带产业链上下游和其他环节受到影响。表1-11将详细归类供应商气候风险影响。

表1-11 供应商气候风险影响

风险类型	风险相关内容	对企业的直接影响
运营风险	供应链受气候风险影响导致的运输以及供应链中断而产生的运营成本增加	交通运输中断导致供应商的交通调度以及基础设施维护成本增加，供应链中断导致产能不足，供应商业务受损
财务风险	企业受气候风险影响导致的经济损失	供应商受极端气候影响，产能稳定性被打破，供应链货物流动性停滞，导致业务减损，企业盈利能力降低
政策风险	气候政策导致以供应商为承压方直接产生的经营成本上升的风险	供应商因政策的改变负担巨大的沉没成本，上游产业链基础设施资产面临搁浅风险，现有高碳产品面临核销和提前淘汰的风险，最终企业对政策的反应进一步疲软
技术风险	供应商在对新低碳技术的投资失败风险、向低排放技术过渡的前期成本过大产生的财务风险及技术更新不及时导致被市场淘汰的风险	对于低碳技术的投资资金大、周期长、见效慢，如果企业内部的现金流断裂，不仅前期的大量投资将会搁浅，后续的生产也无法继续；在快速的市场变化中，企业如果无法及时进行低碳技术的更新，将面临竞争力不足甚至被淘汰的风险

续表

风险类型	风险相关内容	对企业的直接影响
市场风险	受客户行为改变、市场信号的不确定性、原材料成本增加等影响，企业生产成本进一步增加，企业盈利风险增加	市场快速转变及不稳定性传递的风险将导致企业产品和战略的搁浅，进一步影响企业的收支状况
声誉风险	企业因对环境不负责任行为导致大众产生负面印象甚至行业歧视的风险	消费观的"绿色化"会导致大众对环境不友好企业的自发抵制，致使企业利润降低、口碑下降，最后退出市场

资料来源：根据公开资料整理

首先，气候变化的物理风险会对供应链运输造成影响。气候变化的物理风险会冲击供应链和产业链的某些核心环节，并通过供应链和产业链放大到整个经济系统，最终损害经济系统的韧性。一方面，极端气候事件加大了一些对气候敏感的原材料的开采难度，并提高了运输中断、交付延迟等情况发生的概率，增加了运输成本，导致企业供应链成本上升。另一方面，极端高温、严寒和暴雨会造成生产运营设施的损坏，降低建筑物的使用寿命，从而增加企业的维护、更新和替代等生产成本，严重情况下会导致部分产品缓供或断供。在两种或多种极端物理风险叠加情况下，会对产品市场的正常运行产生较大冲击，造成市场风险上升。有些物理风险会扰乱正常的商品供应和出口贸易，从而降低相关企业的商品交付能力，增加企业的多重违约风险，并引发金融系统的不稳定。

其次，气候变化导致的转型风险会对产业链运转造成影响。气候政策驱动的产业转型和能源转型的顺利程度，取决于前沿技术、物质资本、人力资本和关键资源等多种要素的可得性和经济性。从短期来看，急速的产业转型和过早剥离部分处于关键节点的"两高"产业，会降低产业链的完整性，造成部分资产搁浅，甚至降低能源安全的保障水平。阶段性不适宜的技术开发和部署决策可能会导致前期投资"颗粒无收"。从长远来看，气候政策的全面实施，既会创造出一些新的部门，也会淘汰一些传统部门，可能深刻改变全球能源贸易模式，拥有低碳技术和低碳产品等比较优势的国家或地区将在未来的贸易格局中脱颖而出。如果一个国家政策、技术、资本和资源等要素供给不足，转型过程则可能较为漫长，甚至面临转型失败的风险。

2.客户端的风险传导

气候风险的发生将产生一系列的风险传导，破坏供应链的稳定性，给客户端带来巨大的风险（见表1-12），主要包括以下两点。

一是企业受气候风险导致运输受阻及供应链中断而产生的运营风险。干旱、冰雹、霜冻等极端气候导致上游生产商产能不足从而造成产品供应不足及原材料价格上升，而洪水、泥石流等由气候风险导致的自然灾害造成交通受阻及运输成本上升，这一系列问题破坏了供应链的稳定性，进而影响上下游之间的

表1-12 客户视角气候风险分类

风险类型	风险相关内容	对企业的直接影响
运营风险	企业受气候风险影响，导致运输受阻以及供应链中断而产生的运营风险	交通运输中断，导致企业的交通调度以及技术设施维护成本增加；供应链中断导致产能不足，增加企业违约风险
财务风险	供应链不稳定导致的产品供应不足以及价格上升带来的市场及财务风险	受气候风险影响，供应链产能不足以及原材料价格上涨通过供应链传导至下游客户端，造成客户端产品断供以及产品价格上涨，而市场供应不足以及价格上升则会进一步加剧市场风险
政策风险	国家出台的气候变化适应和减缓政策导致以企业为承压方直接产生的经营成本上升的风险	使企业生产的高碳产品面临核销和提前淘汰的风险，影响企业财务收支
技术风险	技术前期投入成本过高且无法立即转化成为生产效益导致的风险	在转向低排放技术过渡的期间，由于前期投入的大量成本无法立即转化成为生产效益，并且研发费用会在相对较长的周期内加速公司现金流的减少，进而影响企业财务收支平衡
市场风险	市场供应不足以及产品成本增加导致的风险	上游产能不足以及运输问题通过供应链传导至下游客户端，造成客户端产品断供以及产品价格上升，进一步加剧市场风险
声誉风险	企业的环境与气候不作为行为导致大众产生负面印象，甚至面临行业歧视	消费观的"绿色化""低碳化"会导致大众对环境不友好企业的自发抵制，致使企业利润降低、口碑下降，甚至退出市场

资料来源：根据公开资料整理

商品流转。二是供应链不稳定导致的产品供应不足及价格上升带来的市场及财务风险。受气候风险影响，供应链产能不足及原材料价格上涨通过供应链传导至下游客户端，造成客户端产品断供及产品价格上涨，而市场供应不足及价格上升则会进一步加剧市场风险。客户端受供应链不稳定性影响，导致违约风险加剧，违约赔付风险增加，进而影响客户端财务收支平衡。并且由于前期大量投入的低碳技术成本无法立即转化成生产效益，导致公司现金流减少，也会影响企业财务收支平衡。

案例：西门子全球供应链减排

图 1-1　西门子中国供应商大会
资料来源：网络

案例：西门子全球供应链减排

西门子认为气候变化不仅是一种全球趋势，更强调企业需要以身作则，为发展低碳经济做出贡献。西门子坚定承诺，在2030年前实现20%的供应链碳减排，2050年前实现供应链碳中和。"供应商的碳减排"计划旨在支持西门子的供应商制定减少其气候足迹的目标和行动计划。

◇ 增加透明度：2018年和2019年，西门子供应链管理对1万多家供应商进行了信息调研，以获悉供应商在碳减排计划和行动方面的透明度，以及他们在这一主题方面合作的意愿。西门子还与外部服务提供商合作开发了一套模型，以计算供应商提供的所有产品和服务的碳减排。

◇ 从基于模型计算得到的透明度向供应商提供原始数据：在此之后，西门子推出了"供应商碳减排"计划。西门子设计了"碳排放在线评估"（CWA）这一数字化工具，可与西门子碳计算工具结合使用。在2020年4月的第一次试点期间，西门子通过选定的采购员与试点供应商接触，以获取主要数据信息。绝大多数供应商已经实施了卓有成效的碳减排方案并取得了积极的成果。

◇ 采购决策的未来方向：2021财年，西门子供应链管理推出了西门子"供应商碳减排"计划，已邀请了超过1 000家在华供应商参与。西门子的目标是通过供应商提供的真实数据来

案例：西门子全球供应链减排

代替通过模型计算的碳排放量。这些数据将成为未来独立的碳减排计划的基础。西门子在保证供应商信息安全的情况下，努力做到尽可能信息丰富和透明。西门子发布了一系列视频，介绍了CWA这一工具以及如何提供必要的数据并减少二氧化碳排放的相关学习内容。

3.投资端的风险传导

气候相关风险将引发一系列相互交错的连锁反应，给金融市场带来了巨大的风险，同时也给投资机构带来了更多的挑战。如表1-13所示，投资端视角气候风险影响主要包括以下两点：一是高碳客户流失带来的业务挑战以及高碳客户债务违约带来的风险。随着低碳政策导向和市场需求的下降，高碳企业的生存空间进一步压缩，经营能力和偿债能力下降，面临破产和倒闭风险，以高碳企业为主要客户的金融机构也面临着客户流失的风险。由高碳客户受极端天气影响导致的生产不稳定性，获得信贷机构长期资金借款的难度极大，企业现金流不稳，债务可能违约，投资者资产搁浅的风险增大。二是高碳资产波动引发的投资危机。随着碳密集型资产价格和市场利率波动的加大，以碳密集型资产为主要投资对象的金融机构面临着投资损失增加和风险敞口扩大的危机。高碳企业受气候风险影响产生的债务违约行为会导致投资者承受未加保护的信贷风险，进而导致投资者资产亏损。

表1-13 投资端视角气候风险影响

风险类型	风险相关内容	对企业的直接影响
运营风险	物理风险对金融机构日常运营产生的风险	会直接损害其工作场所，导致无法正常办公，交通运输也会受到极端天气的影响
财务风险	高碳客户流失及债务违约带来的风险	高碳客户受极端天气影响导致的生产不稳定性，获得信贷机构长期资金借款的难度极大，企业现金流不稳定，债务可能违约，投资者资产搁浅的风险增大
政策风险	围绕气候变化相关政策和法律的继续演变对企业监督管理带来的风险	受政策监督管理制约，金融机构持有的碳密集型资产难以获得融资机会，导致碳密集型企业经营能力变弱，资产贬值及搁浅可能性增大
金融风险	高碳资产波动引发的投资危机	高碳企业受气候风险影响产生的债务违约行为会导致投资者承受未加保护的信贷风险，进而导致投资者资产亏损

资料来源：根据公开资料整理

1.2 企业是时候直面气候危机了

1.2.1 企业应对气候危机动力不足

尽管气候变化已经慢慢演变成对发展具有重大挑战意义的问题，但从目前来看，全球大部分企业并没有积极设立减排目标并采取足够多的具体行动，甚至在全球范围内引发了"漂绿"（Greenwashing）争议。"漂绿"行为频发的背后很大一部分原因是企业并没有真正认识到气候危机的严峻性，减碳行动力不足，仍处于纸上谈兵的阶段。甚至在社会共识层面，针对全球碳中和转型，还有一些不同的声音。

在气候变化相关议题发展初期，不少学者和利益相关方质疑气候变化的科学性，并且由于国家气候政策对于国内经济和国际外交影响较大，国际社会上存在着将气候变化政治化的"阴谋论"声音。

观点一：地球的气候总是在发生变化，这与人类无关。

反驳：在没有人类活动的干扰下，世界在过去确实经历了全球气候变化，出现了极端温暖或寒冷的时期，比如冰期。除此以外，还有一些区域性的气候变化，如"中世纪暖期"（当时冰岛的海冰减少，耕地面积扩大）。然而，与这些气候阶段性变化相比，20世纪全球平均气温上升了0.74摄氏度，这一增幅已经超过了单一自然因素的解释范围。地球气候变化成因复杂，地球轨道相对于太阳的变化、火山爆发和太阳释放能量的变化都会对气候造成重要影响，但是即使将所有这些因素都考虑在内，科学家们也无法解释过去100年来陆地和海洋气温上升的原因。

观点二：气候变化负面影响的规模往往被夸大，没有必要采取紧急行动。

反驳：气候变化的影响具有强烈的蝴蝶效应，并且有些变化不可逆。举例而言，温度升高可能会增加热浪、风暴和洪水等极端天气事件发生的频率。例如，温度升高可能导致大型冰盖融化,对世界各地的低洼地区带来严重影响。此外,气候变化的影响将不成比例地落在发展中国家和穷人身上,并加剧健康、食物和清洁水等方面的不平等[①]。

观点三:气候变化是发达国家针对发展中国家发展的骗局。

反驳:气候危机比大多数人所理解的要糟糕得多。生物圈及其所有生命形式(包括人类)的规模和它们面临威胁的规模都太大,以至于专家也很难准确把握。珊瑚因海水温度上升、虫黄藻自立门户而大面积白化,2020年达到历史新高:澳大利亚海洋科学研究所的年度调查数据显示,在五年间第三次大规模白化之前,大堡礁珊瑚只有轻微恢复,看起来半死不活。人类的拯救行动似乎没有带来任何效果。至少一半的海洋珊瑚礁在气候变化下受到严重的打击。气候变化所加剧的极端天气灾害,已使数百万人受到灾难性影响——从撒哈拉以南非洲的长期干旱,到席卷东南亚、加勒比海和太平洋的毁灭性热带风暴。高温在欧洲造成致命的热浪,在韩国、阿尔及利亚和克罗地亚引发了野火。巴基斯坦发生了严重的洪水,而马达加斯加的长期严重干旱使100万人获得足够食物的渠道非常有限。这些真实发生的案例无一不提醒人们气候变化是真实发生的,严重后果将会影响到我们每个人的生活。2023年6月,北京高温(日最高气温≥35℃)的持续天数长达11天,打破了1999年创

[①] Climate Change Controversies. The Royal Society. https://royalsociety.org/-/media/Royal_Society_Content/policy/publications/2007/8031.pdf.

下的连续9天的纪录。其中6月22—24日连续3天最高气温超40℃，比此前的最高纪录多了一天。

观点四：气候变化是政府部门的工作，和企业无关。

反驳：应对气候变化涉及各级政府、各行各业，推动经济社会发展绿色低碳转型是一项重大的系统性工程，既需要自上而下的顶层设计、政策支持，也需要自下而上地推进落实、实践创新，务实行动。在这过程中，企业是应对气候变化的主力军。自2009年哥本哈根气候变化大会以来，中国企业家先后联合发出了《中国企业界哥本哈根宣言》《企业可持续发展北京宣言》、"中国企业气候行动"等倡议，一批有代表性的、企业主导的气候变化项目相继启动。中国企业向全世界发出积极倡导、做出郑重承诺，并采取了一系列积极、创新、务实、有效的行动。

尽管在2022年，应对气候变化的全球行动遭遇了一些"逆风"，但随着气候风险对企业造成的影响不断加剧，制定相应的碳中和策略以应对气候风险，对企业已经变得非常重要。对于企业而言，再不正视气候危机，主动采取行动就会陷入被动，甚至是淘汰出局。

为达成承诺的碳中和目标，各国不断出台相应的减排政策，环境政策壁垒再度提高，不符合环保或者减排要求的企业可能面临关停或者受到主动壁垒限制，进一步加大企业市场进入成本。在国际贸易方面，不经过碳认证的企业商品可能无法销售到某些市场，甚至无法出口。在金融方面，有非环保产品、生成过程排放超标，或者持有其他负绿色资产的企业可能无法得到金融机构的信贷支持。在供应链端，高耗能、高排放企业或者产品无法经过低碳认证的企业难以进入大公司的供应链系统。消费者环保意识的提升也会逐步让不能证明其产品或者服务符合低碳标准的品牌退出市场竞争。碳中和是一个长期路线，是人类必须解决的问题，企业当下的选择会决定以后的命运。

1.2.2 气候就是经济，低碳就是未来

1. 寻求缓释路径第一步：正确认识气候问题的经济性

气候问题是现代化环境问题的导火索之一，与人类活动所导致的环境破坏、生态不平衡、物种灭绝等息息相关。但是相较于一般人为导致的环境问题成因，气候变化更具复杂性与独特性。人类社会发展历经千百年的变迁，环境问题如今也得到了足够的重视，生物多样性也成为关注的焦点。然而人类经济社会的高速发展还是为碳风险漫长的集聚与孵化留下了空间，最终"孕育"出大量不可逆转、难以挽回的极端气候事件。因此，正确认识并溯源气候变化问题是寻求有效缓释路径的第一步。

那么，人类经济活动的开展是如何影响生态环境的呢？从人口角度分析，随着人类社会生产力的发展，人口迅速膨胀，提高资源的需求量，不断开垦土地、森林，利用燃料、矿物质等自然资源，加速消耗生态资源，加剧对生态环境的破坏。从经济发展水平的角度来看，工业革命的生产与发展是生态环境

受人类破坏与干扰的开始。人类为换取高速经济发展，长期粗放利用能源资源，导致环境日益恶化。而在技术层面，即使创新科技在控制人类活动碳排放上有所成效，但由于科学技术发展水平有限，资源也仍不能得到高效利用，部分高科技产品属于高排放、高消耗品，加大生态环境承载压力。

1971年，埃里奇（Paul Ehrlich）和霍尔登（J.P. Holdren）提出了"IPAT"模型，将生态环境影响视为因变量，人口、技术和富裕程度视为自变量，量化人类活动所造成的生态环境影响。虽然该模型具有一定的局限性，如各项因子具有一定的相关性（富有的地区科技水平较高），但是我们仍然可以借助"IPAT"模型的组成因子，理解气候问题的本质。

生态环境影响（I）=人口（P）×富裕程度（A）×技术水平（T）

人口（P）：公地的悲剧。大自然由各个生物链交错叠加组成，因而内部种群数量有一定的调节能力，能够保持生态平衡的稳定性。具体而言，某一物种的大量繁殖将显著影响相关食物链的种群数量，但是经过一段时间的生态选择、自然调节后，种群规模又会回落至一定的平衡状态。然而，在脱离管理约束、随机而杂乱的人类活动干预下，自然的生态平衡可能面临被永久性打破的风险。早在1968年，哈丁（Garrett Hardin）就通过《公地的悲剧》(*The Tragedy of the Commons*)一文表示，在没有限制的自由市场下，每个理性人都将会以自身利益最大化为出发点并采取利己性行动，抢夺资源、牟取潜在收益，继而导致资源衰竭的局面。

以畜牧活动为例，当人口数量相对有限时，土地资源充沛，人们会选择相对较大的牧场放养少量的羊群以满足生产、生活的基本需要。此时，人类的需求尚未超过自然承载力。但是当人口数量激增，大量牧民拥挤在有限的牧场空间内时，个人将会以自身利益驱动为出发点，放任牲畜无节制地消耗着草场资源，届时整体需求就会远超自然承载力。当草场资源衰竭、土地沙化，形成不可逆转的生态破坏时，就会彻底击碎自然调节和自我修复的有效性。这种灾难出现于多人使用共有资源的情境之中。每个人在为自己的利益而最大限度地利用该公共资源时都能获益，但如果所有的人都如此行事，就会出现资源体系崩溃的灾难性局面[1]。

现阶段，人类活动对资源消耗的加剧不仅来自人口绝对数量的增加，更是源自人均单位资源消耗量的增长，两者在资源总量减少的现状下产生了强烈的"加权效应"；同样地，在面对气候变化问题时，人口数量和人均碳排放量的不断提高，导致碳排放量受到"加权效应"的影响显著增加[2]。人口数量是经济活动和社会发展的必要条件之一，没有足够的人口基数就无法累积实现经济社会质的飞跃。在一定的宏观外部条件下，适当

---

① 柯武刚，史漫飞. 制度经济学［M］. 北京：商务印书馆，2000.
② 田雪原. 人口、资源、环境可持续发展宏观与决策选择[J]. 人口研究，2001(4)：1-11.

的人口数量有利于当地的经济发展，也能够合理保证环境质量。但是，根据以坎南（Edwin Cannan）为首的人口学家所提出的适度人口理论，在一定生产条件下，适度的人口数量才能实现最大的生产率，从而获得最大的经济收益。增长极限论阐明，在有限的环境资源下人口总量的上升，最终会导致资源消耗殆尽和不可持续的灾难性后果。

我们应该控制人口总量，以减少碳排放吗？人口学家的研究表明，在其他因素不变的情况下，人口总量增长1%，则二氧化碳排放量也会增加1%[1]。但是事实上，增长极限论多适用于经济发展初期的发展中国家。当前多数发达国家早已步入了人口老龄化的阶段，人口增长率有所下降，与碳排放量的增速周期并不一致，无法简单地归因于某一人口因素的影响。因此，鉴于人口问题的复杂性，我们并不能通过计算碳排放量最低的"最适人口"，实现对碳排放总量的控制。对于人类社会而言，在当前经济社会发展仍极大地依托人口发展的情况下，控制人均碳足迹的增长才是切实可行的减量思路。例如，社会可以鼓励民众多用步行、自行车和公共交通工具替代私人交通工具[2]，尽管人均碳排放减量微不足道，但积少成多，全民低碳生活方式能够构建良好的低碳社会氛围，人口数量大导致的碳排放总

---

[1] 王钦池.人口对气候变化的影响及应对气候变化的人口策略[J].经济研究参考，2012（38）：49-57.
[2] 郭熙保.试论人口、资源、环境与经济发展的关系[J].当代财经，2002（11）：3-8.

量大的劣势将被扭转为全人类协力减碳的优势。

富裕程度（A）：碳排放走势。对于各个国家而言，碳排放走势的确有规律可循。从国际层面来看，国家的富裕程度和整体碳排放量具有较强的相关性。如果我们将人均GDP和人均年二氧化碳排放量的数理关联性作为核心元素来观察不同国家的表现，可以得出一个基本结论：越发达的国家人均碳排放程度越高。与此同时，部分国家成为例外，以挪威、冰岛和瑞士为首的发达国家既保持着较高的人均GDP水平（见图1-2），同时维持着相对较低的人均碳排放规模。究其原因，这些国家普遍拥有先进的气候危机意识和独特的再生能源利用体系。

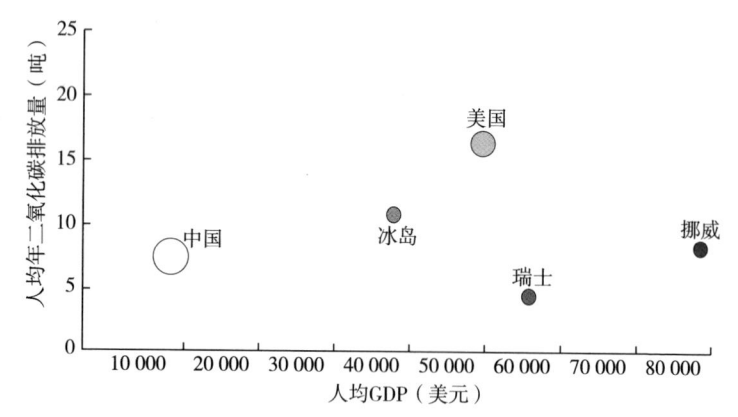

图1-2　2018年人均年二氧化碳排放量 VS 人均GDP

资料来源：Our World in Data[①]

但是，并非所有的国家都拥有得天独厚的自然资源。对于

---

① https://ourworldindata.org/grapher/co2-emissions-vs-gdp.

部分国家而言，碳排放情况是随着经济发展呈现倒"U"形变化的。西蒙·库兹涅茨（Simon Kuznets）的环境库兹涅茨曲线假说指出（见图1-3），在人均收入水平较低的情况下，环境影响会随着人均收入提高而增加；在达到临界值后，环境影响会随着人均收入提高而慢慢降低。同样地，在气候变化问题上，随着人均收入的提高，碳排放也将随着资源消耗量的增加而不断上升；当到达顶点时，由于经济转型、产业结构调整等，人均收入的提高反而会带来碳排放量的下降。实际上，环境库兹涅茨曲线反映了相当一部分发达国家的发展路径，如美国、英国和加拿大等工业化发达国家通过早期原始资本的积累，已经经历了临界值的过渡，随着富裕国家产业结构转型与能源密集型产业向发展中国家的迁移，个别富裕国家的人均GDP与单位

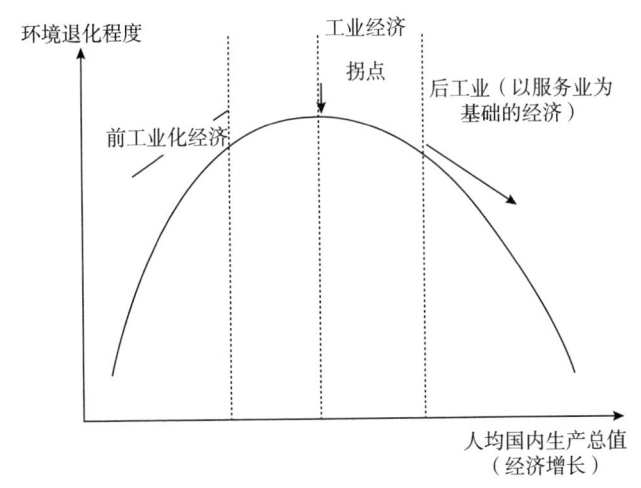

图1-3 环境库兹涅茨曲线

资料来源：库兹涅茨曲线假说

> **知识点：冰岛地热能**
>
> 20世纪，冰岛为了摆脱对进口煤炭的极度依赖，开始逐步探索可再生能源的利用，一举从欧洲最贫穷的国家之一，发展成一个人均生活质量较高的国家。冰岛的供热服务单位价格极低，仅为2.3欧分/千瓦时（约合人民币0.18元/千瓦时），因此冰岛的地热不仅可以用来发电和供暖，而且可以大量供应以支持当地农业和旅游业的发展。从1924年起，冰岛开始尝试建设地热绿色温室，发展生态农副业。温室产品包括各种蔬菜（如西红柿、黄瓜和红辣椒等）和国内市场需求的各种开花植物（如玫瑰和盆栽植物等），温室生产的西红柿、黄瓜可满足国内70%的市场需求。依靠地热温室种植，冰岛已成为欧洲最大的香蕉种植出口国。到了2014年，冰岛本土可再生资源已经能够满足国内大约85%的一次能源使用需求，其中地热资源占冰岛一次能源使用量的66%。

GDP碳排放强度之间的倒"U"形关系可能会加强[1]。

作为经验主义学说，环境库兹涅茨曲线清晰地反映了经济增长和碳排放的关联性，但是该理论难以清晰反映经济增长背后

---

[1] 张志强，曾静静，曲建升. 世界主要国家碳排放强度历史变化趋势及相关关系研究 [J]. 地球科学进展，2011, 26（8）：859-869.

众多因素的正向和负向影响。经济增长提高了人们的消费水平和资源消耗量,同时提高了科学技术水平,促进了生产效率的爆发式增长。举例而言,在20世纪50年代,许多汽车的燃油效率非常低,但近年来,汽车制造商在降低燃油消耗方面取得了长足进步,显著提高了燃油效率;与此同时,人均汽车拥有量也在不断提高。因此,总体上交通工具所产生的碳排放仍然处于较高水平。我国经济增长和碳排放之间同样有着显著的线性关系,但尚未达到"U"形曲线的转折点[①]。因此,从理论规律上看,我国实现经济低碳转型还有很长的路要走。

技术水平(T):高科技意味着低碳吗? 21世纪是人类科技高速发展的一个世纪,扩展现实(XR)、区块链、云计算等技术逐步从概念落地变为现实,甚至走入人们的日常生活,创造出更为便捷、高效的科技世界。近年来,科技圈最火爆的词语莫过于"元宇宙"(Metaverse),即在传统网络空间的基础上,通过多种日渐成熟的数字技术,搭建虚拟世界,在概念上拓宽人类生存空间的极限。诚然,高科技帮助人类解决了很多现实问题,以云计算、大数据等为主的技术降低了企业成本,但是站在应对气候变化的角度,高科技并非直接意味着低碳。

以智能手机为例,苹果发布了其针对iPhone X的环境报告,报告显示,一台iPhone X手机在其生命周期内大约会产生79千

---

① 胡宗义,刘亦文,唐李伟.低碳经济背景下碳排放的库兹涅茨曲线研究[J].统计研究,2013,30(2):73-79.

克的二氧化碳排放量。这一数据虽然对于个人而言并不是很显著，但如果乘以人口基数，则是相当令人震撼的。从行业上看，2019年是5G通信的元年，5G使人类数字通信技术速度上升到了一个新台阶，但这一通信技术提升的背后却是超高能耗。计算机与通信产品的原材料制作、装配以及分运过程都会产生显著的碳排放，AIGC爆发式增长既带来了算力需求的增加也带来了能耗的增加。宫伟文等的研究[1]显示，近年来数据中心总能耗持续攀升，2018年全球数据中心总耗电达到205太瓦时[2]，约占当年全球总用电量的1%。并且全球ICT产业的温室气体排放量占比将会从2007年的1%～1.6%，增长到2040年的14%以上。因此，高科技所产生的碳排放不容小觑。在探讨应对气候变化问题时，应当理性地看待高科技为人们带来的便利，将低碳发展的理念渗透进高科技领域，充分运用技术协同效应实现提质增效，而非一味地追求技术领域快速膨胀。

> **案例：AIGC成"能耗巨兽，绿色算力发展提速"**
>
> 今天，以ChatGPT为代表的AI大模型在给人类社会带来巨大变革的同时，也因为能耗问题饱受争议。根据谷歌的测算，在

---

[1] 宫伟文，赵莹. 关于数据中心与碳排放的探讨[J]. 中国电信业，2021（S1）：21-25.

[2] 1太瓦时（TWh）=10^9千瓦时（kWh）。

> **案例：AIGC成"能耗巨兽，绿色算力发展提速"**
>
> 1000个英伟达V100 GPU上训练OpenAI GPT-3大模型，共需要14.8天，以2021年中国人均生活用电水平计算，单次大模型训练耗电量相当于一个中国人4年的生活用电总量，而ChatGPT是在大约10000个GPU上运行的。作为算力的最终载体，数据中心面临新的挑战，亟须进行技术创新，以寻求算力和能效的有效平衡。
>
> 在其能耗分布中，散热系统的占比高达40%。为了减少能耗，众多国内外科技企业都在开展利用自然冷源的实践。比如，微软公司将数据中心放在海底，利用海水水温来自然降温；社交媒体脸书的数据中心位于距离北极圈不到70千米的地方，主要利用北极圈所散发的冷气来散热；阿里巴巴的数据中心位于杭州千岛湖中心，这里年平均气温17摄氏度，可利用深层湖水的循环流动，帮助服务器降温。
>
> 然而，自然冷源应用场景有限制，无法大规模应用于所有数据中心。"液冷技术"是被业界广泛认可的能够降低数据中心能耗的可靠方案，其具备提升服务器使用效率和稳定性、增加服务器密度同时降低能源消耗比等优势，成为绿色算力发展的关键举措。
>
> 联想集团是全球最大的算力基础设施和服务提供商，近年来积极推动普慧算力的落地和普及。联想自主研发的温水水冷技术能够优化算力产品的性能、密度和能源消耗，将PUE（电能利用效率）值降到1.1以下，对比传统风冷技术能够节约高达42%的电

> **案例：AIGC成"能耗巨兽，绿色算力发展提速"**
>
> 力成本。随着AI算力将首次超过通用算力，人工智能、大数据、云计算等不同类型的计算应用不断融合等新趋势的产生，很难用某一款液冷产品来满足目前复杂的算力建设需求，基于此，联想建立了海神液冷技术体系，以液冷辅助技术和直接液冷技术两大液冷技术，全面助力科学计算、通用计算和AI计算等多元计算场景绿色发展。
>
> 如今，联想集团已经在全球范围内部署超过七万个温水水冷节点，高性能绿色计算解决方案正在不断赋能政府、教育、制造、医疗、能源等行业特别是实体产业的高效运行。目前，联想集团温水水冷技术已在马来西亚气象局、瑞典于默奥大学北部高性能计算中心、哈佛大学文理学院计算中心、维也纳科学集群、德国莱布尼茨高性能计算中心、北京大学高性能计算系统"未名1号"、上海交通大学李政道研究所高性能计算中心等多领域实现了广泛应用。联想集团温水水冷技术帮助绿色智能算力基础设施实现了成本与效益的完美平衡，已经入选了工业和信息化部编制的《国家绿色数据中心先进适用技术产品名录（2020）》，并荣获"2021年度中国通信标准化协会（CCSA）科学技术奖"、2023 CCF全国高性能计算学术年会"技术创新奖。"

2. 从环境到经济：气候风险导致市场失灵

显然，随着人口的增加、经济与科技水平不断发展，人类经济活动直接或间接导致了资源短缺、生态环境恶化。然而，生态环境平衡的破坏将引发一系列的气候风险，这会进一步破坏金融稳定，影响经济增长，造成社会动荡（见图1-4）。

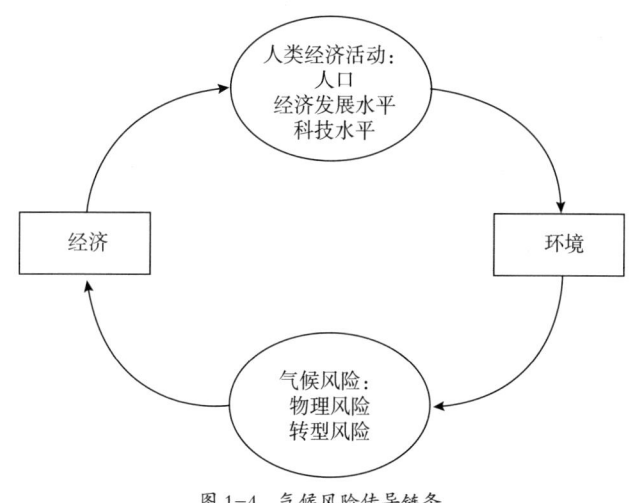

图 1-4 气候风险传导链条

资料来源：根据公开数据整理

前面我们说过，气候风险可分为物理风险和转型风险两类（见图1-5）。前者是由极端天气事件和气候模式的长期变化引发风险，而后者是源于政策、技术、社会规范及偏好。两者通过宏观经济、行业或企业、居民等渠道传播影响，从而引发信用风险、市场风险、流动性风险、承保风险、运营风险等一系列金融风险，造成极大的经济危害。同时，金融市场存在放大机制，即受气候风险影响后，金融风险恶化与风险传播渠道增加之间的反馈循环放大了风险危机，进一步加大了对经济的影响。

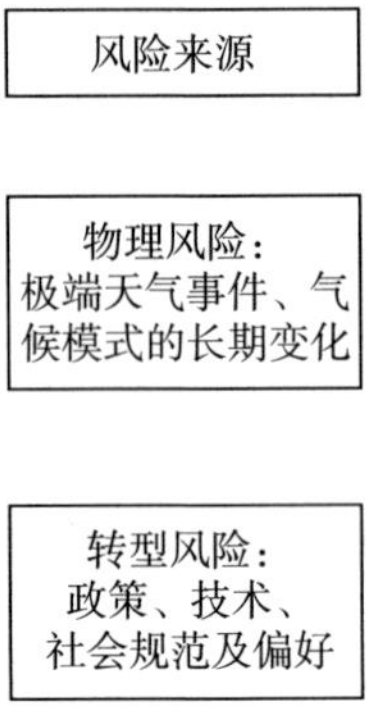

```
┌─────────────┐
│  风险来源    │
└─────────────┘

┌─────────────┐
│ 物理风险：    │
│ 极端天气事件、气│
│ 候模式的长期变化│
└─────────────┘

┌─────────────┐
│ 转型风险：    │
│ 政策、技术、  │
│ 社会规范及偏好 │
└─────────────┘
```

图 1-5 气候风险的来源

资料来源：根据公开数据整理

金融风险及其传导放大机制。物理风险和转型风险主要可以通过五种方式在金融风险方面得到体现，其中有许多具体化渠道及溢出效应、传导效应如图 1-6 所示。其中，信用风险是指气候相关风险产生直接或间接的风险敞口，降低借款人的偿债能力，从而导致更高的违约概率（Probability of Default，PD）及更高的违约损失率（Loss-Given-Default，LGD）。除此之外，用作抵押的资产潜在折旧也会增加信贷风险。市场风险是指在突发情况下，如有重大搁浅资产等，金融资产可能会受到投资者对盈利能力看法变化的影响。低碳经济背景下，企业转型失败，股价下跌，投资回报率下降，另外，市场价值的损失有可能导致资产减价出售，进而引发金融危机。流动性风险可能会影响银行及非银行金融机构。受到信用风险和市场风险冲击的银行可能无法在短期内再融资，导致形成银行间借贷市场的紧张局势。运营风险的表现不太明显，但金融机构也可能因直接暴露与气候相关风险而受到影响。如果一家银行的办公场所或数据中心受到物理风险的影响,那么其操作程序可能会受到影响,进而影响价值链上的其他机构。保险风险对保险和再保险行业而言,物理风险可能导致保险理赔金额高于预期,转型风险可能导致涵盖绿色技术的创新保险产品价格偏低。

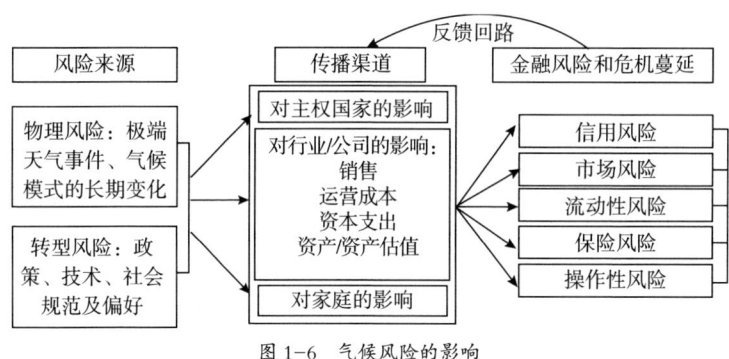

图 1-6 气候风险的影响

资料来源:The green swan - Central banking and financial stability in the age of climate change (bis.org)

气候风险及其潜在经济影响。2022年初,世界经济论坛(WEF)发布的《2022年全球风险报告》指出[1],环境风险是对人类和地球最具潜在破坏性的威胁,其中,气候行动失败、极端天气事件频发以及生态系统崩溃和生物多样性丧失是全球十大风险中的前三名。根据TCFD披露框架[2],气候变化引起的风险主要分为两个层面:一是物理风险,即极端天气事件与长期气候变化等主要问题所直接带来的财务经济损失,包括海平面

---

[1] WEF. The Global Risks Report 2022.
[2] TCFD. Recommendations of the Task Force on Climate-related Financial Disclosures.

上升、热带风暴、洪涝、干旱、森林火灾、热浪等自然灾害；二是转型风险，即政府、社会部门或私人机构等主体为控制气候变化而采取的政策及行动与现行体系不适应，继而对金融稳定与经济环境产生冲击的风险，如设立碳交易市场、推行环境污染处罚等。

站在气候风险对经济影响的角度分析，如表1-14所示，在宏观经济、行业、普通居民等不同维度都会受到一定程度的影响。宏观经济角度，气候风险带来了价格波动和滞胀冲击，导致社会生产力降低和收益减少，财政政策受到冲击。行业角度，企业销售状况不稳定，运营成本、资本支出受严重风险干扰，资产负债表状况进一步恶化，行业经济受严重影响。对居民而言，气候风险所带来的物理风险和转型风险增大了生活成本，加重社会负担，从而进一步影响社会经济发展。

表1-14 气候相关风险及潜在经济影响

类型	分类	气候相关风险	潜在经济影响
物理风险	急性	－极端天气事件（如飓风和洪水）的严重性增加	－生产能力下降或中断（如倒闭、运输困难、供应链中断） －劳动力管理和规划的影响（如健康、安全、缺勤）
	慢性	－降水模式和天气模式的极端变化 －平均气温上升 －海平面上升	－注销和提前淘汰现有资产（如高风险地区的财产和资产损坏） －增加运营成本（如水力发电厂供水不足或冷却核能和化石燃料厂） －增加资本成本（如损坏设施） －降低销售收入 －增加保险费和降低高风险地区财险的可行性

续表

类型	分类	气候相关风险	潜在经济影响
转型风险	政策和法律	- 增加温室气体排放的价格 - 增强排放报告义务 - 对现有产品和服务的授权和监管 - 诉讼风险	- 增加的运营成本（如合规成本） - 由于政策变化，现有资产的核销和提前淘汰 - 损害资产 - 增加保险费 - 罚款和判决
	技术	- 用较低排放的产品和服务替代现有产品和服务 - 对新技术的投资失败 - 向低排放技术过渡的前期成本	- 现有资产的核销和提前淘汰 - 减少对产品和服务的需求 - 新技术和替代技术的前期研究与开发（R&D）支出 - 技术开发前期资本投资 - 采用/部署新实践和流程的前期成本
	市场	- 改变客户行为 - 市场信号的不确定性 - 增加原材料成本	- 由于消费者偏好的转变，减少对商品和服务的需求 - 由于输入价格（如能源、水）和产出要求（如废物处理）的变化而增加了生产成本 - 能源成本突然和非预期的变化 - 改变收入组合和来源 - 资产重新定价和重新定价速度（如化石燃料储量、土地估值、证券估值）
	声誉	- 消费者偏好的转变 - 行业歧视 - 增加利益相关者关注或负面利益相关者反馈	- 减少对商品/服务的需求 - 生产能力减少或中断（如倒闭、规划审批延迟、供应链中断） - 影响员工的管理和规划（如对员工的吸引力和员工留存） - 资本可用性减少

资料来源：TCFD. Recommendations of the Task Force on Climate-related Financial Disclosures 机制

然而，在金融市场放大的影响下，各类金融风险会对宏观经济造成更深一步的影响①。气候变化借助物理风险和转型风险导致的直接金融风险造成的冲击相对温和，但由这些风险导致的金融市场资产价格重估将释放出巨大的负面能量。通过对宏观经济供给侧和需求侧的冲击，导致通货膨胀、经济萎缩、失业率提升和国际收支失衡等问题，影响中央银行货币政策的实施以及金融体系稳定。以信用风险为例，由气候风险造成的风险敞口减弱了借款人的偿债能力，从而进一步提高了违约概率和违约损失率，资产抵押造成金融市场更大的损失。从宏观角度来看，气候风险与金融风险相互作用极易出现跨市场、跨区域性的交叉连锁效应，然而气候问题所积累的负面影响，更有可能降低资本市场资金配置效率，导致货币体系不稳定等问题，严重时甚至会引发系统性金融风险。

知识点：气候变化经济学理论获诺贝尔经济学奖

2018年诺贝尔经济学奖被授予美国教授威廉·诺德豪斯（William Nordhaus），以表彰其在气候变化、技术创新方面的研究。诺德豪斯教授目前就职于美国耶鲁大学，在经济学基础理论与经济学模型研究方面颇有建

---

① 金融风险的放大机制侧重研究单一冲击事件如何最终导致较强的总体冲击。当市场价格下跌时，金融中介机构需要清算资产，以满足融资和抵押限制，过程中产生的抛售加剧了经济低迷，而经济低迷进一步恶化金融环境。

树,但近年来他所做的最重要工作或许是对"气候变化经济学"宏观模型的开发。传统来看,宏观经济学模型更多关注创新、资本、劳动等因素与经济增长及稳定之间的关系,例如与诺德豪斯一同获奖的保罗·罗默(Paul Romer)重点关注的就是引入技术创新的"内生增长"模型。而诺德豪斯关注的则是环境与气候因素对经济的影响。他自20世纪90年代起,开发了名为Dynamic Integrated Climate-Economy(DICE)的宏观经济模型,或称综合评价模型(IAM),在其中融合了碳循环、温室气体控排行动等诸多环境与气候变化相关因素,使得经济学能够正式地分析气候变化问题。这是经济社会一同应对全球气候变化的问题的重要基础性研究[1]。

[1] https://mp.weixin.qq.com/s/fSuAnZKCetoYiZMgm6_FVw.

1.2.3 新冠疫情影响之下的气候行动与企业实践

新冠疫情成为近百年来人类遭遇的影响范围最广的全球性大流行病,对全世界的经济、社会以及民众健康都是一场严峻的考验。控制疫情传播的一系列封锁行动极大地影响了全球经济的发展与联通,也导致了2020年度全球碳排放量的显著下降。

英国东盎格利亚大学、埃克塞特大学和全球环境信息研究中心（CDP）联合发布的研究报告显示，2020全年全球温室气体排放量较2019年下降7%，创下有记录以来的最大降幅[1]。新冠疫情的到来为世界经济强行按下暂停键，达成了碳减排新高。然而，正如世界气象组织发布的《2015—2019年全球气候报告》所述，新冠疫情可能会暂时减少温室气体排放，但不能代替持续的气候行动，而且疫情还会使人们更难以应对气候变化所致灾害[2]。新冠疫情引起的碳排放量减少只是"甜蜜的表象"，其实质是全人类健康受限下应对气候变化能力有所衰退的深重危机。如果在新冠疫情的影响下降低了减排力度，国际社会在未来将面临更加严峻的考验。因此，为警惕随时可能发生的极端气候变化事件，全球气候行动的制定与实践需要更为用心。

1.3 碳全球化下，无人能独善其身

20世纪80年代以来，随着地球平均温度上升，温室效应加剧，人类逐渐意识到气候变化已经严重影响地球环境，气候变暖

---

[1] Covid pandemic drove a record drop in global carbon emissions in 2020. https://www.cnbc.com/2020/12/11/covid-record-drop-global-carbon-emissions-2020.html.

[2] http://nm.cma.gov.cn/xwzx/mtjj/202004/t20200424_1594266.html.

将使得全球陷入严重的经济衰退。因此，气候变化问题逐渐走向国际政界关注的重心。1992年在巴西召开的联合国环境与发展大会上通过了《联合国气候变化框架公约》，197个缔约方第一次提出全面控制二氧化碳、甲烷等其他造成"温室效应"的气体排放。在缔约方会议的不断推动下，《京都议定书》《巴黎协定》等相关减排方案生效，全球气候治理逐渐迈入新阶段，向着《联合国气候变化框架公约》设定的"将大气中温室气体的浓度稳定在防止气候系统受到危险的人为干扰的水平上"的最终目标靠近。《联合国气候变化框架公约》作为世界上第一个全面控制二氧化碳等温室气体排放的国际公约，应对全球气候变暖给人类经济和社会带来的不利影响，也给国际社会在应对全球气候变化问题上提供了合作的基本框架和平台。在此背景下，社会各界如火如荼地开展碳减排运动，共同推进这场广泛而深刻的经济社会系统性变革。其中，作为经济活动的市场主体，企业承担着不可推卸的减排责任。不过，企业目前的减排工作大多只停留在自身减排阶段，对休戚与共的上下游供应链企业减排缺乏积极性和行动力。

CDP报告显示：气候行动预测滞后十年，半数供应链企业仍未设定目标

当前，中国正处于高质量发展阶段，在新发展理念下，政府、企业正上下一心为实现"30·60"目标而

努力。然而一个不容忽视的事实是，国内一些企业对"30·60"目标不甚了解，有些企业供应链产生的碳排放甚至是其自身运营排放的数倍；有些企业仅着眼于自身运营产生的排放。从长远发展考虑，企业无论出于环境相关监管趋势的考虑，还是自身绿色转型、可持续发展的内生需求，都应把打造和管理绿色供应链的课题立即提上议事日程。这里，CDP报告的相关统计可供参考。

CDP全球2022年2月发布的《供应链参与：驱动速度与规模》报告发现：

2021年，"联合国可持续发展目标行动十年"已经开展了两年，仍有56%的供应商未设定任何气候目标，仅1/40的供应商设定了科学碳目标并通过审核。

进步之处在于，71%的供应商报告的范围一和范围二的减排行为直接对环境产生了积极影响。

然而，该行动并未对供应链产生传导性影响。在与供应商合作方面，仅有38%、47%和16%的企业分别在气候变化、森林管理和水安全议题上与供应商进行了合作。

一小部分企业在为供应链中真正有意义的环境行动铺路。2021年，总采购额达5.5万亿美元的200多家主要采购商邀请了23 487家供应商披露了环境信息。

只有通过准确测量自身环境影响的供应商，才有能力设定具有雄心且明确时限的环境目标，以减少其对环境的影响。但现状令人担忧，2021年，在"行动十年"开展的第二年，在向 CDP 报告其环境影响的供应商中，只有2.5%的企业设定了科学碳目标并通过审核。CDP 于2月10日发布的最新供应链报告显示，超过一半（56%）的供应商完全没有设定气候目标。此外，只有28%的企业制订了针对其气候目标的低碳转型计划。

设定气候目标的供应商数量平均每年增长5%。按照目前的速度，CDP 预计至少还需十年才能确保在2021年参与披露的供应商全部设定气候目标，对于设定科学碳目标而言则更遥不可及。

企业在供应链中的测量及行动传导也缺乏雄心。尽管价值链中的排放量是企业自身运营产生的排放量的11倍以上，但企业并未充分跟踪其范围三排放。只有38%的披露企业与其供应商开展了应对气候变化的合作，而与供应商开展水安全合作的企业仅有16%。在管理和减轻毁林风险上，只有47%的下游企业（如贸易商、制造商和零售商）在超越其一级供应商之外开展合作。

CDP 全球价值链主管和区域总监 Sonya Bhonsle 表

示:"CDP数据显示,企业的环保雄心还不充分。除此之外,企业在评估并与供应商合作减少其对环境的间接影响时仍投鼠忌器。企业必须立刻采取传导式行动并管控自身在整个供应链中的环境影响,以确保1.5℃的温控目标得以实现。这对于我们实现可持续的净零、无毁林和水资源安全的经济转型至关重要。"

本章小结

1. 气候变化系统性风险主要体现为小概率—高影响的"黑天鹅"风险、大概率—高影响的"灰犀牛"风险。

2. 气候变化的影响极其深远,我国沿海地区气候的高敏感性意味着相关企业需要更加关注气候变化的影响。

3. 气候变化产生的物理风险和转型风险具有传导效应,会产生运营风险、金融风险、财务风险、声誉风险等,企业应及时调整公司经营策略,尽可能规避风险。

4. 传统经济学并未将排放成本纳入市场分析,导致了气候变化背景下的市场失灵,因此需要将排放的外部性特点进行内部化处理,以解决气候风险问题。

5. 1.5℃的降温,能够更好地避免一系列生态环境损害,也需要各个国家采取更加有力的减排措施。

6. 《京都议定书》的失败缘于气候影响的均衡性与各国发展不均衡之

间的碳排放配额错位。
7. 中国企业应当基于自身碳排放量，积极主动承担起减排重任，为经济社会的低碳转型发展提供内驱活力。
8. 发展中国家无法永远依赖发达国家的资金、技术支援，只有"主动出击"，才能在国际气候议题上拥有话语权。
9. 目前企业的减排工作大多只停留在自身减排阶段，对休戚与共的上下游供应链企业减排缺乏积极性和行动力。

本章思考

1. 基于气候变化的事实，企业该如何辩证看待减缓气候变化与适应气候变化？
2. 在"双碳"背景下，企业应如何践行不可推卸的减排责任？

第二章 零碳政策之寻：企业碳中和发展指南针

零碳转型战略定力 — 零碳政策指引 — 零碳行业重塑 — 零碳企业优化 — 零碳金融工具使用 — 零碳实践样本

随着气候风险频发，企业已然从反反复复的环境问题中意识到气候风险对企业的潜在危害。企业也跟随世界发展的导航者——各国政府和国际组织出台的低碳相关政策和指引，积极践行绿色低碳理念，助力全球碳中和目标的实现。本章将从全球主要国家的气候政策和主流国际组织的气候风险信息披露框架出发，探究企业在绿色低碳转型大背景下的机遇和挑战，为企业低碳发展提供指引和参考。

2.1 关注本土政策

为承担解决气候变化问题中的大国责任、推动我国生态文明建设与高质量发展，我国提出二氧化碳排放力争于2030年前达到峰值，努力争取2060年前实现碳中和，指明我国面对气候变化问题要实现的"双碳"目标。

中国作为世界第二大经济体（2010年）[①]，在应对气候变化问题上面临着严峻的挑战。一方面，中国人口众多，经济发展水平较低，尚处于工业化与城镇化快速发展的关键时期。另一方面，中国能源资源匮乏，气候条件复杂，生态环境脆弱，极易受到气候变化的不利影响。在以煤炭为主的能源结构短时间内难以发生根本改变的情况下，中国面临的资源约束和环境污染问题更加紧迫，不得不承受更为严峻的国际减排压力。

2.1.1　企业低碳转型的政策纲要

作为受气候变化影响严重的国家之一，中国一直将应对气候变化作为关系经济社会发展全局的重大议题，积极制定并实施了一系列政策措施和行动。生态环境部的数据显示，2022年全国单位GDP碳排放强度较2020年下降18%。目前，我国风、光、水、生物质发电装机容量都稳居世界第一；中国森林面积约达2.3亿公顷，成为全球"增绿"的主力军。2017年至2021年，我国万元国内生产总值二氧化碳排放量连续下降，其中2019年底提前超额完成2020年气候行动目标。数据展示了中国对于低碳领域的重视，也为中国后续提出碳中和目标奠定了基础。

本部分主要从宏观目标、内部转型和外部优化三大维度阐

[①] Gross Domestic Product, Real, Domestic Currency, IMF.

述中国政府推动企业低碳转型的相关政策，以期帮助企业抓住政策机遇，实现高质量发展。

1.宏观目标：加快发展绿色低碳转型

2020年，中国提出新目标，二氧化碳排放力争在2030年前达到峰值，并在2030年实现单位GDP二氧化碳排放较2005年下降65%以上。企业加速低碳转型，助力"双碳"目标实现，是立足新发展阶段、贯彻新发展理念、构建新发展格局、推动经济高质量发展的内在要求。

事实上，中国历来重视全球气候变化问题，绿色低碳转型也是中国一直以来发展的主线。"十一五"规划以来，中国确立了一系列产业绿色改革发展与企业低碳转型相关顶层设计，确立了推动企业加快发展绿色低碳转型的宏观目标。如表2-1所示，从"十一五"规划到"十四五"规划，产业升级和企业转型相关目标不断强化，从"强化节约和高效利用"到"坚决遏制两高一耗"，从"淘汰落后工艺"到"建立资源回收体系"，给予企业自身低碳转型管理的指导方向与相关条例逐渐深入，相关指标也愈加明确。

同时，不同领域的相关监管部门也根据所管辖行业的特性，相继出台了有针对性、合理性的低碳、节能转型政策。以工业领域为例，2022年7月，工业和信息化部、国家发展改革委、生态环境部联合印发了《工业领域碳达峰实施方案》，提出到2025年，规模以上单位工业增加值能耗较2020年下降13.5%，单位工业增加值二氧化碳排放下降幅度大于全社会下降幅度，重点行业二氧化碳排放强度明显下降。该方案聚焦重点行业，制定钢铁、建材、石化化工、有色金属等行业碳达峰实施方案，研究消费品、装备制造、电子等行业低碳发展路线图，分业施策、持续推进，降低碳排放强度，控制碳排放量。在金融行业中，原银保监会于2022年6月发布了《银行业保险业绿色金融指引》，文件指出，金融机构需明确承担绿色金融的主体责任，建立新型业务流程机制与管理架构，实现资产组合与运营碳中和。

表2-1 中国"五年规划"中产业升级与企业转型目标汇总

	"十一五"规划① 2006—2010年	"十二五"规划② 2011—2015年	"十三五"规划③ 2016—2020年	"十四五"规划④ 2021—2026年
产业发展改革目标	推动产业结构化升级，强化节约和高效利用的政策导向，根据能源资源条件和环境容量，着力调整产品结构、企业组织结构和产业布局	大力发展环保、新一代信息技术、生物、高端装备制造、新能源、新材料、新能源汽车等战略性新兴产业	推动传统产业改造升级，实施制造业重大技术改造升级工程，支持企业瞄准国际同行业标杆，全面提高产品技术、工艺装备、能效环保等水平，实现重点领域向中高端的群体性突破	坚决遏制高耗能、高排放项目盲目发展，推动绿色转型，实现积极发展。壮大节能环保、清洁生产、清洁能源、生态环境、基础设施绿色升级、绿色服务等产业

---

① http://www.gov.cn/gongbao/content/2006/content_268766.htm.
② http://www.npc.gov.cn/wxzl/gongbao/2011-08/16/content_1665636.htm.
③ http://www.gov.cn/xinwen/2016-03/17/content_5054992.htm.
④ http://www.gov.cn/xinwen/2021-03/13/content_5592681.htm.

续表

	"十一五"规划 2006—2010年	"十二五"规划 2011—2015年	"十三五"规划 2016—2020年	"十四五"规划 2021—2026年
企业转型目标	加快企业节能降耗的技术改造,对消耗高、污染重、技术落后的工艺和产品实施强制性淘汰制度,实行有利于资源节约的价格和财税政策	加快产品升级换代,推动研发设计、生产流通、企业管理等环节信息化改造升级,推行先进质量管理,促进企业管理创新	建立以工艺、技术、能耗、环保、质量、安全等为约束条件的推进机制,坚决淘汰落后产能。加快钢铁、煤炭等行业过剩产能退出,分类有序、积极稳妥处置退出企业	推行生产企业"逆向回收"等模式,建立健全线上线下融合、流向可控的资源回收体系。拓展生产者责任延伸制度覆盖范围。推广合同能源管理、合同节水管理、环境污染第三方治理等服务模式

资料来源:根据公开资料整理

2.企业内部转型:实现企业内部碳中和

相较于供应链脱碳,企业自身节能减排的可控度和可行性更强。因此,企业内部低碳转型是企业实现全面碳中和的先行措施。中国主要从企业能源建设、企业产品生产、企业日常经营等方面出台相关政策进行引导。

在企业能源建设方面,中国积极推动可再生能源替代战略,鼓励企业采用清洁能源。2022年5月,国家发展改革委、国家能源局颁布的《关于完善能源绿色低碳转型体制机制和政策措施的意见》指出,能源使用方面,企业应积极推动建设清洁低碳、安全、高效的能源体系,优化清洁能源支持政策,支持可再生能源高比例应用，发展绿色低碳科技创新和基础能力建设，加强对低碳零碳负碳、节能环保等绿色技术研发和推广应用的支持。同时积极推进分布式清洁能源、智慧能源系统等新型能源技术与基础设施建设。

在企业产品生产方面，中国积极推动低碳产品认证，提高低碳产品的品牌效应。2015年9月17日，国家市场监督管理总局、国家发展和改革委员会发布了《节能低碳产品认证管理办法》，规定了低碳产品生产、检测、产品分类及认证规则等相关标准，同时明确了生产者责任延伸范围，为企业与消费者提供了明确的政策指引，有效推动了市场低碳导向。

在企业日常运营方面，中国积极推动绿色交通运输工具的普及，推行大容量电气化公共交通和电动、氢能、先进生物液体燃料、天然气等清洁能源运输工具，有效降低了企业在运输环节的用能成本与碳排放量。在绿色建筑方面，中国大力提升建筑节能标准，鼓励企业使用绿色建材，在建筑供暖供电等能耗方面支持地热能、生物质能等新型供暖系统建设。

3. 企业外部优化：构建绿色低碳价值链

在践行企业内部绿色低碳转型的基础上，实现企业外部全链条脱碳是企业实现全面碳中和的必由之路。中国在供应链、投资者、监管机构等利益相关方维度出台了一系列政策法规，为企业实现绿色低碳转型提供全链路支持（见表2-2）。

在供应链方面，中国建立了低碳绿色供应链创新试点，通过

表2-2 企业低碳转型相关政策汇总

时间	制定部门	政策文件	主要内容
2015年9月	国家质检总局、国家发展改革委	《节能低碳产品认证管理办法》	建立国家统一的节能低碳产品认证制度，规范相关认证活动
2016年12月	国务院	《关于印发"十三五"节能减排综合工作方案的通知》	促进经济的转型升级，实现经济发展与环境改善双赢，强调建设资源节约型和环境友好型的社会
2018年4月	商务部等八部门	《关于开展供应链创新与应用试点的通知（2018年）》	规定试点城市、企业发展的全过程的绿色供应链体系，加大对绿色产品的采购、使用和宣传力度
2020年7月	中国人民银行、国家发展改革委、中国证监会	《绿色债券支持项目目录（2020年版）》	根据各领域的绿色发展目标和绿色金融体系的建设情况，制定配套政策以拓宽企业融资渠道，推动消费行业的可持续发展和绿色转型升级
2021年2月	国务院	《关于加快建立健全绿色低碳循环发展经济体系的指导意见》	强调建设绿色低碳循环发展体系和绿色低碳全链条，以促进经济社会发展全面绿色转型；该文件制定了2025年和2030年碳达峰以及绿色经济方面的主要目标
2021年12月	国务院	《"十四五"节能减排综合工作方案》	为企业实施绿色低碳转型提供法律、政策引导并进行实时监督
2022年1月	国家发展改革委、国家能源局	《关于完善能源绿色低碳转型体制机制和政策措施的意见》	支持构建清洁低碳安全高效的能源体系、支持重点行业领域绿色低碳转型

资料来源：根据公开资料整理

试点成效为供应链低碳转型提供了明确的指导方向。商务部等八部门发布了《关于开展供应链创新与应用试点的通知（2018）》，规定试点城市、企业发展的全过程的绿色供应链体系，加大对绿色产品的采购、使用和宣传力度，并着重关注企业绿色供应链的构建发展，助力企业更快具备绿色转型的必要条件。

在企业融资方面，中国积极建立健全绿色融资渠道，缓解企业低碳转型的现金流压力。中国人民银行、国家发展改革委和中国证监会发布了《〈绿色债券支持项目目录（2021年版）〉的通知》，要求根据各领域的绿色发展目标和绿色金融体系的建设情况，制定配套政策以拓宽企业融资渠道，推动企业的可持续发展和绿色转型升级。同时，支持民营企业在全国中小企业股份转让系统、区域性股权市场挂牌交易和融资。

在企业管理及监管方面，中国强化绿色发展法律与政策保障，为企业实施绿色低碳转型提供引导并进行实时监督。"十四五"规划中针对企业加快绿色发展方式转型、构建绿色发展体系提出了相关要求，明确了推动固定资产投资项目节能审查、节能监察、重点用能单位管理制度改革及自我监督等管理条例的制定。同时，加速推进节约能源法、民用建筑节能条例、环境影响评价法及生态环境检测条例等相关法律法规的制定与修订工作。

2.1.2 重点碳排放管控企业监管要求

在全球应对气候变化、全面实现碳中和的背景下，高碳产业的绿色发展和减排降碳转型举措对"双碳"目标的实现至关重要。因此，中国为重点碳排放管控企业设置了较为严苛的政策监管制度，以应对气候变化对产业带来的冲击，规避经营成本和融资成本大幅度升高等风险。

与国际聚焦气候变化信息披露不同，中国的监管部门更为关注企业的环境污染情况。中国证监会、生态环境部门等监管机构持续出台各项政策和条例（见表2-3），推进和完善环境信息披露制度，要求企业承担环境责任。2008年，国家环保总局在《关于加强上市公司环境保护监督管理工作的指导意见》[①]中

表2-3 环境信息披露相关政策汇总

时间	制定部门	政策文件	政策内容
2008年	国家环保总局	《关于加强上市公司环境保护监督管理工作的指导意见》	进一步完善和加强上市公司环保核查制度；积极探索建立上市公司环境信息披露机制；开展上市公司环境绩效评估研究与试点；加大对上市公司遵守环保法规的监督检查力度
2014年	十二届全国人大常委会第八次会议	修订《中华人民共和国环境保护法》	明确了"重点排污单位"在环境信息公开方面的责任
2017年	证监会与原环境保护部	《关于共同开展上市公司环境信息披露工作的合作协议》	定期报告环境信息披露，定期通报机制、临时报告环境信息披露定期通报机制、信息共享和失信惩戒等方面的内容
2021年	生态环境部	《环境信息依法披露制度改革方案》	明确要依法推动企业强制性披露环境信息
2022年	生态环境部	《关于做好2022年企业温室气体排放报告管理相关重点工作的通知》	要求包括石化、化工、建材、钢铁、有色、造纸、民航在内七个行业的重点企业报送2021年度温室气体排放报告

资料来源：根据公开资料整理

---

① http://www.mee.gov.cn/gkml/zj/wj/200910/t20091022_172501.htm.

指出，积极探索建立上市公司环境信息披露机制，促进上市公司真实、准确、完整、及时地披露相关环境信息。相关文件表明有关部门鼓励上市公司定期自愿披露环境信息，推动企业主动承担社会环境责任，并进一步完善上市公司环境信息披露的监管机制。2017年6月，证监会上市公司监管部与原环境保护部政策法规司签署了《关于共同开展上市公司环境信息披露工作的合作协议》[①]，内容包括定期报告环境信息披露定期通报机制、临时报告环境信息披露定期通报机制、信息共享和失信惩戒等方面的内容，旨在共同推动建立和完善上市公司环境信息披露制度和标准，督促上市公司履行环境保护社会责任。

其中，重点排放单位的环境信息披露情况是环境信息披露建设的核心。2015年确立重点排污单位后，中国密集出台一系列政策和条例，推进其强制性环境信息披露进程。中国于2015年实施新的《环境保护法》[②]明确了重点排污单位应当主动公开环境信息，规定重点排污单位应当如实向社会公开其主要污染物的名称、排放方式、排放浓度和总量、超标排放情况及防治污染设施的建设和运行情况。2021年5月，生态环境部发布关于印发《环境信息依法披露制度改革方案》[③]的通知，主要任务包括建立健全环境信息依法强制性披露规范要求、建立环境信息依法强制

[①] http://www.cs.com.cn/xwzx/201706/t20170612_5320547.html.
[②] http://www.gov.cn/xinwen/2014-04/25/content_2666328.html.
[③] http://www.mee.gov.cn/xxgk2018/xxgk/xxgk03/202105/t20210525_834444.html.

性披露协同管理机制、健全环境信息依法强制性披露监督机制、加强环境信息披露法治化建设。2022年3月，生态环境部印发《关于做好2022年企业温室气体排放报告管理相关重点工作的通知》，敦促2021发电行业重点排放单位报送2021年度温室气体排放报告，并对2022年度重点排放单位做出范围划分。同时，该通知要求包括石化、化工、建材、钢铁、有色、造纸、民航在内七个行业的重点企业报送2021年度温室气体排放报告。

2.1.3 上市公司可持续发展规范

随着国内外投资者的负责任投资理念与可持续投资策略水平的不断提升，上市公司越发重视并提升自身绿色低碳发展、社会责任承担以及公司治理有效性的信息披露透明度，同时也增强了监管部门统一上市公司信息披露标准的实际需求。其中，环境、社会和公司治理（ESG）[①]信息披露体系的建设是推动上市公司可持续发展规范的核心要素，有助于服务"双碳"目标，为上市公司落实碳中和目标提供了具有共识的标准框架，相关政策见表2-4。

在证监会层面，逐步提高对上市公司环境、社会和公司治理的报告披露内容和披露规范的要求，从法律层面强化上市公

---

① 环境（Environmental）、社会（Social）和公司治理（Governance）是三个基于价值的评估因素，体现了生产经营活动和投资活动对环境和社会的影响，以及公司治理是否完善等内容。ESG指标通过获取财务信息以外的公司绩效表现，从长期维度衡量公司价值，既考虑利益相关方的多维度利益，也符合股东的长期利益。

表2-4 上市公司ESG信息披露相关政策汇总

时间	制定部门	政策文件	政策内容
2006年	深交所	《深圳证券交易所上市公司社会责任指引》	明确将首要相关利益者作为上市公司履行社会责任的对象；突出和强调上市公司承担法律层面上的社会责任
2008年	上交所	《关于加强上市公司社会责任承担工作的通知》	要求重视公司对利益相关者、社会、环境保护、资源利用等方面的非商业贡献。要求形成符合本公司实际的社会责任战略规划及工作机制
2012年	港交所	《ESG报告指引》	建议所有上市公司披露环境社会治理相关信息
2017年	证监会	《公开发行证券的公司信息披露内容与格式准则第2号——年度报告的内容与格式（2017年修订）》	规定公司在报告期内以临时报告的形式披露环境信息内容的，应当说明后续进展或变化情况；重点排污单位之外的公司可以参照上述要求披露其环境信息，若不披露，应当充分说明原因；鼓励公司自愿披露有利于保护生态、防治污染、履行环境责任的相关信息
2019年	港交所	最新修改的《ESG报告指引》	要求董事会声明纳入ESG管理相关内容，并将所有指标披露强度调整为"不遵守就解释"
2020年	中共中央办公厅、国务院办公厅	《关于构建现代环境治理体系的指导意见》	建立完善上市公司和发债企业强制性环境治理信息披露制度
2020年	深交所	《深圳证券交易所上市公司规范运作指引（2020年修订）》	对上市公司环境信息披露问题提出了具体要求

续表

时间	制定部门	政策文件	政策内容
2020年	上交所	《上海证券交易所科创板上市公司自律监管规则适用指引第2号——自愿信息披露》	科创公司可以在按照法律规则的规定，披露环境保护、社会责任履行情况和公司治理一般信息的基础上，根据所在行业、业务特点、治理结构，进一步披露环境、社会责任和公司治理方面的个性化信息
2021年	证监会	《上市公司投资者关系管理指引（征求意见稿）》	明确投资者关系管理的重要性
2021年	联交所	《气候信息披露指引》	进一步细化气候信息的披露要求，帮助公司有效评估并应对气候变化所产生的风险
2021年	证监会	修订《公开发行证券的公司信息披露内容与格式准则第2号——年度报告的内容与格式（2021年修订）》《公开发行证券的公司信息披露内容与格式准则第3号——半年度报告的内容与格式（2021年修订）》	进一步强化上市企业ESG信息披露和负面信息披露要求
2022年	国务院国资委	《提高央企控股上市公司质量工作方案》	推动更多央企控股上市公司披露ESG专项报告，力争到2023年相关专项报告披露"全覆盖"
2023年	香港联交所	《优化环境、社会及管治框架下的气候相关信息披露咨询文件》	刊发气候信息披露咨询文件，建议规定所有发行人在其ESG报告中披露气候相关信息，以及推出符合国际可持续发展准则理事会（ISSB）气候准则的新气候相关信息披露要求

资料来源：根据公开资料整理

司ESG信息披露的重要程度。2021年2月,证监会发布《上市公司投资者关系管理指引(征求意见稿)》[1],进一步强调了上市公司ESG信息披露和引导市场参与者发展ESG理念。2021年5月,证监会为进一步贯彻落实新修订的《证券法》,推行市场化的同时保证经济高质量和可持续发展,从强化ESG和负面信息披露对上市公司定期报告的编制和披露内容提出更高要求,形成《公开发行证券的公司信息披露内容与格式准则第2号——年度报告的内容与格式(2021年修订)》和《公开发行证券的公司信息披露内容与格式准则第3号——半年度报告的内容与格式(2021年修订)》[2]。

香港及沪深两市都对上市公司ESG信息披露做出了要求,出台具体ESG信息披露细则,对推动上市公司环境信息强制披露起到了关键作用。但是目前,深圳证券交易所和上海证券交易所对企业社会责任等信息尚未要求强制性披露,还处于自愿披露的阶段。

深圳证券交易所不断建立和完善上市公司环境信息披露制度,对上市公司的信息披露提出了具体要求,引导其加强ESG信息披露体系建设。2006年,深圳证券交易所发布《深圳证券交易所上市公司社会责任指引》[3],要求上市公司积极履行社

---

[1] http://www.csrc.gov.cn/newsite/zjhxwfb/xwdd/202102/t20210205_392302.html.
[2] http://www.csrc.gov.cn/pub/newsite/zjhxwfb/xwdd/202105/t20210507_397137.html.
[3] http://www.p5w.net/stock/news/gsyw/200609/t536529.htm.

会责任，定期评估公司社会责任的履行情况，自愿披露企业社会责任报告。2010年，该规范被纳入《上市公司规范运作指引》[1]，继续为上市公司披露社会责任信息提供引导和规范。2020年2月，深圳证券交易所发布《深圳证券交易所上市公司规范运作指引（2020年修订）》[2]，对上市公司环境信息披露问题提出了具体要求。《深圳证券交易所上市公司规范运作指引（2020年修订）》规定，上市公司出现重大环境污染问题时，应当及时披露环境污染的产生原因、对公司业绩的影响、环境污染的影响情况、公司拟采取的整改措施等，并且上市公司可将社会责任报告与年度报告同时对外披露。

上海证券交易所积极出台ESG信息披露相关指引，鼓励企业自愿披露ESG相关信息，回应资本市场期待。2008年，上海证券交易所发布《上海证券交易所上市公司环境信息披露指引》[3]，要求上市公司加强社会责任承担工作，及时披露公司在员工安全、产品责任、环境保护等方面承担社会责任的表现，并对上市公司环境信息披露提出了具体要求。为了鼓励和规范科创板上市公司开展自愿信息披露、提高有效性，2020年，上海证券交易所正式发布《上海证券交易所科创板上市公司自律监管规则适用指引

---

[1] http://www.csrc.gov.cn/pub/tianjin/tjfzyd/tjjflfg/tjzlgz/201503/t20150306_269665.htm.
[2] https://baijiahao.baidu.com/s?id=1669309462662959672&wfr=spider&for=pc.
[3] http://www.sse.com.cn/lawandrules/sserules/listing/stock/c/c_20150912_3985851.shtml.

第2号——自愿信息披露》①。自愿信息披露既是上市公司履行持续信息披露义务的重要内容，也是法定信息披露必要和有益的补充。从资本市场实践看，上市公司自愿披露的战略规划、盈利预测、内部治理、环境保护、社会责任、人力资源等信息，已经成为投资者判断公司价值、做出投资决策的重要参考。

香港交易所于2012年首次发布《ESG报告指引》，作为上市公司自愿性披露建议；在随后的2016年，将部分自愿性披露建议上升至半强制披露层面，实施"不披露就解释"规则。2019年12月，港交所发布最新修改的《ESG报告指引》，是针对自2020年7月1日后财务年度实施的。这次适用的原则是：对于管治架构、汇报原则和汇报范围这些大的方面，必须强制披露；但对于部分更具体的关键绩效指标（KPI）部分，适用"不遵守就解释"。2021年11月5日，针对气候信息的披露，结合TCFD的建议，联交所刊发了《气候信息披露指引》（以下简称《气候指引》），进一步细化气候信息的披露要求，帮助公司有效评估并应对气候变化所带来的风险。《气候指引》与新《指引》共同构成了联交所监管下企业ESG信息披露的基本规范框架。得益于ESG信息披露规制的完善，以及联交所多年以来对发行人有关ESG信息披露的教育，2020年至2021年，几乎所有申请人都遵循上市指引的规定披露了有关环境法律的合规事宜，有超过1/3的申请人在上市文件中披露了其实施

---

① http://www.sse.com.cn/star/lawandrules/lawandrules/listing/c/c_20200925_5225391.shtml.

ESG风险管理的具体情况。自此，ESG信息建设和披露成为香港上市公司及拟在香港上市的公司必须遵循的规则。2023年4月，香港联交所刊发气候信息披露咨询文件，建议规定所有发行人在其ESG报告中披露气候相关信息，以及推出符合国际可持续发展准则理事会（ISSB）气候准则的新气候相关信息披露要求。

2.1.4 国有资产的高质量发展路径

作为国计民生的支柱，国有企业在承接经济发展任务的同时承担着更为繁重的社会责任，也在碳中和目标的实现过程中发挥着领头羊的作用。国有企业的生产力能够创造优质财富，为全体人民共同富裕提供资源基础，同时国有企业的资本布局能够有效缩短地域间、物质层面的发展差距。因此，国有资产的可持续发展路径除了低碳绿色高质量发展，还需要兼顾推动共同富裕的特色战略定位。

顺应国家战略方向，国资委持续出台推动国有企业履行社会责任的相关政策，由表及里、不断深化，推动国有企业高质量可持续发展，服务"双碳"目标。2008年，国资委以2008年1号文件发布了《关于中央企业履行社会责任的指导意见》，首次针对中央企业社会责任工作做了规范。2016年，国资委发布《关于国有企业更好履行社会责任的指导意见》，旨在扩大对履行社会责任的要求，覆盖领域延展至国有企业全部范畴，为促进国有企业社会责任工作高质量发展指明方向。2022年，国资委成立社会责任局，进一步发挥监管效能，为国有企业践行ESG理念提供更有力的指引。总体来说，国资委对国有企业提出了比民营企业和外资企业更严格、更详尽的要求，明确国有企业在践行社会责任方面的中流砥柱地位。

在具体实施路径层面，国资委以履行社会责任为指引，将绿色和可持续发展理念融入各类政策，持续推进中央企业和国有企业的高质量发展。在环境方面，国资委发布了《关于全面加强中央企业环境污染风险防控工作有关事项的通知》和《中央企业节约能源与生态环境保护监督管理办法》等，要求国有企业制定切实可行的环境污染风险排查治理工作方案，将环境污染风险防控与规范生产经营相结合，形成环境污染风险防控长效机制。在社会方面，国资委发布了《关于中央企业做好农民工工作的指导意见》等政策文件，要求国有企业高度重视和切实维护小微企业和农民工等弱势群体的合法权益，构建共同发展、共同富裕的良好生态。浙江省出台了《国资国企助力高质量发展建设共同富裕示范区行动方案（2021—2025年）》，提出到2025年，全省国资国企高质量发展走在全国地方前列，支持共同富裕示范区建设的国资国企物质基础、产业基础不断夯实，国有资本战略性、基础性、先导性地位全面巩固，战略引领和基础保障作用有效发挥。在公司治理方面，国资委发布了《中央企业合规管理指引（试行）》，要求国有企业定期发布合规管理战略规划、基本制度和年度报告，深化国有企业合规风险防控意识，筑牢国有企业健康可持续发展的"防火墙"。

2.2 睁眼看世界

目前，随着国际社会对气候风险的关注度持续上升，出海企业或者开展国际项目的企业在业务推进过程中需积极适应各国的气候政策，注重环保排放合规，以规避环保处罚、碳关税等风险，提升产品在海外市场的竞争力，树立中国产品的环保形象。

2.2.1 全球主要国家的气候政策要求

在这里，将介绍欧盟、美国、日本应对气候变化的低碳政策，展现各国政府在应对国内气候变化的主要行动。

1. 气候先锋：欧盟

在全球变暖的宏观气候背景下，欧盟的主要成员国一直在积极探索并寻求应对气候变化的有效方法，先后出台了一系列控制温室气体排放的政策和法规，同时在各自的国家和地区范围内实施一揽子计划与实践方法，尝试管理碳排放。1990年，在政府间气候变化专门委员会（IPCC）发布第一份摘要报告后不久，欧洲理事会就气候变化问题首次进行讨论，为即将到来的《联合国气候变化框架公约》（UNFCCC）谈判做准备，并于1991年发布了第一个控制碳排放和提高能源效率的战略。自此以后，欧盟制定了一系列控制温室气体排放的政策。

欧洲行动：气候变化应对与适应性框架。为达成《京都议定书》的减排目标，欧盟委员会于2000年6月发布了欧洲气候变化方案（European Climate Change Programme，ECCP）。欧洲气候变化方案分为两大阶段：第一阶段（2000—2004年），欧盟委员会成立了能源供给、交通、农业等11个工作组，以寻找最经济有效的碳减排方式，完成对欧盟气候行动的初步探索；第二阶段（2005年起），欧盟委员会继续探索具有成本效益的碳减排方式，将ECCP的第二阶段与里斯本战略（加快经济改革、促进就业的欧盟规划）相结合，致力于在减少温室气体排放的同时推动经济增长、创造就业机会。但是欧盟委员会同时表示，仅靠ECCP计划的减排措施并不能使欧盟达成《京都议定书》的减排目标。因此，欧盟需要更为积极的气候行动计划[1]。

欧盟区域内，当气候变化的影响超越单个国家的边界（例如河流和海洋盆地）时，欧盟成员国之间需要团结一致，以确保受气候变化影响最大的地区能够取得必要的协助。基于此，欧盟委员会于2009年发布有关适应气候变化的政策性白皮书《适应气候变化白皮书：面向一个欧洲的行动框架》，强调欧盟国家的共同行动，在部门（如农业、水、生物多样性、渔业和能源网络）协作上，采取协调一致的行动，通过在欧盟层面的政策紧密结合，以达到协同减排的最终目标。气候适应行动主要由四大支柱组成：

---

[1] Second ECCP Progress Report. https://ec.europa.eu/clima/system/files/2016-11/second_eccp_report_xsum_en.pdf.

一是将适应气候变化纳入欧盟法律和资助计划的制订和执行过程中；二是将气候适应纳入欧盟的外部行动中，加强与发展中国家的合作；三是通过气候研究扩大气候知识库，减少气候不确定性；四是采用政策工具（市场工具、政府和社会资本的合作）组合，以确保适应计划的有效实施[①]。欧盟气候适应行动通过协同欧盟各个成员国的气候行动，提升了欧盟整体适应气候变化影响的应变能力，为世界范畴在气候变化议题上的团结协作提供具体示范。2019年12月，欧盟委员会发布《欧洲绿色协议》，成为本届欧盟委员会执行联合国《2030年可持续发展议程》和可持续发展目标以及欧盟委员会主席冯德莱恩施政纲领中重点议程的重要部分。

能源安全问题成为欧洲各国政府的主要关注点。为了摆脱能源的对外高度依赖，欧盟出台了一系列应对措施。2022年，德国宣布到2035年争取实现100%可再生能源供电，意图降低能源对外依存度。2023年3月，欧盟正式发布《净零工业法案》《关键原材料法案》，并推出氢能银行计划；提出2030年整个欧盟地区的最终能源消费量降低11.7%，欧盟可再生能源占最终能源消费总量的比例由目前的32%提高到42.5%。欧盟委员会公布了欧盟碳边境调节机制过渡期实施细则，该细则从今年10月1日起生效，一直持续到2025年底。按照计划，过渡期结束后，欧盟将成为世界上第一个开始征收"碳关税"的经济体。

---

① 适应气候变化白皮书：面向一个欧洲的行动框架. https://ec.europa.eu/health/ph_threats/climate/docs/com_2009_147_en.pdf.

气候目标立法[1]。气候入法是欧盟对成员国履行减排承诺的重要保证,葡萄牙环境和能源转型部长费尔南德斯表示,欧盟理事会批准该法案具有重大意义,能够有效确保欧盟的所有政策,都能围绕着减排和保护自然环境等开展[2]。2021年6月,欧盟理事会发布公告,称欧盟国家通过了《欧洲气候法》(European Climate Law),将《欧洲绿色新政》中提出的目标正式写入法律,同时该法也是欧盟首部"气候法",为欧盟在2050年前实现碳中和目标铺平了道路[3]。《欧洲气候法》设定了温室气体净排放量到2030年至少减少55%的目标(以1990年为基准年),并主要通过降低汽车能耗、发展清洁能源和增加林业碳汇等方式入手,从多个维度降低碳排放,如表2-5所示。

表2-5 《欧洲气候法》内容要点

维度	要点
降低汽车能耗	以较为经济的方式有效地减少汽车尾气二氧化碳排放量,为欧盟2030年温室气体减排目标和2050年碳中和目标做出贡献 通过零排放技术的创新,加强欧盟汽车价值链的技术领先地位和竞争力,刺激就业[4]

---

[1] EuropeanClimateLaw. https://ec.europa.eu/clima/eu-action/european-green-deal/european-climate-law_en.
[2] https://www.chinacourt.org/article/detail/2021/04/id/5991468.shtml.
[3] 欧洲首部"气候法",推动未来十年加速减排进程. https://xueqiu.com/5362965639/188003644.
[4] CO_2 emission performance standards for cars and vans. https://ec.europa.eu/clima/eu-action/european-green-deal/delivering-european-green-deal/co2-emission-performance-standards_en

续表

维度	要点
发展清洁能源	将可再生能源在欧盟能源结构中的约束性目标提高到40%，促进可再生燃料（如工业和运输中的氢能）的使用。提高欧盟层面的能源效率目标，并赋予法律约束力，确保在2030年前实现一次能源消费总体下降36%至39%的目标[①]
增加林业碳汇	修复欧洲的森林、土壤、湿地和泥炭地，增加二氧化碳的吸收量，并使环境更能适应气候变化，以在实现环境修复的同时提高碳汇，实现碳抵消[②]

资料来源：根据公开资料整理

《欧洲气候法》为欧盟碳排放设立了宏观目标，并以法律强制力保证实施。武汉大学环境法研究所学者兰莹、秦天宝表示，"《欧洲气候法》作为欧洲绿色转型战略必不可少的法律杠杆，将碎片化的欧洲气候法律政策统一安置在欧盟的监督评估之下，完成了欧盟从分散立法模式向分散立法与专门立法并存模式的转变[③]"。作为碳排放区域目标指引，《欧洲气候法》充分发挥了欧盟领导力作用，给世界应对气候变化的合作行动树立了典范。

2.路转峰回：美国

与欧盟对气候政策一以贯之的积极态度不同，美国政府对

[①] Cleaning our energy system. https://ec.europa.eu/info/strategy/priorities-2019-2024/european-green-deal/delivering-european-green-deal_en.
[②] Working with nature to protect our planet and health. https://ec.europa.eu/info/strategy/priorities-2019-2024/european-green-deal/delivering-european-green-deal_en.
[③] 《欧洲气候法》：为2050年碳中和承诺正名. https://baijiahao.baidu.com/s?id=1698067583958468033&wfr=spider&for=pc.

气候议题的态度可谓一波三折。自奥巴马政府开始，美国政府尝试推行并实践了一系列气候法案。然而特朗普政府主导美国退出《巴黎协定》的举动，使美国应对气候变化的发展进程遭受严重阻碍。自拜登政府成立以来，对特朗普政府的气候变化发展理念做出了重大调整，不仅重返《巴黎协定》，同时也重新开始谋求全球应对气候变化的领导权。从奥巴马政府到特朗普政府，再到如今的拜登政府，三届总统班子对气候变化的法案做出了多次调整，使得美国气候政策不具稳定性。表2-6为美国三届政府在气候变化问题上的部分重要主张和行动的概括，展现了美国政府在应对气候变化问题上"积极—消极—积极"的态度变化过程。

（1）奥巴马政府：美国气候行动的初期探索

奥巴马在任期内积极行使行政权力推动气候议题取得进展，并采取了较为有效的气候变化应对措施。然而，奥巴马政府仅将应对气候变化作为刺激美国经济的抓手，在不伤害美国经济的前提下应对气候变化，也因此并未做出具有强制约束力的碳减排承诺。以2009年哥本哈根气候大会为例，美国仅承诺到2020年时较2005年减排17%，低于欧盟20%的承诺[1]。但是总体来说，奥巴马在任职期间极大地促进了美国绿色经济的发展。为了实现气候目标，奥巴马建立了一支包括美国前副总统、民

---

[1] 美国奥巴马政府对我国气候变化的启示. https://www.wenmi.com/article/pzhvba0025vl.html.

表2-6　美国三届政府在气候变化问题上的部分重要主张和行动

奥巴马政府 （2008—2017年）	特朗普政府 （2017—2020年）	拜登政府 （2020年至今）
加强全球合作并签署《巴黎协定》 推动美国能源独立 推动页岩油气勘探开发利用 发布《清洁电力计划》催动可再生能源的发展 推动发展电动汽车 推出《总统气候行动计划》作为美国未来应对气候变化行动的纲领性文件	宣布退出《巴黎协定》，并无任何应对气候变化的战略 提出以美国能源为主导的战略 削减对于新能源发展和补贴电动汽车等政策 促进石油煤炭等资源的开采和出口	重返《巴黎协定》 终止特朗普政府推行的一系列化石燃料政策和项目 宣布在2050年实现碳中和 宣布在2035年实现100%零碳电力供应 宣布在2030年实现零排放汽车新售占比达到50%

资料来源：根据公开市场资料整理

主党人戈尔（坚定的环保主义者）的"绿色团队"，因此也被誉为"最绿总统"。

提出气候变化纲领性计划。2013年6月，奥巴马政府提出《总统气候行动计划》(*The President's Climate Action Plan*)，并将该文件定位为白宫未来开展气候变化行动的纲领性文件。《总统气候行动计划》是美国气候变化政策的一次调整和升级[1]。文件对于美国国家层面的碳减排提出了更全面的78个预达目标，包括碳减排、适应性策略和国际合作三大领域[2]。首先，在碳减

---

[1] 杜莉. 美国气候变化政策调整的原因、影响及对策分析 [J]. 中国软科学，2014（4）：5-13.
[2] The White House ,FACTSHEET: President Obama's Climate Action Plan. https://www.whitehouse.gov/the-press-office/2013/06/25/fact-sheet-president-obama-s-climate-action-plan.

排方面，《总统气候行动计划》计划将甲烷、氢氟碳化物等非二氧$_{化碳}$温室气体也列入减排清单，以全面减少美国国内温室气体排放。其次，在提高气候韧性方面，《总统气候行动计划》提出要有意识地增强美国气候变化的适应能力，包括通过与医疗行业建立公私合作，建立更可持续的医院，以应对气候变化；构建温室气体碳排放强制性披露的报告规则，积极实行保护自然资源的气候项目等。最后，在国际合作方面，《总统气候行动计划》强调美国政府应该对当前气候变化带来的威胁及时做出反应，依靠美国在全球经济、政治和外交层面的综合实力与影响力，稳固自身在全球气候变化问题上的领导地位，推动全球气候变化谈判的进程。

（2）特朗普政府：气候行动倒行逆施

特朗普执政以来，美国国内气候治理实践和政策发展大幅倒退。特朗普政府对奥巴马时期发布的气候政策进行了"急刹车"式暂停、搁置甚至废弃处理。此外，特朗普对奥巴马最重要的气候政策遗产《总统气候行动计划》进行了强烈抨击，并于2017年6月在华盛顿白宫发表讲话，表示《巴黎协定》让美国处于不利位置，变相促使其他国家受益，并正式宣布退出《巴黎协定》。

国际气候合作按下暂停键。特朗普执政后，美国与欧盟、印度、中国等主要经济体的双边气候合作均陷入停滞。对于印度而言，奥巴马执政期间曾试图推动美国与印度之间的双边气候合作，但在2017年6月的美印会晤及之后的对话中，两国关于气候治理的合作临近冰点，美国批判印度将通过《巴黎协定》牟取数十亿美元的经济援助，而印度则称美国应对气候变化的消极态度是"道德上的犯罪"[①]。对于中国而言，与美国的气候合作一度是大国间合作应对气候变化的典范。然而，特朗普政府对待气候问题的消极态度及推行的倒退性国内政策，使中美双方有关应对气候变化的合作陷入停滞。特朗普政府在应对气候变化层面所表现的不负责任行为在国际社会中产生了强烈反响。联合国秘书长古特雷斯表示特朗普的这一行为非常令人失望。德国、法国、意大利、英国和日本等国也表示，特朗普的行为是背离人类智慧的决定。

（3）拜登政府：开启美国应对气候变化新纪元

2020年，拜登政府正式执政，也为国际社会应对气候变化注入强势力量。在外交层面，拜登政府上台后的第一天就签署总统令，宣布重新加入《巴黎协定》，重新开展关于气候变化的多边主义对话，重建和国际社会之间的气候应对合作，并谋求在全球气候变化问题上的领导地位。在内政方面，拜登政府继承奥巴马政府的政治理念，以新能源作为应对气候变化的切入点，大力发展新能源技术并对相关企业提供支持。拜登政府沿袭了美国民主党积极的气候能源政策主张，组建了应对气候变化团队，并通过行政命令推出一系列

---

① 冯帅.美国气候政策之调整：本质、影响与中国应对——以特朗普时期为中心[J].中国科技论坛，2019（2）：179-188.

气候能源转型新政，全面扭转了特朗普政府在应对气候变化议题上的消极局面。

建立具有强气候适应性的经济体系。为应对气候变化对美国经济和金融体系带来的潜在系统性风险，拜登政府于2021年10月14日发布了《建立气候适应性经济的路线图》（*A Roadmap to Build A Climate-Resilient Economy*），指出美国应果断采取行动以减轻气候变化对于美国经济的重创。这份政策提出了气候相关金融风险的核心原则，并为评估、披露、管理和减轻金融风险的相关工作制定了路线图。如表2-7所示，《建立气候适应性经济的路线图》提倡正面应对气候危机，不仅要求金融机构提高自身管理气候风险的能力，还特别关注了美国民众的养老金储蓄的气候风险，对养老金投资和社区应对气候变化的适应能力提出要求，以降低气候风险事件对美国民众财产的影响。

拜登政府试图将气候战略作为恢复美国全球领导力的战略支点，试图将气候变化与疫情后经济转型相结合，推行绿色新政。2022年8月，拜登签署《通胀削减法案》，引导美国未来十年向能源安全和气候变化产业投资。10月，拜登签署《〈蒙特利尔议定书〉基加利修正案》，要求美国逐步停止使用常用作制冷剂的氢氟碳化物化学用品。2023年3月，美国宣布拨款60亿美元加快发展钢铁、铝和水泥制造等高耗能行业的脱碳项目。

表2-7 建立气候适应性经济的路线图

1	提高国家整体的金融体系应对气候相关金融风险的能力，强制保险行业以及证券交易等相关金融产业披露其气候风险相关问题
2	保护终身储蓄和养老金免受气候相关金融风险的影响
3	利用联邦采购解决气候相关金融风险，提高对于供应商的筛选标准，低温室气体排放公司将具有更高的竞争能力
4	将气候相关金融风险纳入联邦财务管理和预算编制，将气候风险纳入政府预算的统计当中
5	将气候相关金融风险纳入联邦贷款和承销
6	建设弹性基础设施和社区。修改社区建设标准，推广气候恢复工具包（NOAA Climate Resilience Toolkit）使得社区的未来建设更加有气候风险弹性来应对极端气候事件

资料来源：根据公开市场资料整理

3.另辟蹊径：日本

日本作为岛国，国土面积狭小、自然资源匮乏、生态修复能力与韧性较低。相对于内陆大国，日本对环境和气候变化的敏感程度更高，同时对废弃排放物的承压能力薄弱。因而"资源循环利用"正逐步成为日本生产方式低碳改革发展的必然选择。"循环经济"倡导改变传统的资源使用模式，即"资源—生产—消费—丢弃"，转而向"资源—生产—消费—再生资源—再生产"的方式发展（见图2-1）。为此，日本于2000年颁布并实施了《循环型社会形成推动基本法》，把构建循环型社会上升为基本国策，该年同时被称为日本的"循环型社会元年"[1]。此外，

---

[1] 王永明,任中山,桑宇,等.日本循环型社会建设的历程、成效及启示[J].环境与可持续发展,2021,46（4）：128-135.

为了落实构建循环型社会的战略目标，日本在公众教育和业界规范两个层面双管齐下，推动循环型生产方式的快速高质量发展，减少生产过程中的碳排放以降低气候相关风险。

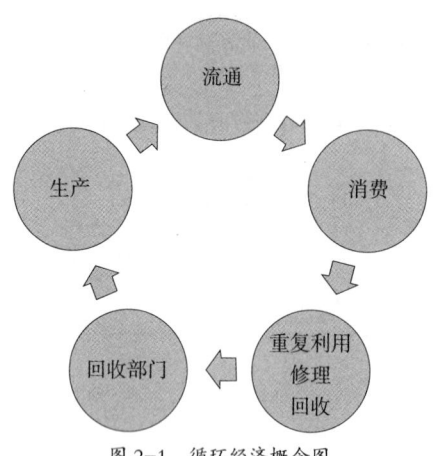

图 2-1　循环经济概念图

资料来源：根据公开市场资料整理

教育先行。2003 年，日本政府颁布了《环境教育法》，明确规定"国家、都道府县及市街村必须制定关于增进环保热情及推进环境教育的基本方针，以充实环保体验学习等学校教育中的环境教育，提高环境教育相关教员的素质[①]"。据此，日本将环境教育纳入中小学课程，用体验式的环境教育方式，引导学生参与 3Rs（Reduce，Reuse，Recycle）实践。除此以外，包括经济、贸易和工业部（METI）在内的八个与

---

① 刘继和，赵海涛．日本《环境教育法》及其解读 [J]．环境教育，2003（6）：17-19．

回收利用相关的部委已将10月指定为"减少、再利用和回收利用促进月"（3Rs促进月），以促进公众对3Rs的理解和合作，并在该月期间，每年针对公众开展全国性的宣传和认识提高活动[①]。

扩大生产者责任。日本政府通过延伸生产者责任，提高资源使用效率的方法减少生产过程中的碳排放。1998年6月，日本制定了《家电再生利用法》，该法制定了强制回收的四种家电名录，还规定了零售商负责回收消费者的报废家电，并将回收的废弃家电交给生产者，以促进生产者落实回收的责任[②]。2000年日本国会通过了《固体废物处理和公共清洁法》(修订)、《资源有效利用促进法》(修订)、《建筑材料再生利用法》《食品资源再生利用促进法》《绿色采购法》几项法案，针对不同产业制定了不同的循环经济相关的要求，进一步完善了日本循环经济相关的法律法规。

2.2.2 国际组织的气候风险信息披露指引

随着各国气候政策的不断完善，企业和投资者越来越重视气候相关风险并希望能在公司报告中体现气候治理成果。然而，面对国际组织和权威机构层出不穷的气候风险信息披露标准和

---

① https://www.meti.go.jp/english/press/2019/1015_004.html.
② 江丽丽. 日本生产者延伸责任立法轨迹研究[J]. 法制与社会，2014（33）：205-206.

指引，企业普遍对采用何种气候风险信息披露框架缺乏了解。不同披露框架的建议披露指标虽具有一定的一致性，但也存在诸多差异，给企业判定信息披露的范畴造成了困难。为解决相关问题，下面介绍目前市场上主流的气候信息披露框架，既包括TCFD、CDP、CDSB等侧重气候和环境相关信息披露的标准和指引，也包括GRI、SASB等同时涵盖ESG各维度的可持续报告指引。通过介绍和对比主流气候相关信息披露标准的建议披露内容，为企业选择合适的气候风险信息披露框架提供有效参考和切实帮助。

1.气候变化相关财务信息披露工作组（TCFD）建议报告

2015年12月，由G20成员国组成的金融稳定理事会（FSB）设立了气候变化相关财务信息披露工作组（TCFD），致力于提升市场及社会对气候变化潜在财务影响的理解，满足债权人和投资人等获取气候相关决策和风险管理信息的需求。2017年6月，工作小组发布了第一份正式报告《气候相关财务信息披露工作组建议报告》[1]，确立了全球气候相关信息披露标准，并于此后每年发布工作进展情况报告。目前，TCFD是全球影响力最大、获得最广泛支持的气候信息披露标准，也是其他诸多披露标准借鉴和联动的基础框架。

---

[1] TCFD. Implementing the Recommendations of the Task Force on Climate-related Financial Disclosures, 2017.

在《气候相关财务信息披露工作组建议报告》中，披露框架主要包括治理、战略、风险管理、指标与目标四项涉及机构运行的核心维度，并据此列出了11项建议披露条目（见表2-8）。这些建议披露条目以原则性表述为主，企业可在此基础上进行细化、扩展，自主补充更为具体的披露要素和指标。此外，TCFD建议将重大气候信息及对企业未来运营的潜在影响纳入年度报告。

表2-8 TCFD建议披露内容

核心维度	主要披露内容	建议披露条目
治理	披露领域1：披露组织机构与气候相关风险和机遇有关的治理情况	描述董事会对气候相关风险和机遇的监控情况 描述管理层在评估和管理气候相关风险和机遇方面的职责
战略	披露领域2：披露气候相关风险和机遇对组织机构的业务、战略和财务规划实际和潜在影响	描述组织机构识别的短期、中期和长期气候相关风险和机遇 描述气候相关风险和机遇对组织机构的业务、战略和财务规划的影响 描述不同情景（包括2摄氏度及更严苛情景）对组织机构业务、战略和财务规划的潜在影响
风险管理	披露领域3：披露组织机构如何识别、评估和管理气候相关风险	描述组织机构识别和评估气候相关风险的流程 描述组织机构管理气候相关风险的流程 描述识别、评估和管理气候相关风险的流程如何与组织机构的整体风险管理相融合
指标与目标	披露领域4：披露评估和管理气候相关风险和机遇时使用的指标和目标	披露组织机构按照其战略和风险管理流程评估气候相关风险和机遇时使用的指标 披露范围1、范围2和范围3（如适用）温室气体排放和相关风险 描述组织机构在管理气候相关风险和机遇时使用的目标以及目标实现情况

资料来源：TCFD官网

TCFD工作小组除了制定适用于所有产业的建议披露指引，还特别针对金融业以及最容易受到气候变化和低碳经济转型影响的非金融产业分别制定了补充指引。对于金融行业，TCFD根据业务活动类型分为四个主要产业类别制定补充指引，分别为银行（借贷）、保险公司（承保）、资产管理人（资产管理）和包括公共部门及私人部门的退休金计划、养老金及基金会在内的资产持有人（投资）。对于非金融行业，TCFD主要针对碳排放较高、能源及水资源消耗较大的产业制定补充指引。根据气候相关风险的相似性，其产业被分为四个产业类别，包含能源、材料和建筑、运输及农业、食品和林业产品。

2. 全球环境信息研究中心（CDP）气候变化问卷模块

全球环境信息研究中心（CDP）是一家总部位于伦敦的国际组织，前身为碳披露项目（Carbon Disclosure Project），其致力于推动企业和政府减少温室气体排放，保护水和森林资源，希望人类和地球都能长期享受繁荣的经济带来的福祉。CDP的指标体系专注于环境领域，对标国际领先的准则和实践，是国际公认的、较为深入和完整的环境披露框架。CDP目前已发展成为碳排放披露方法论和企业流程的经典标准，为全球市场提供了重要的气候变化数据。

CDP通过邀请企业填写调研问卷的方式了解企业的碳排放信息及为气候变化所采取措施的细节，并采用内部评价方法帮助企业衡量和管理环境影响。CDP问卷模块主要包括气候问卷填报、水问卷填报和森林问卷填报三大部分[①]，其中每份问卷（气候变化C、水安全W和森林F）都有自己的评分方法。表2-9显示了CDP问卷模块和相关问题与TCFD披露框架的对应关系。

表2-9　CDP问卷模块和问题与TCFD披露框架对照

CDP问卷模块	CDP问卷问题	TCFD披露框架
董事会监督	C1, W6, F4	披露领域1：披露组织与气候相关风险机会的治理情况
管理职责	C1, W6, F4	
员工激励	C1, W6, F4	
风险＆机遇时间范围	C2, W4, F3	披露领域2：披露气候相关风险和机会对组织的业务、战略和财务规划的实际和潜在影响
风险＆机遇披露	C2, W4, F3	
业务与财务规划影响评估	C2	
环境因素整合商业计划	C3, W7, F5	
战略中应用环境情景分析	C3, W7	
风险＆机遇管理流程	C2	披露领域3：披露组织如何识别、评估和管理气候相关风险
识别和评估环境风险的流程与步骤	C2, W3, F2	
内部碳、水定价	C11, W7	披露领域4：披露评估和管理相关气候相关风险和机会时使用的指针和目标
环境目标与指标	C4, C6, C8, W8	
低碳产品	C4	

资料来源：根据公开资料整理

---

① https://china.cdp.net/disclosure.

CDP问卷内容与TCFD建议的核心框架（治理、战略、风险管理、指标和目标）相一致，这使CDP具备全球最丰富的、与TCFD框架相一致的环境数据库。相比通过公开信息和媒体渠道获取企业信息，CDP更倾向于向企业发送调查问卷以获取更为全面和精确的信息，这可以极大地提高企业环境披露的主动性并协助企业管理环境风险和识别商业机遇的能力，减少环境风险对自身业务产生的潜在影响。

3. 气候披露标准委员会（CDSB）披露框架

气候披露标准委员会（CDSB）是由商业和环境领域的非政府组织所构成的国际性联盟，致力于推动和规范全球主流的企业报告模型，以赋予自然资本与财务资本同等的重要性。2010年，CDSB发布首个《气候变化报告框架》，重点关注气候变化给一个组织的战略、财务业绩和状况带来的风险和机遇。2013年，CDSB董事会一致决定将这个框架的范围从气候变化和温室气体（GHG）排放扩大到环境信息和自然资本[1]。CDSB以"通过制定全球气候变化报告框架，促进和推进主流报告中与气候变化相关的披露"为使命，披露原则性较强，其提出的可验证性原则和报告鉴证程序受到广泛认可。然而，由于没有像TCFD那样提出一整套定性和定量相结合的指标体

---

[1] 气候披露标准委员会框架. https://www.tcfdhub.org/wp-content/uploads/2021/06/%E8%AF%91%E6%96%87final%E6%B8%85%E6%B4%81%E7%89%88-cdsb_framework_2019_v2.2%EF%BC%8836%EF%BC%89.pdf.

系，CDSB披露框架的操作性不高，使用成效受到显著影响。

根据2022年CDSB发布的最新版《环境和气候变化信息报告框架》[①]，CDSB要求企业在披露环境和气候变化信息时应遵循以下七个原则：相关性和重要性、如实披露、与主流报告相关联、一致性和可比性、清晰性和可理解性、可验证性、前瞻性原则。表2-10显示了CDSB披露框架中与TCFD披露框架形成映射的部分。

表2-10　CDSB披露框架与TCFD披露框架对照

CDSB披露框架	TCFD披露框架
要求01治理：披露信息应说明环境政策、战略和信息的治理情况	披露领域1：董事会对气候相关风险和机遇的监控情况；管理层在评估和管理气候相关风险和机遇方面的职责
要求02管理层的环境政策、战略和目标：披露信息应报告管理层的环境政策、战略和目标，包括用于评估业绩的指标、方案和时间安排	
要求06前瞻分析：管理层应总结环境影响、风险和机遇对组织未来的业绩和状况的影响	
要求03风险和机遇：披露信息应说明当前和预期会影响该组织的重要环境风险和机遇	披露领域3：组织机构识别和评估气候相关风险的流程
要求04环境影响源头：定量结果、定性结果以及形成这些结果的方法论应予以报告，来反映环境影响的重要源头	披露领域4：组织机构按照其战略和风险管理流程评估气候相关风险和机遇时使用的指标；范围1、范围2和范围3温室气体排放和相关风险

资料来源：根据公开资料整理

---

① https://www.ifrs.org/content/dam/ifrs/groups/cdsb/cdsb-framework-2022.pdf.

当前，内容清晰、结构完整的CDP问卷回复基本能够满足TCFD的信息披露要求。不过，各公司需要将CDP问卷回复进行转化，以满足主流报告的预期，而CDSB的《环境和气候变化信息报告框架》为此提供了最佳途径。CDP与CDSB的合作能够使企业的环境与气候信息披露更具体系化和可比性，更好地满足TCFD期望，落实TCFD披露建议。

4.全球报告倡议组织（GRI）披露框架

在1997年，全球报告倡议组织（Global Reporting Initiative，GRI）由环保非政府组织领导成立，是全世界最早、历史最长的ESG信息披露标准之一。2015年，GRI进行结构调整，成立全球可持续发展标准委员会（GSSB）作为独立的标准制定机构。2016年10月，发布了更新版的《GRI可持续发展报告标准》，成为全球企业社会责任报告新标准。

GRI标准内容涵盖对于包括投资者在内的多方利益相关者的信息披露规定，主要划分为两部分：通用标准和经济、环境、社会部分。通过依据GRI发布的企业可持续发展报告，可以全面平衡了解企业的重要主题、相关影响及如何对此进行管理。表2-11显示了GRI披露框架与TCFD披露框架对应的部分。

2020年7月，GRI与SASB宣布了一项合作性的工作计划，进行GRI-SASB联合项目的研发与推广，并于2021年4月联合发布了《使用GRI与SASB标准进行可持续报告的实用指南》。

该文件阐明两个标准的互补性关系，在总结了全球130多家企业相关信息披露经验的基础上，为企业结合两项标准进行可市场化落地的实践行为提供参考。

表2-11 GRI披露框架与TCFD披露要求对比

GRI标准	TCFD披露框架
GRI 102-18 治理结构	披露领域1：描述董事会对气候相关风险和机遇的监督；描述管理层在评估和管理气候相关风险和机遇方面的职责
GRI 102-19 授权	
GRI 102-20 经济、环境和社会主题的执行层责任	
GRI 102-26 最高治理机构在设定目标、价值观和战略方面的作用	
GRI 102-29 识别和管理经济、环境和社会影响	
GRI 102-31 审查经济、环境和社会主题	
GRI 102-32 最高治理机构在可持续发展报告中的作用	
GRI 102-20 经济、环境和社会主题的执行层责任	
GRI 102-29 识别和管理经济、环境和社会影响	
GRI 102-31 审查经济、环境和社会主题	
GRI 102-32 最高治理机构在可持续发展报告中的作用	
GRI 103-2 管理方法及其组成部分，与GRI 201-2 气候变化导致的财务影响和其他机会以及GRI 305 排放一起使用	

续表

GRI 标准	TCFD 披露框架
GRI 102-14 高级决策者声明	披露领域 2：描述组织在短期、中期和长期内确定的与气候相关的风险和机遇；描述气候相关风险和机遇对组织业务、战略和财务规划的影响；描述组织战略的弹性，考虑到不同的气候相关情景，包括 2 摄氏度或更低的情景
GRI 102-15 主要影响、风险和机遇	
GRI 103 管理方法，与 GRI 201：经济绩效，以及 GRI 201-2 气候变化导致的财务影响和其他风险和机遇一起使用	
GRI 102-15 主要影响、风险和机遇	
GRI 103 管理方法，与 GRI 201：经济绩效，以及 GRI 201-2 气候变化导致的财务影响和其他风险和机遇一起使用	
RGI 102-15 主要影响、风险和机遇	披露领域 3：描述组织识别和评估气候相关风险的流程；描述组织管理气候相关风险的流程；描述如何将识别、评估和管理气候相关风险的流程整合到组织的整体风险管理中
GRI 102-29 识别和管理经济、环境和社会影响	
GRI 102-30 风险管理流程的有效性	
GRI 102-31 审查经济、环境和社会主题	
GRI 103-2 与 GRI 201 管理方法：经济绩效、GRI 201-2 气候变化导致的财务影响和其他机会，以及 GRI 305 排放	
GRI 102-15 主要影响、风险和机遇	
GRI 102-29 识别和管理经济、环境和社会影响	
GRI 103-2 管理方法及其组成部分	
GRI 102-15 主要影响、风险和机遇	
GRI 103-2 与 GRI 201 管理方法：经济绩效、GRI 201-2 气候变化导致的财务影响和其他机会，以及 GRI 305 排放	

续表

GRI 标准	TCFD 披露框架
GRI 102-30 风险管理流程的有效性	披露领域 4：披露组织用于根据其战略和风险管理流程评估气候相关风险和机遇的指标；披露范围 1、范围 2 和范围 3 温室气体（GHG）排放量以及相关风险；描述组织用于管理与气候相关的风险和机会以及对照目标的表现
GRI 103 管理方法，与 GRI 201 经济绩效，披露 201-2 一起使用时；GRI 302 水和污水；GRI 305 排放；和 GRI 306 污水和废物	
GRI 103 管理方法与 GRI 305 排放、GRI 201 经济绩效、披露 201-2 财务影响以及气候变化引起的其他风险和机遇一起使用	
GRI 102-15 主要影响、风险和机遇	
GRI 103 管理方法，当与 GRI 201 经济绩效、披露 201-2、GRI 302 能源、GRI 303 水和污水、GRI 305 排放和 GRI 306 污水和废物一起应用时	

资料来源：根据公开资料整理

5.可持续发展会计准则委员会基金会（SASB）披露框架

可持续发展会计准则委员会基金会（SASB）是一家位于美国的非营利组织，旨在帮助企业和投资者就企业价值的维护达成共识。该准则反映了企业生产和服务所产生的社会和环境影响，以及创造长期价值所必需的环境和社会资本的管理，同时不断迭代以确保准则能及时回应不断变化的市场需求。

SASB 于 2018 年发布了全球首套可持续发展会计准则，数据来自 200 多个实体，并运用可持续工业分类系统

（Sustainable Industry Classification System，SICS）将企业分为77个行业，确定了与每个行业财务绩效最相关ESG问题的子集，其中量化披露指标包含多个与TCFD标准相映射的主要内容，如表2-12所示。

表2-12 SASB披露框架与TCFD披露要求对比

SASB披露框架	TCFD《气候相关财务信息披露工作组建议报告》
商业银行按照《赤道原则》提供融资的项目数	披露领域2：气候相关风险和机遇对组织机构的业务、战略和财务规划的影响
绿色贷款与棕色贷款的余额及占比	
商业银行向油气、原材料加工、工业、基建等行业的贷款余额	
气候变化导致不良贷款、资本支出、抵押物价值等指标的变化等	

资料来源：根据公开资料整理

由于TCFD《气候相关财务信息披露工作组建议报告》所列的11条披露项目及对应的披露说明以原则性表述为主，企业可自主从这些辅助性的披露标准中选择量化、具体的披露要素与指标作为补充，存在量化指标不够丰富、覆盖范围不够广泛等问题。因此，在实际应用过程中，SASB、CDSB等国际组织对量化指标进行了细化、扩展，于2019年专门制定了《借助〈SASB披露标准〉〈CDSB披露框架〉执行〈TCFD披露建议〉手册》。企业可参考SASB标准下的77个行业所列出的量化指标进行信息披露，如商业银行可披露的量化信息包括：按照赤道原则提供融资的项目数，绿色贷款与棕色贷款的余额及占比，即油气、原材料加工、工业、基建等行业的贷款余额，气候变化导致不良贷款、资本支出、抵押物价值等指标的变化等。

6.国际可持续发展准则理事会（ISSB）披露准则

国际可持续发展准则理事会（ISSB）发布的《气候相关披露准则样稿》旨在引导企业提供规范的环境信息披露，评估企业的财务状况和业绩，评估公司短期、中期和长期现金流量价值，披露公司的管理战略和相关措施。通过企业信息披露报告使投资者能够评估企业在整个市场上应对气候相关风险和机遇的能力，促进市场资本配置和管理决策。2022年3月，国际可持续发展准则理事会（ISSB）发布了准则草案——《国际财务报告可持续披露准则第2号"气候相关披露"》（*IFRS S2*），公开征求各方意见。*IFRS S2*旨在为一致且可比较的气候相关披露提供全球基准。为了达成目标，该准则以现有准则和框架为基础，囊括了气候相关财务信息披露工作组（TCFD）的建议，并且增加了一些"新"的披露要求。与*IFRS S2*同时发布的，还有另一份ISSB准则草案《国际财务报告可持续披露准则第1号"可持续相关财务信息披露的一般要求"》（*IFRS S1*），其中规定了以投资者为中心编制可持续发展报告的总体要求，包括应当使用的重要性判断和披露的位置。未来2~3年内，世界上很多国家和地区都有望采用ISSB制订的准则。2023年6月，ISSB发布了《国际财务报告可持续披露准则第1号——可持续相关财务信息披露一般要求》和《国际财务报告可持续披露准则第2号——气候相关披露》准则，对2022年的准则草案进行了修订。

《气候相关披露准则样稿》以国际会计报告准则委员会（IASB）相关标准为起点，沿用了TCFD的披露框架，从治理、战略、风险管理、指标和目标四个方面对企业气候变化相关信息披露提出要求，但在具体的披露要求和内容上比TCFD的披露框架更为全面和细致。此外，该样稿参考SASB的行业分类标准，对不同行业需要披露的指标进行划分，使指标设计更具备行业属性。其中一些关键披露指标如表2-13所示。

表2-13 ISSB披露框架下的披露要求

指标名称	具体内容
温室气体排放量	以范围1、范围2、范围3的绝对总量计算
转型风险	易受转型风险影响的资产或者业务活动的数量和百分比
物理风险	易受物理风险影响的资产或者业务活动的数量和百分比
气候相关机会	与气候机会相关的收入、资产或者其他商业活动的比例，以数量或者百分比表示
资本部署	企业应披露其资本分配的情况，基于气候变化风险和机遇产生的资本支出、投融资情况

续表

指标名称	具体内容
内部碳价格	企业内部使用的每公吨温室气体排放的价格,包括企业如何将碳价格纳入到决策中(如投资决策、转移风险和情景分析)
薪酬	受气候相关因素影响的执行管理人员薪酬的比例,以百分比、权重、说明或报告货币表示

资料来源：根据公开资料整理

2.2.3 金融行业领先机构的气候风险管理框架

气候风险对宏观经济造成了不可忽视的冲击，同时在微观层面直接或间接地影响金融机构的正常经营，引起信用风险、流动性风险等金融风险，严重扰乱经济市场秩序。因此，银行业、资管业、保险业等金融行业的国际组织和领先机构纷纷出台环境和气候风险管理框架和原则指引，引导金融资源更加精准地向绿色低碳领域配置，助力金融机构和利益相关方识别、量化，更好地管控环境相关金融风险。

1.银行业：赤道原则和负责任银行原则

（1）赤道原则

赤道原则（Equator Principles）是世界主要金融机构基于前沿政策和指南，为全球所有行业提供的针对环境和社会风险防范的金融行业基准。赤道原则于2002年由花旗银行、荷兰银行、巴克莱银行和西德意志州立银行共同发起，旨在提供一套更为通用的框架，以便金融机构在为项目提供融资时识别、评估和管理项目风险,从而支持负责任且可持续的投融资决策。赤道原则是银行对转型金融应用实践的一次重要尝试,提供了一套适用于项目融资贷款的自愿性环境和社会标准,为金融机构在全球矿业、石油气和林业等行业的项目中开展业务提供了环境和社会风险管理框架,目前已成为全球商业银行广泛认可的项目可持续性评估工具。

该原则基于《IFC环境与社会可持续发展绩效标准》和世界银行发布的《环境、健康与安全通用指南》原则制定,适用于1000万美元以上的融资项目。在IFC绩效标准的基础上,赤道原则根据融资项目面临的社会和环境的影响和风险程度将项目分为A、B、C三类,如表2-14所示。其4.0版本于2020年正式生效,扩大了审查项目范围、新增与国际减排目标相适应的内容、重视气候变化和温室气体排放披露等环境社会风险管理方面的内容。

表2-14 赤道原则(EP4)分类表

等级	分类标准
A类	项目具有潜在的、重大的环境和社会风险,其产生的结果多为不可逆转或前所未有的负面影响
B类	项目具有潜在且有限的环境、社会风险,风险敞口数量较少,通常在特定领域发生,产生结果极大程度上可逆、可以通过相应的措施进行缓释
C类	项目本身较少涉及或不涉及环境、社会风险

资料来源:根据公开资料整理

赤道原则倡导金融机构对于项目融资中可能出现的环境和社会问题实现审慎性核查义务，并只满足能够自证项目在执行过程中对社会和环境负责的融资申请人的融资需求。赤道原则具体规定了十项原则，包括审查和分类、社会和环境评估、适用的社会和环境标准、行动计划和管理系统、磋商和披露、投诉机制、独立审查、承诺性条款、独立监测和报告、EPFI 报告等[①]。

（2）负责任银行原则

负责任银行原则（Principles for Responsible Banking，PRB）是由联合国环境规划署金融倡议（UNEP FI）牵头，中国工商银行、花旗银行、巴克莱银行、法国巴黎银行等30家银行组织的核心工作小组共同制定的原则。PRB 为负责任银行设定全球基准，并通过实施指南、报告和自评估模板等一系列配套文件为如何实现负责任银行提供了可行性指导，就银行如何全面识别、评估、统计、管理、展现其对环境和社会的正负面影响分享了全球先进做法、提供了可借鉴的经验。

其包括六项基本原则，要求签署方将此六项基本原则运用于所有业务领域，保证签署方发展战略和业务经营符合联合国《2030年可持续发展议程》《巴黎协定》的宗旨和要求。六项基本原则如表2-15所示。

---

① 马彧菲，杜朝运. 赤道原则对我国商业银行的经营效率有益吗——以兴业银行为例 [J]. 当代财经，2015（7）：57-65.

表2-15 负责任银行原则

原则	内容
原则一	调整业务战略，使其与可持续发展目标（SDGs）、《巴黎协定》以及相关国家和地区框架中要求的个人需求和社会目标保持一致，并为这些目标与需求做出贡献
原则二	持续提升积极影响，减少人类行为、产品和服务对社会和环境造成的负面影响，管理相关风险
原则三	与客户、消费者共同参与可持续实践，使经济活动为当前和未来的世代创造共同繁荣
原则四	与利益相关方合作，共同实现目标
原则五	通过有效治理与负责任文化建设，坚定执行原则与承诺
原则六	定期回顾上述原则执行情况，完成披露工作

资料来源：根据公开资料整理

PRB开发了影响分析、目标设定与实施、透明与负责三个信息披露实施步骤，引导银行识别和分析自身产品与服务对社会、经济和环境所产生的重大正面与负面影响。根据PRB的要求，签署银行应在签署PRB后的18个月内公开披露银行实施PRB的情况，之后每年均须披露。实际工作中，很多银行在签署PRB后的一年内披露报告，常见的形式是在银行现有的环境信息披露报告中增加PRB索引页。

2.资管业：负责任投资原则

联合国责任投资原则组织（UN PRI）由联合国前秘书长科菲·安南先生牵头发起，2006年在纽约证券交易所发起，是一个由全球各地资产拥有者、资产管理者以及服务提供者组成的国际投资者网络，致力于发展可持续的全球金融体系。负责任投资原则旨在帮助作为机构投资者（资金受托方）的签署方应用该项原则，使投资者（资金委托方）更好地与更广泛的社会目标保持一致。

该组织鼓励投资者采纳六项负责任投资原则（见表2-16），通过签署该原则，签署方承诺在做出投资决策时遵循ESG议题的相关标准，并鼓励所投资的公司遵守和践行ESG的要求。

表2-16 负责任投资原则

原则	内容
原则一	将ESG问题纳入投资分析和决策过程
原则二	成为积极的所有者，将ESG问题纳入所有权政策和实践
原则三	寻求被投资实体对ESG相关问题进行合理披露
原则四	推动投资业广泛采纳并贯彻落实负责任投资原则
原则五	齐心协力提高负责任投资原则的实施效果
原则六	报告负责任投资原则的实施情况和进展

资料来源：根据公开资料整理

PRI有明确的披露周期和严格的质量管理要求。在披露周期方面，PRI要求签署机构从签署PRI后的第二年起提交签署方报告，披露其落实PRI六大原则的进展。签署机构一般在每年的1月到3月提交披露报告，之后PRI会对披露报告作分析和评估，并于下半年公布年度的评估报告和评估结果。评估结果分为五个等级，最好为五星级，最差为一星级。在披露内容方面，PRI制定了具体的披露指引文件，对投资政策、投资结果的披露作出具体规定,包括核心披露和附加披露指标两种类型。自2020年起,PRI要求签署机构参照TCFD框架汇报气候变化相关的战略、治理和风险管理情况。

3.保险业:可持续发展保险原则

2012年6月,可持续发展保险原则(PSI)由联合国环境规划署金融倡议组织与世界各保险公司在联合国可持续发展大会上共同发起,是联合国与全球保险业的最大合作举措,对全球绿色金融和责任投资的发展起到重要推动作用。PSI共有三大支柱,分别是:在保险主业经营中融入对可持续发展的考虑,与各利益相关方协作,高透明度的信息披露。

PSI包括四项原则(见表2-17),旨在为全球保险业提供一个应对环境、社会和公司治理(ESG)风险与机遇的实践框架。通过推广PSI的四项原则,充分发挥保险业作用,建立一个健康、安全、有弹性和可持续的社会。

表2-17 可持续保险原则

原则	内容
原则一	在决策中融入与保险业务相关的环境、社会和公司治理问题
原则二	与客户和业务伙伴共同努力,提高对环境、社会和公司治理问题的认识,管理风险并制定解决方案
原则三	与政府、监管机构和其他主要利益相关者合作,推动全社会就环境、社会和公司治理问题采取广泛行动
原则四	定期公开披露执行原则进展

资料来源:根据公开资料整理

PSI对具体披露的内容没有作出明确规定，但保险机构披露的资料应与当前的报告，如年度报告、可持续发展报告等相互保持一致。此外，PSI还要求，保险机构一旦签署协议，每年均须披露其执行原则的进展情况，并允许在UNEP FI的网站上进行公开。

2.3 机遇与挑战并行

为应对气候变化，展现大国担当，中国政府制定了"30·60"目标，即我国二氧化碳排放力争2030年前达到峰值，力争2060年前实现碳中和。在减少温室气体排放这个问题上，各国国情不同，承担的减排责任有所区别。作为世界上最大的发展中国家，中国将完成全球最高碳排放强度降幅，用世界历史上最短的时间实现从碳达峰到碳中和。既要有"言必信，行必果"的大国担当，也要按照自身发展节奏稳中求进、逐步实现。

自2020年以来，应对及减缓气候变化危机进一步深化成为全球共识，各国出于可持续发展理念或绿色经济复苏的考量，陆续通过政策规范与市场引导对高碳行业转型与低碳行业发展两方面开展工作部署，旨在从产业角度实现"开源节流"，助力碳达峰提前到来，以及碳中和目标如期实现。受到政策导向变化的影响，相关市场迅速敏锐地察觉到这一趋势，并快速传导至具体的行业及企业，不同领域的行业企业由此迎来不同转变，或遭遇危机，或收获机遇（见表2-18）。

表2-18 企业发展的"高碳危机"和"低碳机遇"

	直接影响	间接效应
高碳危机	1. 提高高碳行为成本，刺激企业自主减排并引导高碳行业有序脱碳 2. 欧盟与美国主张减少化石能源依赖，回撤高碳行业补贴，抑制高碳产业发展	1. 提出和落实碳排放交易机制，倒逼高碳行业减排或转型 2. 多国出台约束高碳行业融资行为，缓解资产搁浅风险
低碳机遇	1. 减免税收及清洁能源使用成本，针对低碳行为给予补贴与激励 2. 鼓励创新，扶持低碳科技全链路赋能，优化产业结构，规范绿色发展体系，提振产业信心	1. 出台政策推动国家及社会面填补绿色发展资金缺口，保证低碳企业生存空间 2. 主动减少对传统高碳能源依赖，聚焦新兴产业投入

资料来源：根据公开资料整理

具体而言，在全球绿色发展的主旋律下，各国政府以提高高碳行为成本、限制碳排放强度、构建碳排放交易机制和约束高碳行业融资行为等措施使高碳行业迎来了前所未有的危机。与此同时，通过给予低碳行为补贴、扶持低碳科技发展、弥补绿色发展资金缺口和减少高碳能源依赖等措施，助力低碳行业绿色高质量发展。

2.3.1 高碳企业的瓶颈期

Our World in Data机构2022年数据统计，当前全球最大的温室气体排放行业为能源，且远超其他行业，占排放总量的73.2%。其中工业用能、交通运输和建筑用能成为能源行业三大主要能耗来源，是名副其实的高耗能、高碳排行业（见图2-2）。随着"绿色可持续"理念成为国际共识，人们逐步意识到工业化碳排放对自然环境的不可逆影响，高碳行业转型势在必行。同时高碳行业带来的经济增长速度已经平缓，其带来的边际效益也正在逐渐减小，高碳产业及企业所带动的内外经济增长步入瓶颈期，进一步加速了政府对高碳行业抑制性政策的出台。在应对气候变化议题与碳中和目标的影响下，高碳行业首当其冲，受到不同程度的制约，向低碳转型迫在眉睫。

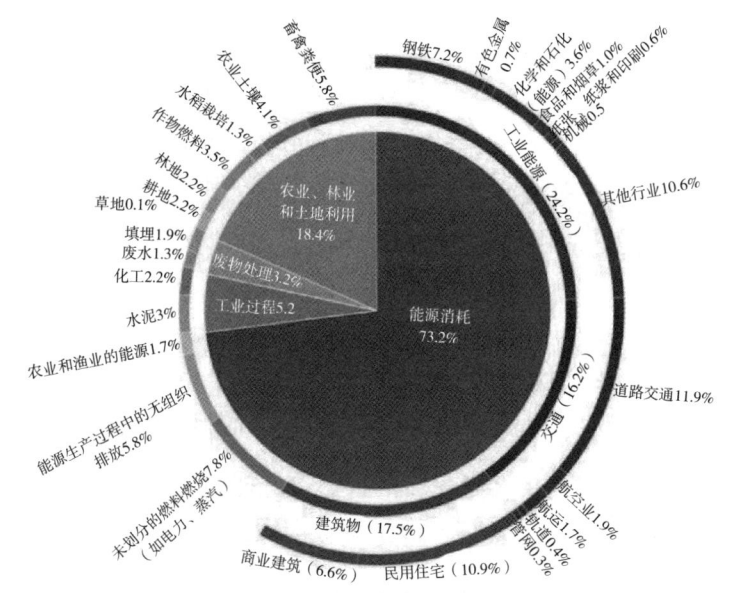

图2-2 全球温室气体排放主要来源行业

资料来源：Our World in Data, https://ourworldindata.org/ghg-emissions-by-sector

1.高碳行业的直接抑制性政策

为了减轻高排放、高污染行业造成的环境影响，各国陆续出台一系列政策，从"抑制高碳行业扩张"和"回撤高碳行业优惠"两方面削弱高碳行业的竞争性。围绕碳中和目标，各国陆续出台减碳新规，抑制碳排放企业的扩张发展。举例来说，欧盟针对能源、工业、建筑、交通等领域制定具体措施，包括更为严格制定汽车、火车碳排放相关规则，限制航空、海运燃料非清洁使用，收取碳税、能源税等方式，旨在提升企业高碳生产方式成本，倒逼企业自主降碳减排，提升绿色技术投入。英国以气候变化税制约高能耗行业发展，具体向农业、工商和公共服务部门消耗的电力、煤炭、石油气等能源产品进行征收。日本于2021年发布《全球变暖对策推进法》后，开始研究转型金融支持高碳行业平稳转型的相关可能，在2021年基于《气候转型金融基本指引》陆续发布钢铁、化学、水泥、电力等七大领域转型路线图并规定转型时间，引导高碳行业有序脱碳。综观行业整体发展趋势，高碳排放企业未来生产与发展将面临多重阻力。

与此同时，多国正拟定清洁能源革命等限制高碳产业的计划，进一步约束高碳产业的发展。具体而言，政府不断降低高碳能源产业参与度，并基于政策、法规对高碳衍生行为进行行政处罚。依据国家层面的能源转型战略，各国政府为减少对化石能源的依赖，正逐步降低化石能源的使用比重，在一定程度上打击了高碳能源相关产业的发展。国际视角下，2021年，欧盟公布"应对气候变化一揽子计划提案"，有针对性地提出"减少对化石能源的依赖，开发低碳运输工具及配套基础设施和燃料"的相关需求。就我国而言，"十四五"规划明确提出，要加大对甲烷、氢氟碳化物、全氟化碳等其他温室气体的控制力度，中方正与各方积极探索，共同推动全球温室气体减排合作。

2.高碳产业的间接抑制性政策

现阶段，各利益相关方始终保持对高碳企业排放问题的高度关注，各地政府也尝试借助市场化金融工具，通过发挥碳排放权交易体系的引导作用，加大对高碳行业投融资领域的限制，有效抑制企业的温室气体排放行为。

金融市场的视角下，各国政府主要通过赋予"碳"金融属性，以碳交易和碳税等机制引导企业降低碳排放。以欧盟为例，2022年6月，欧盟议会先后通过三项与气候变化挂钩的法律草案，主要包括改革碳排放交易体系（EU ETS）和修正碳边界调整机制（CBAM）相关规则等，旨在提高高碳企业的运营成本，实现进一步削弱高碳产业的市场竞争力并限制其发展。具体而言，EU ETS秉持着"污染者付费"的原则，强制要求发电厂、工业、航空、海运等高碳行业企业在排放二氧化碳的过程中购买许可证，从而限制超量排放。而CBAM，即"碳关税"，则针对水泥、电力、化肥、钢铁等九类高碳产品，在进出口阶段按照欧盟碳市场当日成交价格征收税款，以增加高碳产业产品出口成本。此外，借助碳关税对高碳产业出口严重依赖国所产生的溢出效应，降低高碳产品出口额度。

此外，为响应全球低碳转型号召与落实"双碳"目标，中国也呼吁完善高耗能行业的碳配额交易机制，倒逼高耗能企业减少碳排放。根据中国碳排放权交易市场的部署计划，石化、化工、钢铁、建材、有色、造纸、电力、航空八大行业已被列入"十四五"期间需开展碳配额交易的高耗能行业。现阶段，电力作为首个试点行业已率先被纳入强制交易范围。日后可通过提高电力等高碳行业的成本，将有关影响由供应链传导至下游产业，迫使相关企业自主践行低碳绿色升级转型。

在政策约束端，各国政府通过制约高碳行业的融资渠道，加大高碳企业的资金压力，影响高碳企业的运营和发展。依据搁浅资产理论的推演，因气候变化引发的物理风险与转型风险将导致高碳行业发生资产搁浅事件，并对应产生资产减值损失。高碳行业因极端天气造成的财产损失、限贷限产的政策高压及推广绿色产品的市场抉择而致使资产搁浅风险发生，从而使其信用或交易标的转化为沉没成本，金融机构无法正常行使抵押权来弥补自身损失将使自身不良贷款率上升，逐级向上传导至金融行业，并蔓延成系统性风险。最终，因经济和风险全球化延伸至全球，为全球带来非线性且不可逆损失[①]。近些年，各国央行逐步意识到高碳行业资产搁浅风险可能引发市场风险与信用风险的问题，相继表态并开展联合指导，限制高碳行业的融资行为。

各国金融监管机构对于棕色资产的冷处理或限制行为将加剧高碳行业资金矛盾，影响高碳企业传统高碳生产模式下的投融资，甚至引发资金链断裂。欧洲央行已率先对高碳排放行业借款抵押物资产份额进行限制，并于2022年宣布将落实用于控制气候变化的货币政策，其中包含"限制高碳排企业融资发债"，收缩高碳行业融资与发债渠道。与此同时，中国也通过限制融资等金融手段制约高耗能行业的发展。例如，根据国家发展改革委、中国人民银行、银保监会的标准与要求，高碳行业被划定并被列入银行信贷、债券融资限制范围。《2020银行业气候变化化石燃料融资报告》数据显示，超70%受调查银行已于2020年发布限制煤炭融资政策，而尚未开展相关业务的银行也已提前落实对部分石油和天然气行业的融资限制，并逐步扩大其他高耗能行业的限制范围[②]。随着2021年各行业"双碳"路线图的铺开及金融监管对于环境、社会、"漂绿"等风险的重视程度提升，金融机构对于高碳行业的限制还将进一步扩大。综合而言，高碳行业企业亟须趁早布局可持续发展路径，积极开展清洁技术改造与绿色升

---

① Comerford, D, and Spigant, A, 2016. The carbon bubble: climate policy in a fire-sale model of deleveraging. Central Banking, Climate Change and Environmental Sustainability.
② http://xw.cbimc.cn/2021-05/23/content_394950.htm.

级来抵抗由金融行业传导的资金融贷压力，顺应趋势自主转型。

2.3.2 低碳战略的新赛道

绿色、低碳、可持续发展过程中，生产运营的"减排提效"是大势所趋，其中制度规范是顶层指导，政策扶持是必要基础，科技创新是有效手段，几方合力共同建立低碳产业发展的生态体系。一方面，绿色低碳产业具有属性优势，天然符合可持续发展理念的要求，也高度契合绿色节能的发展方向，正面临新的风口机遇；另一方面，低碳转型企业正不断通过新兴领域科技创新等方式，有效追求低碳、零碳乃至负碳目标。就现阶段低碳战略的新赛道而言，不仅在监管层面给予直接的资金支持与政策优惠，同时也由多方合力在能力建设与技术创新维度提供协助。由此所带来的经济效益与社会效益外溢，能够带动由产业端辐射至各领域的经济复苏和社会就业，形成显著的资源集聚效应。

1.低碳产业的直接推动性政策

为实现"双碳"目标，世界各国围绕绿色低碳产业制定了切实的扶持与激励政策。考虑到运作低碳产业需要有巨额资金的长期性、持续性投入，各国出台的政策与战略规划主要着力于两个方面：一是降低低碳行为成本，减轻转型负担；二是提高绿色发展资金支持力度，提升产业低碳发展的信心。

降低成本端，政府部门主要通过调整税收的方式，针对各行业之绿色转型与能源提效给予补贴与激励。例如，英国政府于《英国金融法》(UK Finance Act)明确提出,当企业选择投资节能环保技术时,还可以向能源与气候变化部申请投资补贴,主要以补贴激励的方式支持企业在能源生产与消费的末端进行节能改造。与此同时,政府端也通过以税收为代表的宏观调控手段推动低碳产业发展。美国通过颁布《2005年能源税收激励法》(Energy Tax Incentives Act of 2005,ETIA)并更新《国内收入法典》(Internal Revenue Code,IRC),激励使用低碳能源的行为,同时支持企业寻求提高传统能源利用率的解决路径。其中IRC第45条中对于符合ETIA规定的开发、使用、销售可再生能源的企业给予10%~30%的应缴税款减免;对于节能建筑的主要运营者与从事碳捕集、利用与封存技术(Carbon Capture,Utilization and Storage,CCUS)行业的企业,可免除相应低碳行为的全部税额。从税收优惠制度的时效性角度,明确的政策实施年限对于制度的落地具有灵活、高效且成本可控的导向性意义,同时加速推进被动执行者的低碳转型进度,提升短期内的支持效率及长期的可持续发展稳定性。例如,英国虽对能达到能效标准或减排目标的能源密集型企业制定了税收减免80%的优惠政策,但同时明确了五年的实施期限,并赋予各预算决定机关在届期之前终止的权力[1]。

除了直接降低绿色行为的成本,各国政府还通过注入绿色发

---

[1] UK Finance Act 2000, Sec. 30.

展资金的方式激活低碳产业活力。美国自拜登政府上台以来，相继颁布《建设现代化、可持续的基础设施与公平清洁能源未来计划》《美国长期战略：2050年实现净零温室气体排放的路径》《清洁能源革命与环境正义计划》等方案，拟投入2万亿美元用于落实具体应对气候变化的战略路径，包括电力部门脱碳、减少能源浪费与温室气体排放等。对于卖方市场，清洁能源、绿色建筑行业企业不仅可享受数年税收减免，还可额外获得一定额度的投资税收减免补贴。而对于买方市场，清洁能源消费或环保设备投资企业也可获得不同程度的税收优惠，从而既对消费市场行为形成引导，又激发生产企业积极性。以欧盟为例，欧盟先后发布《欧洲绿色协议》和"欧洲可持续投资计划"等政策，拟在未来10年内调动至少2 500亿欧元（约2万亿元人民币）用于气候与环境相关投资支出，并计划利用欧盟投资基金吸引更多私人投资加入，引导资金为可再生能源及能源密集型产业突破性低碳技术提供资金。2021年，欧盟再次发布"全球门户战略"，拟调动3 000亿欧元用于全球范围内基础设施、新能源等项目建设。

2. 低碳行业的间接推动性政策

各国积极推广低碳科技，推进低碳产业全链路调优赋能，间接为实现完全可持续发展再度提速。近些年，针对绿色低碳产业，国际社会以法规、标准等形式发布多种分类方法，为金融机构、跨国公司开展相关气候应对行动，支持绿色可持续发展提供参考。如前文所述，国际组织所发布的气候风险信息披露指引已逐步形成兼具实操性与拓展性的指南文件。与此同时，各方所发布的顶层设计框架、绿色金融操作指南、标准边界等内容也为健全低碳企业的能力建设发挥积极作用。例如，欧盟于2020年正式推出《欧盟分类法案》，划定绿色产业经济活动判定标准；国际资本市场协会（ICMA）、绿色债券原则执行委员会、气候债券倡议组织（CBI）等国际金融组织先后发布《绿色债券原则》和《气候债券认证标准》，既为绿色项目划分大类提供明确界定标准，也为低碳绿色产业发展明晰方向，具体包括可再生能源、污染防治、清洁交通、绿色建筑等范畴。

就中国而言，已从实体产业与经济层面阶梯性引导低碳全链路升级。自2016年发布绿色金融体系的纲领性文件以来，中国围绕支持绿色产业联合各领域各部门打造一系列政策标准或实施措施（见表2-19），以期全方位、多维度加快绿色产业发展规模与速度，开拓绿色低碳产业市场，培养社会从生产到生活的全方面"绿色化"路径。

表2-19 2020年以来中国发布的绿色产业相关政策

发布时间	发布单位	政策名称	重要举措
2022年1月	国家发展改革委、国家能源局	《关于完善能源绿色低碳转型体制机制和政策措施的意见》	建立健全绿色能源消费促进机制与绿色低碳发展基本制度和政策体系
2021年12月	国务院	《关于印发计量发展规划（2021—2035年）的通知》	加强碳排放关键计量测试技术研究和应用，服务于绿色低碳可持续发展

续表

发布时间	发布单位	政策名称	重要举措
2021年12月	生态环境部办公厅等联合发布	《关于开展气候投融资试点工作的通知》	重在落实贵在创新，充分利用资源禀赋和区域特点
2021年10月	国务院	《2030年前碳达峰行动方案》	将碳达峰贯穿于经济社会发展全过程和各方面
2021年10月	中共中央、国务院	《关于完整准确全面贯彻新发展理念做好碳达峰碳中和工作的意见》	深度调整产业结构，服务于低碳转型；加强绿色低碳重大科技攻关及推广应用；提升碳汇能力
2021年9月	生态环境部	《关于推进国家生态工业示范园区碳达峰碳中和相关工作的通知》	增加碳汇、减少碳源以优化能源与产业结构，并推动低碳技术创新应用之转化
2021年7月	国家发展改革委	《"十四五"循环经济发展规划》	发展循环经济推动绿色增长，着力破解限制发展之突出矛盾
2021年3月	十三届全国人大四次会议	《中华人民共和国国民经济和社会发展第十四个五年规划和2035年远景目标纲要》	制定碳达峰行动方案，生态文明建设实现新进步
2021年2月	国家发展改革委、国家能源局	《关于推进电力源网荷储一体化和多能互补发展的指导意见》	提升绿电比例，推进清洁能源增量发展；严控煤电需求与增长
2021年2月	国务院	《关于加快建立健全绿色低碳循环发展经济体系的指导意见》	提升产业园区与产业集群循环化水平，构建绿色供应链；完善法律政策，发展绿色经济
2021年1月	生态环境部	《关于统筹和加强应对气候变化与生态环境保护相关工作的指导意见》	注重系统谋划，突出协同增效，打牢基础支撑；全力推进碳达峰行动，做好国际公约谈判与履约

续表

发布时间	发布单位	政策名称	重要举措
2020年12月	生态环境部	《碳排放交易管理办法（试行）》	明确碳配额划分机制与交易体系
2020年12月	国家发展改革委办公厅等四部门联合发布	《关于印发〈绿色技术推广目录（2020年）〉的通知》	建立健全绿色技术转移转化市场交易体系、强化绿色技术创新转移转化综合示范

资料来源：根据市场公开资料整理

随着对于绿色产业的范畴逐步厘清，更多的国家和社会资本也关注到这一新兴"朝阳"赛道，并对其可持续、高质量生产经营模式下的未来发展潜力大为看好，采取行政、财政等方式为绿色低碳产业及绿色潜力产业提供发展基础和机遇，激发产业蓬勃发展的活力。不过，即使应对气候变化的共识与碳中和目标的落实为绿色低碳产业带来全新的机遇与广阔的前景，但在未来开发、测试、应用的过程中，仍需注意与时俱进、及时推进新兴技术更新换代，稳定技术基础并采取有效手段防范、管理"漂绿"等潜在风险。

行业迷思："两高一剩"企业在限电事件中的表现

在煤价上涨和"碳达峰、碳中和"的国家战略背景下，多省相继出台了一系列限电措施，主要通过限制高能耗企业用电总量、分级限产，合理调节城市景观亮化等方式，来达到降低能耗强度的目标。表2-20汇总了2021年9月27日至29日中国部分上市企业股价涨跌幅度，并运用中财大绿金院碳排放数据库与ESG评级指标（关于ESG的说明将在下一节详细展开），对这些企业进行碳排放强度测算与ESG评估。由于该时段内国家"能耗双控"政策的强力施行以及煤炭等原料价格上涨的多重因素影响，A股制造业与电力板块波动剧烈，特别是符合《关于加强企业温室气体排放报告管理相关工作的通知》中"两高一剩"清单的部分重点棕色企业，受到了较为直观的股价影响。

◇ 从表2-20中可以看出，ESG评级表现与企业三日内的股价表现大致呈正相关。ESG评级较低的企业，其股价负面波动也更为剧烈；而评级在B以上的棕色企业，尽管也受到了宏观环境影响，但整体的股价波动较为和缓，体现了一定的抗负面、抗风险能力。

◇ 从碳排放强度的角度，企业的ESG表现一定程度印证了其碳排放表现的优劣。

◇ 表2-20中电力企业拥有较高的ESG评级结果和股价涨幅，却也具备极高的碳排放强度表现，这是由于"限电"事件下生产与居民生活受限，积极的市场表现反映了投资者对于供需缺口过大的激烈态度。

综合而言，企业的碳排放与ESG评级结果对其市场表现进行了双重印证。在宏观政策环境波动的情况下，资本市场对于碳排放强度较低、评级良好的企业展现出了较好的信心；反之，高碳排企业极易受到外部环境的冲击，在投资者中也易收到不良反馈，长此以往将会丢失企业增值潜力。

表2-20　股价波动率前排企业与碳排放强度、ESG评级汇总
（2022年9月27日—9月29日）

一级行业	二级行业细分	碳排放强度	ESG评级	涨跌幅度（%）
电力、热力、燃气及水生产和供应业	电力、热力生产和供应业	D	A+	9.1
电力、热力、燃气及水生产和供应业	电力、热力生产和供应业	D	A+	4.72
电力、热力、燃气及水生产和供应业	电力、热力生产和供应业	D	B+	4.68
制造业	铁路、船舶、航空航天和其他运输设备制造业	C	A-	-1.62
制造业	铁路、船舶、航空航天和其他运输设备制造业	B	A+	-2.27

续表

一级行业	二级行业细分	碳排放强度	ESG评级	涨跌幅度（%）
制造业	铁路、船舶、航空航天和其他运输设备制造业	A	A+	-4.68
制造业	铁路、船舶、航空航天和其他运输设备制造业	B	B-	-5.05
制造业	化学原料和化学制品制造业	E	C+	-5.51
制造业	非金属矿物制品业	D	C-	-5.63
制造业	黑色金属冶炼和压延加工业	E	C	-7.50
制造业	橡胶和塑料制品业	C	D+	-7.69
制造业	橡胶和塑料制品业	D	D+	-8.69
制造业	化学原料和化学制品制造业	E	D-	-10.26
制造业	黑色金属冶炼和压延加工业	E	D-	-10.37
制造业	化学原料和化学制品制造业	E	D-	-11.04
制造业	黑色金属冶炼和压延加工业	E	D-	-11.70
制造业	化学原料和化学制品制造业	E	D-	-13.65
制造业	化学原料和化学制品制造业	E	D-	-15.98
制造业	化学原料和化学制品制造业	E	D	-16.5
制造业	有色金属冶炼和压延加工业	E	D-	-19.22
制造业	化学原料和化学制品制造业	E	D-	-20.72
制造业	化学原料和化学制品制造业	E	D-	-23.66
制造业	有色金属冶炼和压延加工业	B	D	-27.05
制造业	化学原料和化学制品制造业	E	D+	-27.08

资料来源：中财大绿金院碳数据库与ESG评级数据库

本章小结

1. 减缓和适应是人类社会应对全球气候变化的重要路径，各国制定气候政策时也将以此作为框架，满足气候治理之需求。

2. 各国处理气候变化的政策受本土经济、环境、人文、社会等元素影响而具体政策手段各有千秋。

3. 气候风险信息披露的呼声日益高涨，多机构与组织也发布有覆盖各类需求的披露指引，企业与投资者可根据不同目的进行选择。

4. 气候变化对经济系统造成了不容小觑的冲击。相应地，各部门、机构从宏观与微观着手，给予气候风险相应的应对措施。

5. 中国在应对气候变化的环境下，既需展现大国形象也要代表发展中国家参与到研究与探索中来。基于本国基本国情与国策，中国应建立健全本国特色的政策制度体系以面对挑战。

6. 在可持续发展的道路上，高碳行业迎来了它的瓶颈期，而低碳行业的机遇也已到来。为应对气候变化，政府与市场均为企业绿色转型提供各方面的支持。

本章思考

1. 全球各国家应对气候变化的措施有哪些侧重点？

2. 在不同组织的气候风险信息披露指引中，不同行业或需求的企业与投资者该如何选择？

3. 为应对气候变化带来的经济影响，银行、保险、资管等金融机构均预设不同措施。系统视角下，金融体系能否采取有效战略路径增强整体气候风险管理水平?

4. 以行业维度分析,中国应当如何落实低碳转型实现"双碳"目标?
5. 企业如何在绿色低碳转型的大趋势下实现利益最大化?

第三章 低碳产业之路：企业该怎么走

- 零碳转型战略定力
- 零碳政策指引
- 零碳行业重塑
- 零碳企业优化
- 零碳金融工具使用
- 零碳实践样本

目前，中国已成为世界最大的温室气体排放国，排放以二氧化碳为主，其最大排放源是化石燃料的燃烧。根据《世界能源统计年鉴2023》，世界煤炭需求增长主要由中国（1%）和印度（4%）推动。因此，中国控制二氧化碳排放首要的着力点就是要在全过程控制煤炭消费。习近平总书记强调能源产业要继续发展，否则不足以支撑国家现代化。所以煤炭能源发展要转型升级，走绿色低碳发展的道路，对支撑国民经济发展，促进碳达峰、碳中和，乃至推动生态文明建设具有十分重要的意义。

为实现"双碳"目标，作为碳排放大户的工业领域也应加快低碳转型步伐，这既是生态文明建设的必然要求，又是经济高质量发展的应有之义。通过制定、完善相关法律法规和政策，使用行政、市场和社会化管制等措施，工业低碳发展步伐明显加快。但是，由于存在认识偏差、制度体系不健全和部分领域积重难返等问题，还难以充分调动企业积极性和深度挖掘企业减碳潜力。如图3-1所示，国际能源署对中国碳中和承诺情景下的各方式减排贡献进行了预测。

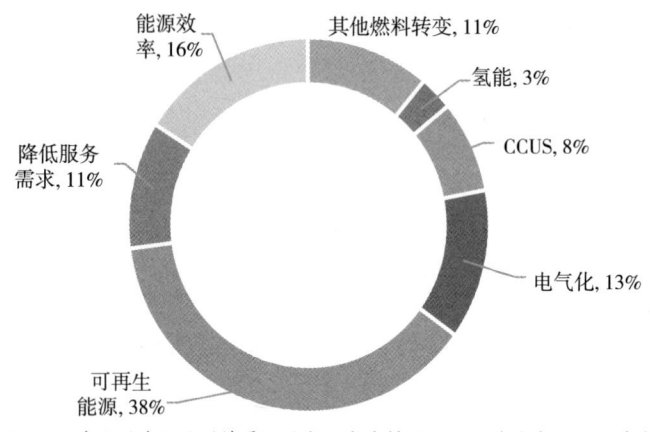

- 能源效率, 16%
- 其他燃料转变, 11%
- 氢能, 3%
- CCUS, 8%
- 电气化, 13%
- 可再生能源, 38%
- 降低服务需求, 11%

图3-1 中国碳中和承诺情景下的各方式减排贡献预测（累计至2060年）
资料来源：IEA – An Energy Sector Roadmap to Carbon Neutrality in China

建筑业作为国民经济重要支柱产业之一，是实现"双碳"目标的重要一环，对全方位迈向低碳社会，实现高质量发展具有重要意义。中国拥有世界上最大的建筑市场。中共中央办公厅、国务院办公厅于2021年印发《关于推动城乡建设绿色发展的意见》，2022年有关部门还出台了《城乡建设领域碳达峰实施方案》。实现建筑领域的"双碳"目标需要系统谋划、统筹协调，在新理念引领下全行业共同行动。

此外，中国作为交通大国，高速公路通车里程、高速铁路与城轨交通运营里程世界第一。交通运输在快速发展的同时带来能源消耗的快速增长。我国交通领域的碳排放量占全国终端碳排放量的15%,最近9年年均增速在5%以上,预计到2025年还要增加50%。在"双碳"目标的大背景下,整个交通行业正为此按下减碳脱碳的"加速键"。可以预见,交通行业将以"双碳"为牵引,促进整个交通运输产业全链条、各要素的迭代升级,推动交通行业实现低碳绿色转型和高质量发展。

因此,本章聚焦能源、工业、建筑、交通运输四个行业,探究中国企业如何加快低碳转型进程,促使经济转型升级,推动整个中国经济实现高质量发展,助力碳中和目标实现。

3.1 能源革命:碳中和愿景的核心

自然界的化石能源来自千万年前古代生物的沉积,人类通过提炼,撬动了远超原有资源禀赋的存量,人类文明也依靠煤炭、石油、天然气等化石能源,获得了高速发展的契机。人类科技文明在煤炭、石油、天然气等化石能源的支撑下,兴旺发展三百余年。因此,化石能源行业作为社会机器运作的第一道主力线,为生产、生活带来无限可能。然而,化石能源的使用同时加速了碳元素的释放,气候变化问题显著暴露,"节能减排"成为国际各领域逐步铺设的关键主题,能源企业随之蒙上阴霾。

3.1.1 危机的开端：燃煤发电

改革开放以来，中国超高速的经济社会发展取得了举世瞩目的成绩。然而，巨大的经济增量背后是超高碳排放的环境代价。从能源使用的角度来看，根据《世界能源统计年鉴2023》，2019年中国的一次能源消费总量已位居世界第一。基于吨标准煤产出效率较低，中国经济发展在一定程度上呈现出高增长、高消耗模式。根据联合国环境规划署《2020年排放差距报告》的公开数据，2019年中国的排放量占全球1/4左右，是最大的二氧化碳排放国，总排放量接近美国的两倍（见图3-2）。中国碳排放量居高不下的原因，一是人口数和制造业产能世界第一所带来的巨大的用能需求；二是能源供应端的不可再生原料配比过高，而不可再生能源的不充分燃烧，正是造成超高碳排放的"罪魁祸首"。

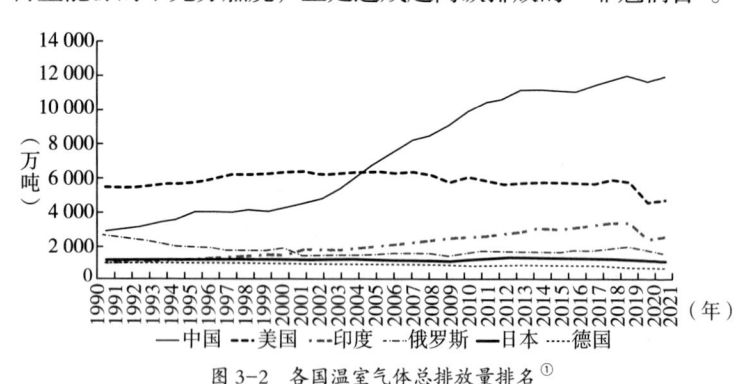

图3-2 各国温室气体总排放量排名[1]

资料来源：Data Explorer。

---

① Crippa et al.（2020），Union of Concerned Scientists.

目光转向具体行业，如图3-3所示，在2019年CEADs数据[1]统计到的全国范围内的97.95亿吨碳排放中，90%以上的碳排放来自能源板块，其中又有75%以上集中于煤炭领域。整个化石能源板块释放的碳量相当于约32.5亿辆百公里10升油耗的小汽车同时在路上行驶1万公里[2]。倘若换算成净零植树的措施，则需要对应种下约17 630亿棵树以实现对上述高碳排放量的全部吸收与中和。

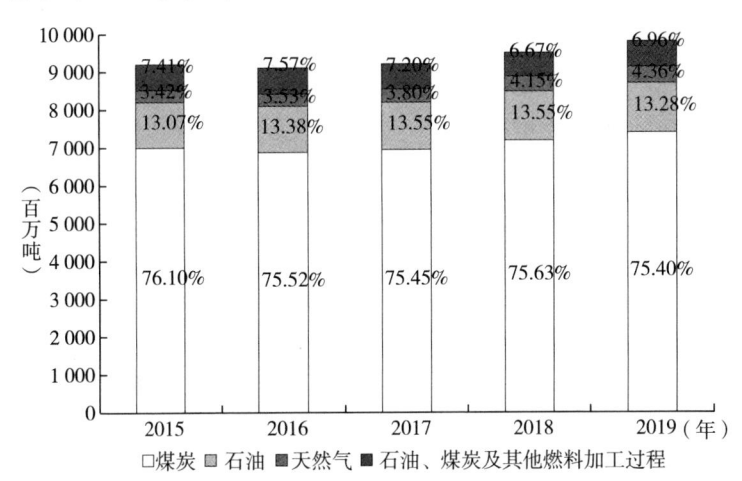

图3-3 中国近年来能源板块二氧化碳排放量分布（2015—2019年）

资料来源：根据CEADs数据整理

如果说，占据高碳排放比例的化石能源是流淌于整个社会生产脉络中的"血液"，那么，当我们顺着原料的走向，将看到

---

[1] CEADs是在国家自然科学基金委员会、科技部国际合作项目及重点研发计划、英国研究理事会等共同支持下，聚集近千名中外学者以数据众筹方式收集、校验，共同编纂完成的涵盖中国及其他发展中经济体的多尺度碳核算清单及社会经济与贸易数据库。
[2] 根据环保部门提供的机动车碳排放公式计算：二氧化碳排放量（千克）= 油耗消耗数（升）×2.7（千克/升）。

支撑整个社会机器运转的引擎——电力、热力生产和供应。在CEADs公布的中国2019年分部门碳排放年度数据中[①]，"电力、热力生产和供应"行业的碳排放量约为46.46亿吨，占比为47.44%。其中，燃煤发电在电热板块上的主导地位是最终导致这一行业高碳排放的主要原因。如图3-4与图3-5所示，根据中央财经大学绿色金融国际研究院汇总的发电量统计结果，2016年到2021年前8个月期间，我国火力发电量占比持续保持在71%以上。相比之下，代表性清洁能源（水力、核能、风力以及太阳能发电）的产能尚无力支持全国范围内大规模的供电需求。

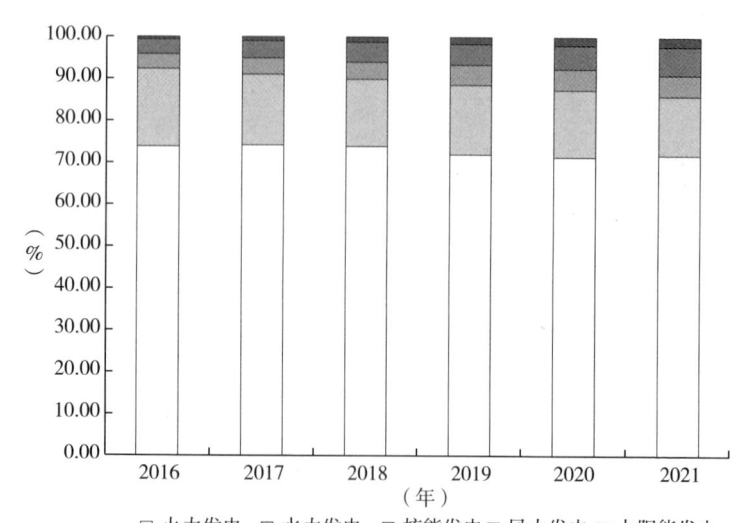

图3-4 中国近年来主要发电方式占比（累计2016—2021年前8个月数据）
资料来源：根据CEADs数据整理

---

① 详情参见《中国分部门核算碳排放清单》。

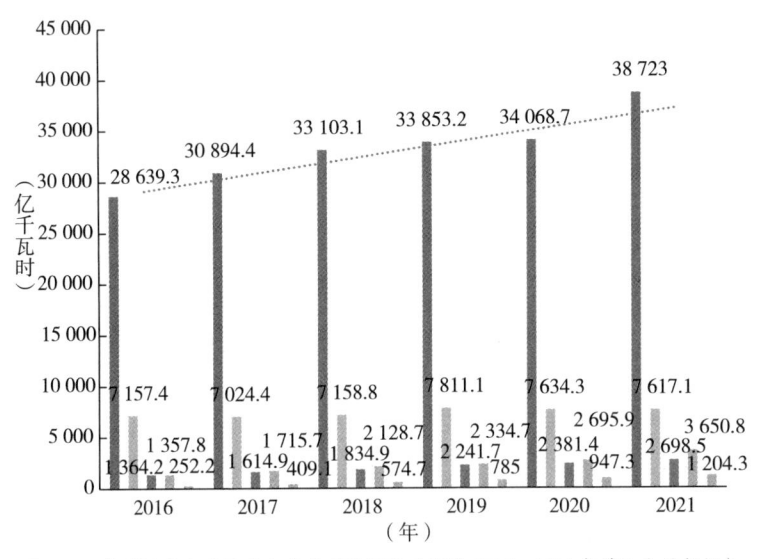

图 3-5 中国近年来主要发电方式产量汇总（累计 2016—2021 年前 8 个月数据）

资料来源：根据CEADs数据整理

值得关注的是，传统化石能源发电方式与清洁能源发电的显著差距仍在缓慢提升。根据《2020年国民经济与发展统计

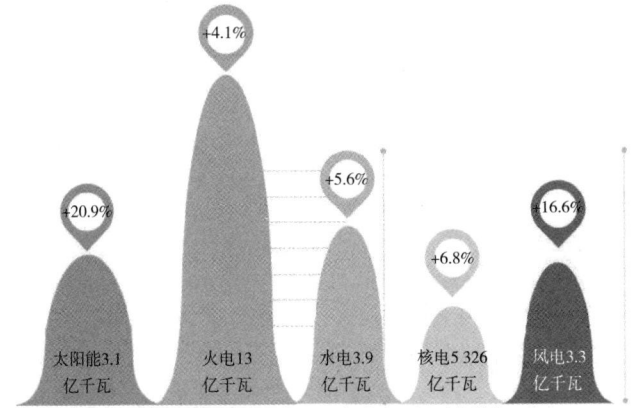

2021年全口径发电装机容量23.8亿千瓦，比上半年增长7.9%

图 3-6 2021 年发电机装机分布

资料来源：根据公开数据整理

公报》公开数据，我国电力、热力生产和供应业年度产值增长1.9%，其中年度火电装机容量124 517万千瓦，2020年末同比仍保持4.7%的增长率。尽管清洁能源的电力装机效率已经进一步提高，但在巨大的基数差距下，火力发电规模的领先优势依然在显著扩大（见图3-6）。

3.1.2 危机在延续：化石能源亟须按下停止键

化石能源行业的高碳排放早已引起国际社会的广泛关注，敏锐的投资机构已经暂缓了不可再生能源的投融资事项，全球各大组织也纷纷着手应对相关行业连锁性负面影响，开展控制性解决方案的研究。对中国而言，煤炭、石油等化石能源作为拉动国家产业发展的主力马车，曾为我国经济的快速增长作出巨大贡献。然而，对化石能源的过度依赖同样对产业结构产生了极端的负面作用，形成了整体能源结构不均、重点产业转型困难的沉疴。对于如何中止化石能源的过度使用，削减相关碳排放水平，国内外各研究机构提出了多角度的观点与建议。

1.国际减排路径下的资产搁浅危机

以煤炭为首的不可再生能源储备不足，煤电企业存续压力日渐上升。根据英国石油公司（BP）发布的《世界能源统计年鉴2019》数据，全球煤炭储量增长近年来呈明显放缓趋势，其中中国占有13%的煤炭储备，居全球第四。但是由于对煤炭资源的过度开发，中国的煤矿储产比[①]远远低于其他国家，可采年限不足50年。此外，全球能源监测组织（GEM）在2021年6月发布的报告中阐明，全球仍有432个煤矿项目处于在建或规划待建状态，年度产能共计22.77亿吨，约为全球2019年煤矿总产能的30%。其中，中国的在建煤矿项目占比超过70%、年度产能总计4.52亿吨，另有年度产能1.57亿吨的煤矿正处于规划建设阶段，中国合计共将有约6亿吨的煤炭供应。假设这6亿吨全部为可供燃煤电厂直接使用的动力煤，那么电厂可以实现的发电量为18 000亿千瓦时。按照国家能源局发布的2021年度前十个月用电量核算[②]，在全社会月均用电6 825.4亿千瓦时的情况下，一年6亿吨动力煤的产能仅够支撑全国范围内2.6个月的用电量。由此可见，无论是现有煤炭储备，还是待建项目的煤炭预期产量，都难以充分满足国内燃煤火力发电企业的长期消耗需求，电力、热力供应与生产行业都面临着极大的存续压力——所有相关企业需要在到达化石能源资源枯竭前悬崖勒马。

国际投资者闻风而动，不可再生能源成为关注焦点。国际能源署要求全球在2021年后不再新增煤矿或矿井设施，即停止投资任何新的化石燃料供应与燃煤电厂建设项目，以

[①] 储产比是量度能源生产能力的一项指标，指剩余可采储量与当年产量之比。
[②] 国家能源局发布2021年1—10月全国电力工业统计数据，1—10月全国累计用电量68 254亿千瓦时。

确保到2040年，全球电力部门的碳排放量达到零。事实上，国际上早已有实际行动对这一规划作出回应。能源经济与金融分析研究所（IEEFA）发布相关报告称，截至2019年，有超过100家主要金融机构撤出动力煤领域，并制定了正式的动力煤开采以及燃煤电厂限制政策。这些金融机构涵盖了前40大全球性银行和8家全球主要保险机构，包括公共开发银行、国家发展金融机构、出口信贷机构、私人银行和保险公司等。对于这些手握大量资金的投融资机构而言，及时限制甚至撤出相关高碳排放板块有助于他们在全球清洁化能源利用的大趋势下"明哲保身"。此外，失去了资金支持的国际化石能源在建项目及预备项目都面临着搁浅风险，注定要成为"明日黄花"。

2. 碳中和背景下的"能耗双控"

曾经，化石能源的成功探索支撑了我国重工业发展，促使我国社会经济发展在群雄虎视下迈出了孱弱却坚定的第一步。那时的传统能源，是"黑色的金子，工业的粮食"。如今随着自然资源的日渐枯竭与气候环境的恶性反馈，我们需要重新审视过去强行赋予传统能源的重任，当机立断地削减过度依赖不可再生能源发展的惰性。由此，在党的十八届五中全会上，首次提出实行能源消耗总量和强度的"双控"行动。此后，"十三五""十四五"规划陆续对"双控"细则进行了重点说明。在推进"双碳"模式的基调上，以国务院、国家能源局为首的相关部门纷纷印发工作文件[①]，引导行业降低单位GDP的能耗、推动能源高质量发展。整体而言，在全国能源总需求持续上行的经济背景下，"双碳"目标的制定对以煤炭为主要原材料的高碳行业将产生极大冲击。

3.化石能源的未来：清洁转型

综合来说，化石能源行业整体前景不容乐观。一方面，受制于国内外气候环境政策影响，不可再生能源资产的发展趋势有限；另一方面，供应链相关碳排放标准亦在同步收紧，对化石能源的使用产生挤压。根据"IEA全球能源行业路线图"的预测，为达到全球能源安全指标（见图3-7与图3-8），2050年全球石油供应量需要下降75%以上，光伏、风力发电等清洁能源的使用量则需要上涨60%左右，促使全行业的整体能源结构实现"大翻身"。当然，对各领域的供应链来说，能源变革以及传统能源的低碳转型将会是一场值得关注的震动；对能源企业本身来说，也是事关未来存续与否的重要转折点。

在我国，未来化石能源企业的发展中心必将基于"科学、绿色、低碳能源战略"，低碳清洁能源转型也是大势所趋。其中，2030年以前是我国能源结构转型的攻坚期，预计在"十四五"期间煤电装机量继续小幅增长，一次能源中的非化石

---

① 2021年9月，国家发展改革委发布了《完善能源消费强度和总量双控制度方案》；2021年4月，国家能源局印发了《2021年能源工作指导意见》。

能源比例在2030年达到25%。预期到2050年，全国将在现有宏观政策情景的基础上基本完成能源体系的变革，实现能源供需模式的科学平衡。整体能源改革将进一步强化"节能优先、总量控制"的战略，使可再生能源的战略地位和发电装置的多样性逐步提升，成为我国的绿色能源支柱之一。此外，能源端配套的智能系统、资源节约型用电方式，以及储能技术也将伴随产业结构化改革同步更新发展。预计在能源结构成功转型后，煤电企业将在2040年至2045年逐步退出历史舞台，氢能等清洁能源发电将占据总量的70%以上，能源板块最终将迈入更为科学、洁净、高效的阶段[①]。

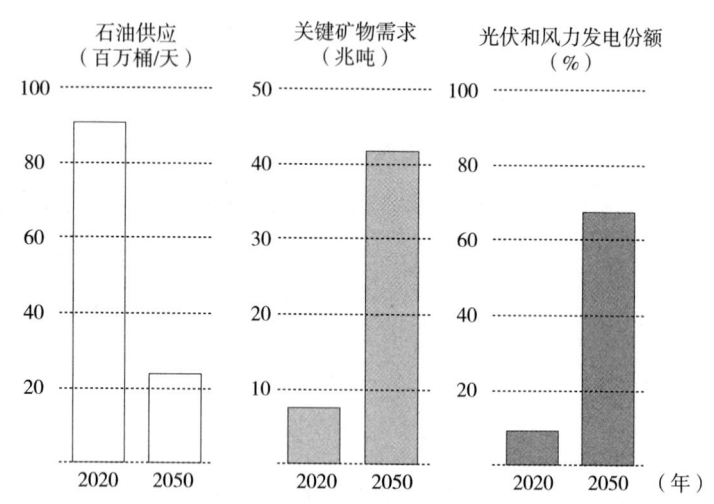

图 3-7 净零路线图的全球能源安全指标（2021年5月）

资料来源：国际能源署（IEA）

---

① 中国金融学会绿色金融专业委员会《碳中和愿景下的绿色金融路线图研究》。

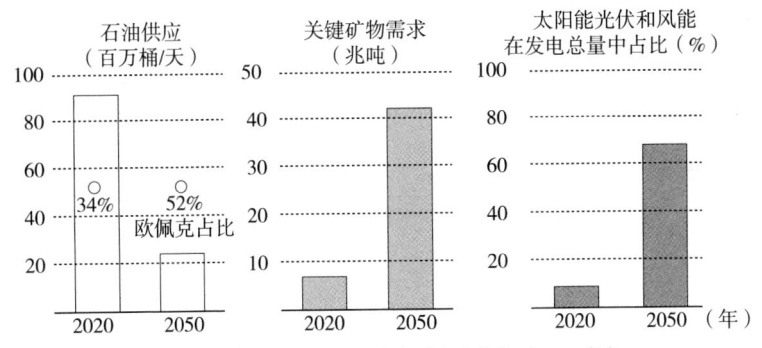

图 3-8　净零路线图的全球能源安全指标（2050年）

资料来源：国际能源署（IEA）

4.传统化石能源企业：成为国家能源安全新的守卫者

为应对资产搁浅危机，化石能源企业需要以更高的能源效率、更科学的能源配置，确保自身始终顺应时代发展基调。基于前文所述用能基础调整，建议化石能源企业制定期间目标，适应量化能源转型需求，并在项目资金分布上进行更合理的调整，逐步降低传统不可再生能源的占比，度过绿色化转型艰难期。

国家能源局局长章建华在2023年国际能源变革论坛上表示，10年来我国全面推进减污降碳协同增效，能源消费结构持续优化，能源利用效率持续提高，非化石能源消费比重由2012年的9.7%提高到2022年的17.5%，以年均不到3%的能源消费增速支撑了年均超过6%的经济增长，能效提升速度居世界领先行列。

案例：壳牌集团"赋能进步"战略

图 3-9 壳牌集团
资料来源：网络

在全球共商碳中和的语境下，壳牌集团作为全球大型跨国油气生产商之一，已针对气候变化危机作出了一系列能源转型措施。相关战略涉及壳牌短期、中期、长期减排目标，具体而言：以2016年的碳排放强度为基准，计划到2023年降低6%~8%；2035年降低45%；2050年直接降低100%。

技术手段：壳牌集团主要通过提升能源效率、增加新能源使用、对化石能源进行低碳化处理等手段进行减碳改造，改善能源配比，对于减无可减的项目，壳牌集团将采用碳捕集、利用与封存（CCUS）技术或是碳汇进行抵消。

项目改造：壳牌集团2020年计划将石油和天然气生产成本

> **案例：壳牌集团"赋能进步"战略**
>
> 削减 30%~40%，以调整资金配比，为业务重心向可再生能源和电力市场转移做准备。目前壳牌集团每年在传统上游业务（石油、天然气）投资约 80 亿美元；未来增长型业务（市场营销和可再生能源解决方案）投资 50 亿~60 亿美元；在转型支撑业务投资 80 亿~90 亿美元，其中天然气一体化业务约 40 亿美元，化工和化工产品业务 40 亿~50 亿美元。

3.2 零碳工业：再造"世界工厂"新名片

工业[①]的崛起，是完善国家形态的基础。如果说能源是社会运转的血液，那么工业就是支撑国家机器平稳运营的重要器官。具体而言，多样化的工业生产线帮助能源实现从动力端到产品端的物质转化，同时为社会基础建设增添更多的使用要素。然而，在赞美工业化推进现代化进程的同时，也必须意识到传统能源的高碳排放正在逐步扩散，工业的高速发展正在以环境与气候变化为代价。虽然相较欧洲和日韩等国家承诺 2050 年实现碳中和，中国所宣布的碳中和目标年份晚了 10 年，但要看到，大多数发达国家更早实现了工业化和城市化，碳排放已经达峰并进入下降

---

① 国家标准《国民经济行业分类》（GB/T4754-2017）中，工业包含制造业。

通道，而中国在碳排放增长期就提出了碳中和承诺，体现中国高度的全球责任感。中国作为世界工厂，工业制造业本身的发展就面临许多内外部挑战，更不要说从碳达峰到碳中和之间只有30年的时间，因此面临着更大的难度。具体来说，中国能源需求尚未达峰，工业用能占比高，产业结构需要进一步优化升级；中国电力供给结构以煤炭为主导，清洁能源占比小，转型难度大；国内交通、工业、建筑等部门脱碳技术仍待突破，等等。目前我国人均年收入在一万美元左右，不仅不能降低增长速度，还要实现零碳转型，因此转型压力及难度很大。但在当今全球推进净零碳排放目标的宏观趋势下，对工业产业进行"刮骨疗毒"已是板上钉钉、拖延不得的事情了。

3.2.1　工业制造业碳排放现状

中国的产业存在着"高能耗、高排放、低效能"并行的问题，主要源于固有的能源过度集中与工业结构失衡相互作用所产生的恶性循环，这也使中国的碳减排事业进程越发棘手。根据CEADs最新发布的《中国分部门核算碳排放清单》，2019年中国碳排放量排名前十的行业里有六大高能耗行业[①]。图3-10展示了这六大高能耗行业的年度碳排放量统计，其中，"电力、热力生产和供应业"作为

---

① 六大高能耗行业为：电力、热力生产和供应业（电力、热力、燃气及水生产和供应业），石油、煤炭及其他燃料加工业（制造业），化学原料和化学制品制造业（制造业），有色金属冶炼和压延加工业（制造业），黑色金属冶炼和压延加工业（制造业）以及非金属矿物制品制造业（制造业）。

全球主要能源输出行业，同样位列中国高能耗行业榜首。此外，在这六大高能耗行业中，又有五个属于工业制造业：黑色金属冶炼和压延加工业，非金属矿物制品制造业，石油、煤炭及其他燃料加工业，化学原料和化学制品制造业，有色金属冶炼和压延加工业。

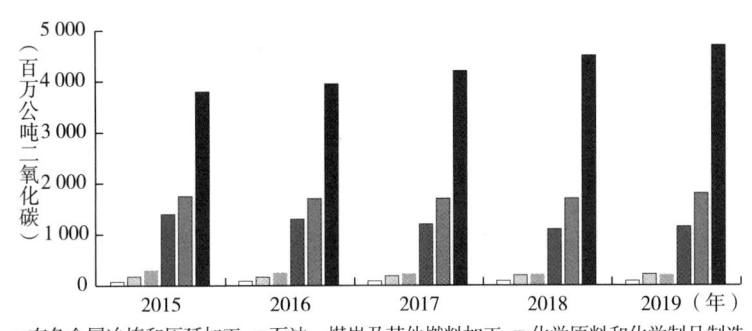

图 3-10　六大高能耗行业碳排放分布统计（2015—2019 年）

资料来源：根据 CEADs 数据整理

在此，为了更加直观地展现常见生产型工业碳排放状况，隔绝"电力、热力板块"的极值影响，同时更好地与国际能源署（International Energy Agency，IEA）规划的"2050净零排放路径"作对应，本节所涉及六大高能耗行业的数据统计将剔除第一节能源板块已探讨过的"电力、热力生产和供应"和"石油、煤炭及其他燃料加工"两大高能耗行业，并基于《国民经济行业分类》[①]中最具代表性的"制造业"进行呈现。

---

① http://www.stats.gov.cn/tjsj/tjbz/hyflbz/201905/P020190716349644060705.pdf.

如图3-11所示，在剔除了与能源直接相关的两大行业后，以金属冶炼、化学制品为首的制造业依然保持了极高的碳排放水平，以钢铁、有色金属、橡胶塑料、水泥等工业行业为主的碳排放量占比连年保持在30%以上，2017年以前甚至一度达到35%。虽然整体碳排放占比水平呈下降趋势，但由于碳排放总量基数的上升，四大高能耗制造行业的碳排放量绝对值增长趋势依然较为显著，一定程度上反映了中国制造业碳排放水平较高能源结构亟待改善的现状。

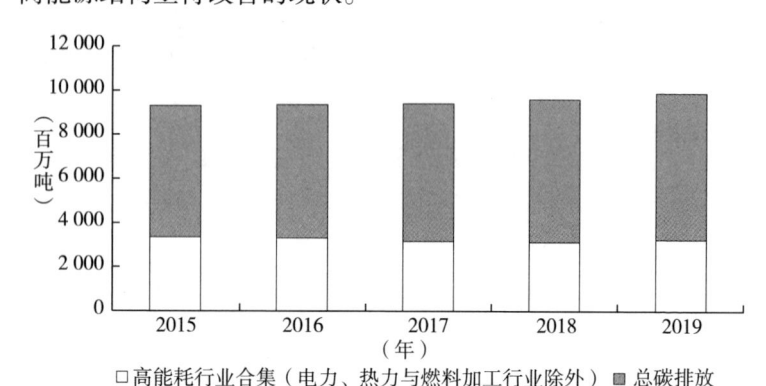

图3-11 四大高能耗制造行业在全行业总碳排放占比（2015—2019年）
资料来源：根据CEADs数据整理

3.2.2 愈加严苛的工业碳排放标准

国际层面上，以国际标准化组织（International Organization for Standardization，ISO）等非政府性组织为主导的工业碳排放标准化研究已开展多年，并且业已形成较为细致的分类；国内层面上，中国相关标准化研究起步略晚，主要依托国际现存工业碳排放标准研究基础与相关经验，并结合本土特色工业产业结构进行。目前，中国工业碳排放标准制定的进展相对顺利，相关部门在政策发布、执行与监管方面的效率良好，也相应地对传统工业行业产生一定转型压力。

1. 国际各大工业碳排放核算标准

由于工业行业类目复杂，国际现存碳排放核算体系与标准制定大致以应用对象为主体进行区分并确定指引性内容，表3-1列举了国际主要工业碳排放标准文件。其中，与工业最为相关的是ISO 19694标准。该标准是基于温室气体核算体系的通用原则，并由此衍生出包括1项通则标准（ISO/FDIS 19694-1）和5项分别针对钢铁、水泥、铝、石灰和铁合金生产制造的行业标准（ISO/FDIS 19694-2~6）。这一系列标准主要用于测量、检测和量化特定部门来源（工厂、设施）的温室气体排放，评估各生产过程随着时间推移所产生碳排放量的整体情况，进而为外界提供可靠、准确、优质的信息。企业也得以通过核算结果获知相关碳排放驱动因素和自身碳减排潜力，进一步确定在后续运营中的解决方案。最为重要的是，ISO标准作为已在国际上获得普遍认可的质量体系，所出具的报告对于企业资质认证、客户验证和第三方认证具有极大效力，能够对企业生产经营产生不可忽视的助力。可以说，工业企业若能在自身碳排放效果上更加贴近标准化要求，未来也就会拥有更多的国际通行证权限。

表3-1　国际主要工业碳排放标准文件

名称	发布组织	应用对象	主要内容
温室气体核算体系（GHG Protocol Corporate Accounting And Reporting Standard）	世界资源研究所（WRI）世界可持续发展工商理事会（WBCSD）	针对企业或组织	在企业层面对碳排放核算提供较为详细的指导和说明
ISO 14064-1	国际标准化组织（ISO）		在组织层面对碳排放核算提供一般指导和要求，大体与GHG标准一致
ISO 14067	国际标准化组织（ISO）	针对产品和服务	对产品碳足迹与治理要求提供最基本、更普适的要求和指导
ISO 19694	国际标准化组织（ISO）	针对工业行业	对工业作出更为细分的行业标准

资料来源：根据公开资料整理

2.中国工业企业可持续发展要求

当前中国工业企业可持续、高质量发展政策呈现出了规范化、精细化的特征。以工业和信息化部发布的《"十四五"工业绿色发展规划》为例，在工业绿色化顶层设计上，国家以污染治理为重点，并在技术创新、产业化应用等方面加强政策引导，进而推动工业企业的绿色可持续发展，为"双碳"目标的实现奠定了产业基础。在此之下，各部门组织根据《工业企业温室气体排放核算和报告通则》等规范性文件循序推进具体碳排放监测、收集、统计、核算和上报等过程中的技术支撑研究与特定行业的核算体系构建，助力工业企业由资源消耗大、污染排放多的粗放制造向低碳制造进行科学转变。

3.2.3 工业低碳转型的未来期望

2022年全球工业排放下降1.7%，2022年全球工业排放总量约92亿吨。虽然不少地区制造业放缓，但IEA认为工业排放下降主要是由于中国工业碳排放下降1.61亿吨，原因包括水泥生产量下降10%和钢铁生产量降低2%。然而，在2050年净零排放预期中，到2030年工业碳排放量需要下降至69亿吨（见图3-12）。这意味着，随着工业生产线自然恢复与增长，全球工业必须实现比当前更高的年均下降水平（−2.3%），并最终回到2010年以前的碳排放水平。

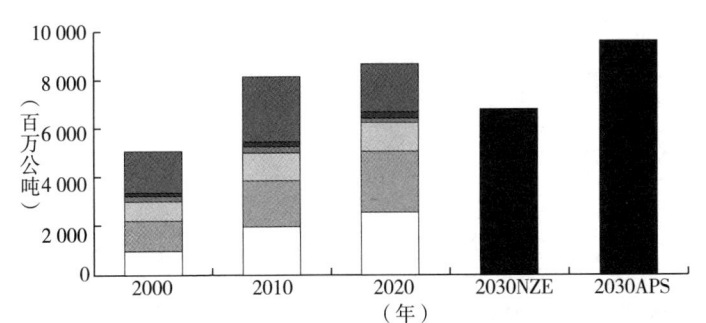

图3-12　全球现存工业碳排放量及已承诺的净零排量预测图（2000—2030年）
资料来源：国际能源署（IEA）

我国作为世界上最大的制造业国家，仍在朝着实现全面新型工业化的目标迈进，旨在打造制造强国，并期望通过行业转型升级进一步释放产业势能优势。但我国产业结构被高能耗、高排放的重工业所掣肘，工业低碳转型升级目标的实现需要可持续发展战略的同步支持。具体而言，我国第一产业占比不足10%，剩余产业总量占比达92.9%，产业结构呈"三、二、一"格局（见图3-13）。因此，未来工业低碳转型亟须通过"推动绿色布局、节能及提升能效、优化用能及流程结构、构建循环经济产业链、应用突破性低碳技术"五大路径实现。产业结构上，未来我国工业产业有望在国家政策主导下缩减一部分重工业比重，将过剩产值释放给服务业，保证在2025年实现全面工业化，主要工业产品资源将在2035年左右达到国际先进水平。例如，我国粗钢需求量趋近饱和，预计在"十四五"期间提前实现碳达峰。在重工业转型方向上，技术创新和绿色制造将成为新型工业转型发展的重要推动力。相关部门在现有政策情景

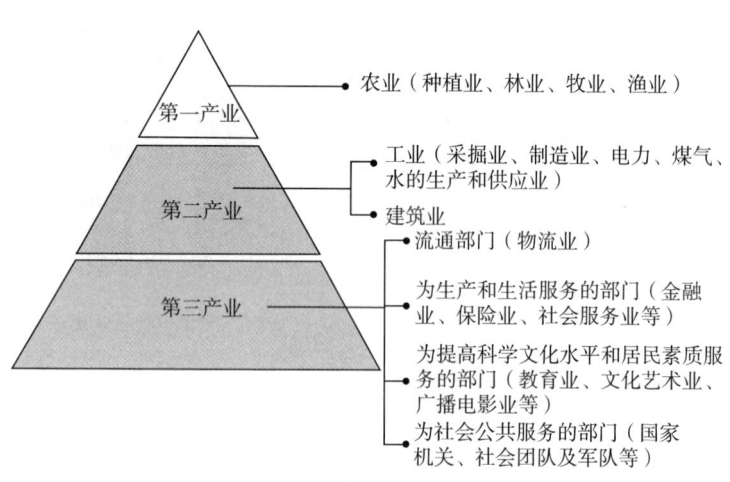

图 3-13 中国三大产业分类

资料来源：根据公开资料整理

基础上，预备进一步强化非二氧化碳温室气体减排政策，并对标国际标准提高制造业能效水平，从而推动建设工业绿色低碳转型与工业赋能绿色发展相互促进、深度融合的产业体系，为应对全球气候变化贡献力量。

3.2.4 工业企业：成为后工业时代发展新能源的捕捉者

制造业实现"双碳"目标的根源性障碍在于能源与基础设施不协调，灵活性能力严重不足。因此，工业企业亟须建立多元化、智能化、清洁化、绿色化的能源管理、生产、利用及节能系统，提高能源自主供给能力，从而实现主要低碳转型目标。根据《国家标准化发展纲要》以及《工业节能诊断服务行动计划》，未来企业自身碳排放管理将会有一个清晰的参考标准，企业要对自身耗能设备和系统进行详细的考察、测试和分析，以评价耗能设备和系统的能源利用状况，从而发现节能空间，用绿色低碳转型和创新来获取可持续发展。

案例：从效率红利到零碳红利，联想集团打造科技制造零碳实践标杆

作为世界第一制造大国，中国拥有的工厂数量多达几十万家，但迄今能实现"零碳制造"的可谓凤毛麟角，绝大多数工

案例：从效率红利到零碳红利，联想集团打造科技制造零碳实践标杆

厂降碳的征程才刚刚开始。

以科技力量助推"双碳"目标，高科技企业拥有天然的优势——不仅可利用自身的节能、低碳、智能化技术助力生产制造环节的低碳化，也可依托其领先的供应链产业链管理、行业龙头标准体系以及技术积淀，带动和赋能产业链供应链和其他行业的零碳转型。

联想集团是国内最早投身低碳实践的科技企业之一，目前已有合肥、武汉两家产业基地入选国家级绿色工厂，同时在零碳转型方面迈出了坚实的步伐：联想武汉产业基地（见图3-14）2022年宣布达成全面碳中和，斩获ICT行业首张零碳工

图3-14 联想武汉产业基地
资料来源：联想集团官网

> **案例：从效率红利到零碳红利，联想集团打造科技制造零碳实践标杆**

厂证书；联想（天津）智慧创新服务产业园从源头设计阶段就引入零碳工厂理念，正在推进零碳认证；联想合肥产业基地入选全球"灯塔工厂"，在智能化升级过程中实现绿色低碳转型飞跃……在国家积极稳定推进"双碳"的大背景之下，联想集团已经实现了"东西南北中"零碳制造全布局，探索出了一条由自身核心生产制造环节减碳、供应链协同降碳再到赋能行业伙伴低碳发展的实践路径。

联想武汉产业基地：传统工厂实现"零碳转型"的实践样板

联想武汉产业基地是联想集团全球最大的智能移动设备制造基地，也是武汉市电子信息制造领域首家年产值突破500亿元的企业，最高日产能超14万台。在实现快速增长的同时，联想武汉产业基地多年来持续推进产品生态设计，通过采用环保材料、优化制造工艺和推广可再生能源的使用，减少水、噪声、大气污染物的排放，各项排放指标均优于国家标准。

在绿色能源使用方面，联想武汉产业基地通过建筑设计增加自然采光和LED照明节能改造，减少能源需求，大幅增加可再生能源使用，并在2019年12月完成了分布式光伏电站的建设，每年减少碳排放约1 104吨。在绿色工艺创新方面，联想武汉产业基地APSA氮气站于2020年8月正式投运，通过引进法国液化空气集团

> **案例：从效率红利到零碳红利，联想集团打造科技制造零碳实践标杆**

的深冷制氮技术，与传统PSA制气方式相比，氮气提取率提升2.2倍，耗电量降低50%以上，每天为基地节省用电超1万千瓦时。

在数字化转型方面，联想武汉产业基地充分利用工业互联网、人工智能、5G等"新IT"技术融合制造业，开展了一系列智能化升级的创新项目，例如搭建设备管理平台Device mate，提升设备利用率；自主开发数据中台IDEAS，实现生产运营数据互联互通；导入QMS2.0系统，提升产品生产质量管理水平；自主开发智能计划APS系统，实现工厂资源管理、智能排产、敏捷交付，提升经营效率。

此外，联想武汉产业基地已经建立起绿色产品全生命周期管理，持续减少单位产品的物料消耗量，选用环保原辅材料，采用先进适用的生产工艺技术和高效节能装备，减少生产过程中的资源消耗和环境影响。该基地还积极引入了先进的环保工艺、设备和技术，并对公司所生产的手机产品和平板电脑实施产品生命周期碳足迹评价，让气候变化战略落地为实。

以联想武汉产业基地作为零碳升级试点，联想集团所探索出的"武汉方案"或将成为中国制造业传统工厂的"零碳样板"，对中国制造平稳迈向碳中和来说意义重大。

3.3 建筑业：钢铁森林里的绿色生机

城市生活的每日轨迹可以被看作从一个建筑到另一个建筑的简单迁徙。居民住宅、办公楼、学校和商超等是城市的代表性建筑，这些钢筋水泥几乎承载了所有的生活起居要素，这份"习以为常"，也极易让我们忽视建筑背后所隐藏的巨大碳排放真相。究其原因，大多数人只看到了能源、工业等最直接、明显的高碳消耗行业，却忽略了能源与工业产品的流向与进一步加工所产生的高额碳排放。建筑行业就是工业产业链下游的代表性环节之一。我们享受着"钢铁森林"所带来的便利，却忽视了在建造过程中自然资源与环境所付出的代价，除了对其他生物聚落生存空间的侵占，建筑本身的矗立也代表了极其漫长的碳排放周期。在全员向绿、低碳发展的今天，建筑企业需要善于结合科技手段与国际先进低碳经验，去探寻国内建筑社群在可持续、可循环，以及可实现上的实践方案。

3.3.1 超长的生命周期：建筑行业全过程碳排放

中国建筑节能协会（China Association of Building Energy Efficiency, CABEE）发布的《中国建筑能耗研究报告（2020）》中，对建筑行业碳排放作出了细致的划分，并运用建筑阶段划分标准和碳排放测算方法对国内建筑全过程的能耗和碳排放进行了计算并进行结果公布。如图3-15所示，建筑能耗的计算从原材料的生产阶段开始，延续到建筑拆除，周期极为漫长。而建筑材料生产、运输环节部分又与化工生产行业有大量重合[①]（见图3-16），结合前文所述工业产业的高额碳排放，建筑行业的全周期碳排放总量也不容小觑。

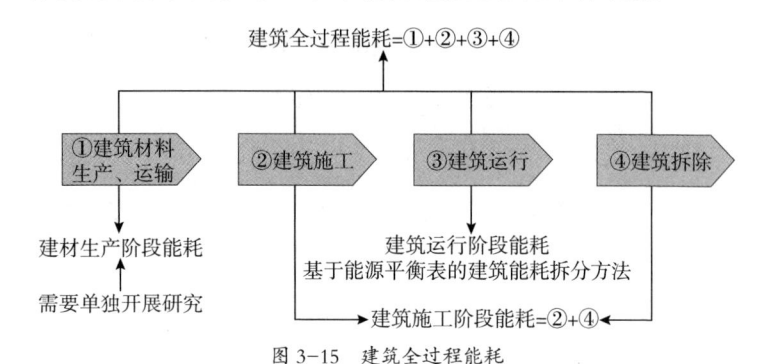

建筑全过程能耗=①+②+③+④

①建筑材料生产、运输 ②建筑施工 ③建筑运行 ④建筑拆除

建材生产阶段能耗
需要单独开展研究

建筑运行阶段能耗
基于能源平衡表的建筑能耗拆分方法

建筑施工阶段能耗=②+④

图 3-15　建筑全过程能耗

资料来源：中国建筑节能协会

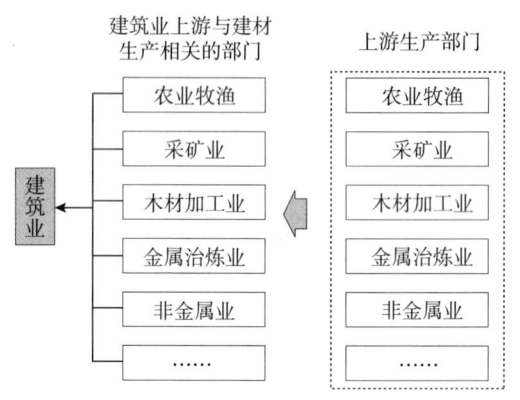

建筑业上游与建材生产相关的部门：农业牧渔、采矿业、木材加工业、金属冶炼业、非金属业……

上游生产部门：农业牧渔、采矿业、木材加工业、金属冶炼业、非金属业……

建筑业

图 3-16　建筑业上游部门

资料来源：中国建筑节能协会

根据建筑行业全过程能耗划分，进行下一步碳排放测算[②]，

[①] 《中国建筑能耗研究报告（2020）》成果已经发布，由于统计量巨大、信息有一定时滞，最新公布的报告研究对象为2018年度建筑行业情况。

[②] 测算方法来自中国建筑节能协会能耗统计专委会。经济消耗测算法：建材能耗=∑建材的经济投入量×单位产值能耗；实物消耗测算法：建材生产阶段能耗=∑建筑业主要建材消耗量×建材单位产品能耗强度；建材生产阶段碳排放=∑建筑业主要建材消耗量×建材单位产品碳排放因子。

能够得出建筑行业在不同环节的能耗与碳排放情况。假设不深入探讨能耗与碳排放的一一对应关系,仅从数据结果来看可知(见图3-17、图3-18),2018年,建筑行业共消耗了21.47亿吨标准煤,占全国能源消费总量的46.5%;共计排放49.3亿吨二氧化碳,占当年度总碳排放量的51.3%。其中,建筑行业在生产阶段碳排放量最高,运行阶段次之。透过数据统计能够直观地观察到,建筑施工阶段碳排放量反而占比最低,仅有1%。此外,将全年建筑行业产生的碳排放量进行分摊可知,我国2018年建筑全过程综合碳排放强度为每平方米建筑范围消耗658.75千克二氧化碳。更为具象化的表述为,若一棵树年均能够吸收约25千克二氧化碳,那么每平方米建筑面积则需要种植约27棵树才能抵消对应的碳排放。

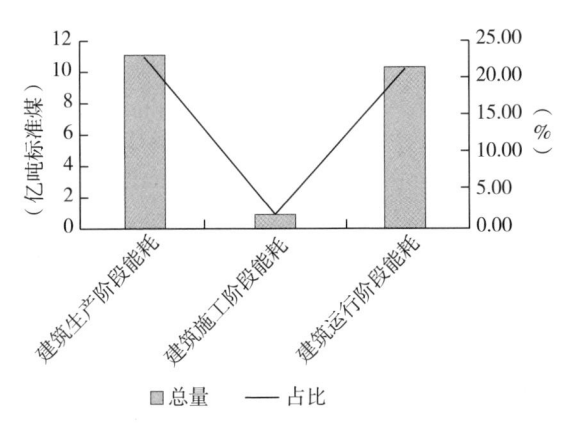

图3-17 2018年中国建筑全过程能耗情况

资料来源:中国建筑节能协会

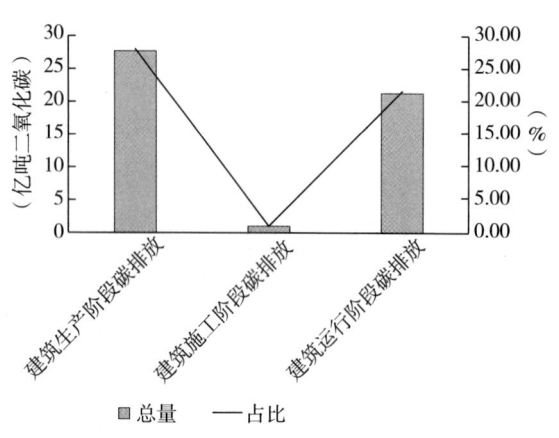

图 3-18　2018 年中国建筑全过程碳排放情况

资料来源：中国建筑节能协会

或许有人会疑惑，随着我国各地房市的热度大幅降温，国内建筑行业似乎已遇冷，相关碳排放量也应有所下降。中国建筑节能协会公布的 2005 年至 2018 年间的建筑全过程碳排放变动趋势（见图 3-19）似乎也印证了这一点。具体而言，全过程碳排放经历了"十一五"期间的稳定式增长，"十二五"期间的波动式小幅度增加，再到"十三五"期间的增速明显放缓，似乎表明我国建筑行业碳排放即将趋于峰值，甚至逐渐步入"刹车"的状态。然而，事实远非如此简单。

在中国城镇化进程不断推进的形势下，建筑行业也随着人口的流动与增加在发展壮大。我国第七次全国人口普查数据显示，2021 年中国城镇化率高达 63.89%，处于增速较快水平，但是与发达国家 80% 的平均水平（美国 82.7%）仍有较大差距。中国社会科学院农村发展研究所对该数据进行了测算，预计

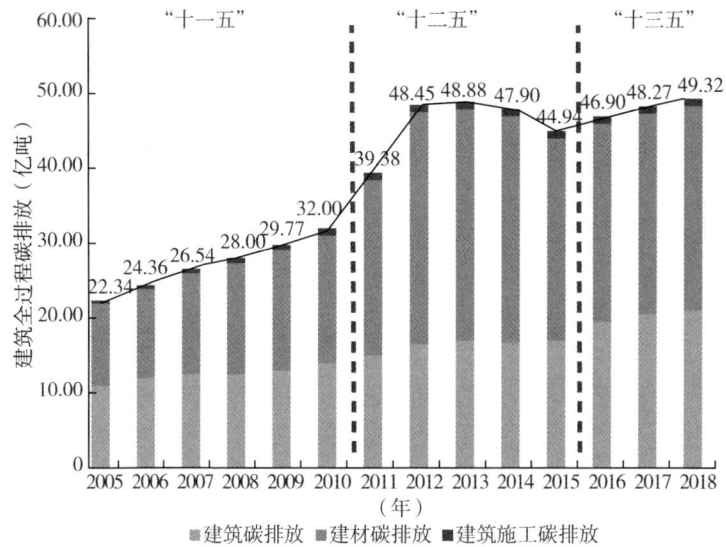

图 3-19 全国建筑全过程碳排放变动趋势（2005—2018 年）

资料来源：中国建筑节能协会

2035年我国城镇化率有可能达到74.39%，届时将新增近4亿城镇居民。这意味着，城镇化发展规模将进一步扩大，城市布局将面临新一轮的优化建设，居民住房以及城市配套公共基础设施建设势必要更新、扩建或重新规划。因此，建筑行业的发展还远未达到全过程碳排放历史变动趋势图所预期的将"趋于饱和"。未来，建筑行业依然要面对原料生产、施工以及拆除等环节带来的高碳排放问题。建筑企业作为具体实施单位，亟须兼顾未来发展以及低碳目标双重内涵。

除了预期的市场增长，以房地产业为首的建筑相关行业也面临着宏观调控下高质量发展的压力。自2017年起，国家开始推进打造"中国建造"品牌,通过《关于促进建筑业持续健康发展的意见》等政策,明确要求国内建筑业依据"推进建筑产业现代化"的路径进行改革。具体而言,以住宅、写字楼等为主的建筑企业需要将提质、降本、增效以及低碳环保等要素作为业务的主要着力点,未来才能够更好地契合城镇化进程下全国范围内的高效建设要求。

3.3.2 可持续建筑趋势:绿色建筑新标准

绿色建筑是建筑相关产业发展的未来趋势,在实际建设中显现出较高经济、社会和环境效益。其中,经济效益促进发展、社会效益关怀人文、环境效益则呼应了当下全球关注的节能减排重要议题。据此,国内外都制定了较为全面的建筑标准。建筑行业要实现可持续发展,必须顺应时代潮流,纳入更有序的评估框架。

1.国际绿色建筑标准

20世纪60年代,绿色建筑的概念被正式提出。继1990年英国制定全球第一个绿色建筑评估标准之后,各国相继出台符合地域特点的绿色建筑评估体系,极大地丰富了绿色建筑的内涵。世界绿色建筑协会提出,绿色建筑是指在设计、建造或运营过程中,能够减少或消除对气候和自然环境产生负面影响并产生积极影响的建筑物。因此,绿色建筑本身就具备支持应对气候变化的天然属性。

（1）能源与环境设计先锋

LEED（Leadership in Energy and Environmental Design）建筑标准是全球范围内应用最广泛的绿色建筑及城市认证体系之一，遍布182个国家和地区（见图3-20）。该标准的使用最早起源于美国，目前在美国部分地区已被列为法定强制标准。LEED建筑标准面向所有建筑种类，除了常见的写字楼、住宅、仓储物流等，还包括社区及城市。具体而言，LEED建筑标准认证内容涵盖建筑的整个生命周期，并对不同周期都提供相应的评价标准。其中，可持续场地、水资源使用效率、室内环境质量和能源使用是评估的重点，若建筑在节能、废物循环、以本地材料替代进口材料以及低排放材料使用上有所尝试，那么将得到额外加分。中国作为美国以外最大的绿色建筑认证市场，截至2021年9月，已有超7 300个商业项目参与了LEED建筑标准认证，参与面积超过3.81亿平方米，相当于53 361个足球场。

图3-20　LEED建筑标准认证等级

资料来源：LEED官网

（2）WELL建筑认证

WELL建筑标准由Delos公司创立，是WELL健康建筑标准（源自美国的健康建筑标准）的简称，区别于LEED建筑标准，其更专注于建筑内部的认证体系。WELL建筑标准是一个基于性能的评价系统，它测量、认证和监测空气、水、营养、光线、运动、热舒适和精神等影响人类健康和福祉的建筑环境特征，是由国际WELL建筑研究所（International WELL Building Institute，IWBI）制定推出的世界上第一部体系较为完整、专门针对人体健康所提出的建筑认证与评价标准（见图3-21）。

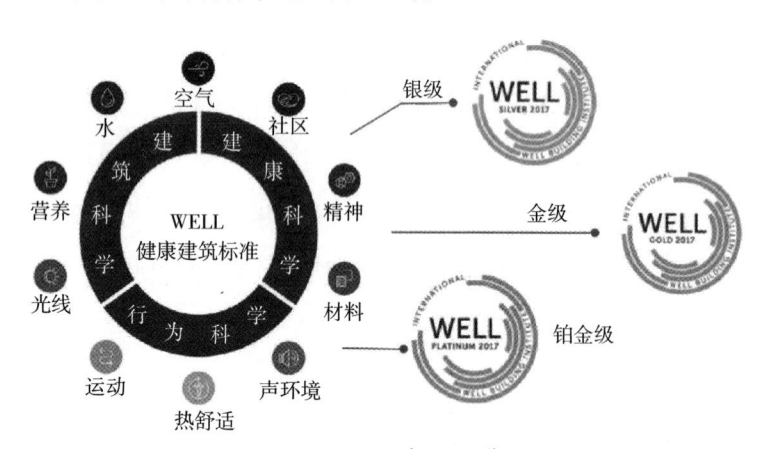

图 3-21 WELL 建筑认证等级

资料来源：WELL官网

2. 中国绿色建筑评价标准

改革开放以后，中国在推动建筑节能工作的同时，积极应对资源环境恶化并发展低碳经济。从20世纪90年代起，绿色建筑概念被引入中国。2019年，住房和城乡建设部发布《绿色建筑评价标准》，将"绿色建筑"定义为在建筑的全生命周期内，节约资源、保护环境、减少污染，为人们提供健康、适用、高效的使用空间，并最大限度地实现人与自然和谐共生的高质量建筑。《国家中长期科学和技术发展规划纲要（2006—2020年）》第一次把城镇化与城市发展单独列为一个重点领域，绿色建筑和建筑节能作为优先主题得到了国家的持续支持和发展，发展绿色建筑已经成为主管部门的重点工作。整体而言，在国际通用理念和国内政策的把控下，中国特色绿色建筑标准核心（见图3-22）可概括为"节能环保，全过程管控和以人为本、因地制宜"三大要素。

图3-22 中国特色绿色建筑标准核心

资料来源：根据公开资料整理

在标准规范方面，中国多部委相继印发的绿色金融标准均将绿色建筑建设、绿色建材生产、绿色建筑购买和既有建筑节能改造等纳入绿色项目范畴。2019年3月13日，住房和城乡建设部发布了《绿色建筑评价标准》，对原有的绿色建筑评价标准进行了修正，重新构建了绿色建筑评价技术指标体系，主要评价体系由安全耐久、健康舒适、生活便利、资源节约、环境宜居五方面组成。如表3-2所示，绿色建筑标准主要分为三个层级，从小到大，以三星级为最优，相应的标准设定也最为严格。

表3-2 一星级、二星级、三星级绿色建筑的技术要求

	一星级	二星级	三星级
围护结构热工性能的提高比例，或建筑供暖空调负荷降低比例	围护结构提高5%，或负荷降低5%	围护结构提高10%，或负荷降低10%	围护结构提高20%，或负荷降低15%
严寒和寒冷地区住宅建筑外窗传热系数降低比例	5%	10%	20%
节水器具用水效率等级	3级	2级	
住宅建筑隔声性能		室外与卧室之间，分户墙（楼板）两侧卧室之间的空气声隔声性能以及卧室楼板的撞击声隔声性能达到低限标准限值和高要求标准限值的平均值	室外与卧室之间，分户墙（楼板）两侧卧室之间的空气声隔声性能以及卧室楼板的撞击声隔声性能达到高要求标准限值
室内主要空气污染物浓度降低比例	10%	20%	
外窗气密性能	符合国家现行相关节能设计标准的规定，且外窗洞口与外窗本体的结合部位应严密		

资料来源：根据公开资料整理

3.3.3 建筑行业期望

在全球建筑业2050碳排放净零预期中,要求行业的碳排放总量降低近50%左右,降至40亿吨。2020年由于新冠疫情,服务行业活动减少,建筑行业二氧化碳排放量急剧下降,仅有90亿吨左右(见图3-23)。尽管如此,从国际能源署发布的全球建筑业碳排放分布及净零预测来看,当前碳排放水平仍与2050净零目标有很大距离。为实现这一目标,所有新建建筑和20%的现有存量建筑都需要从现在开始实现零碳排放,并在2030年取得明显进展。

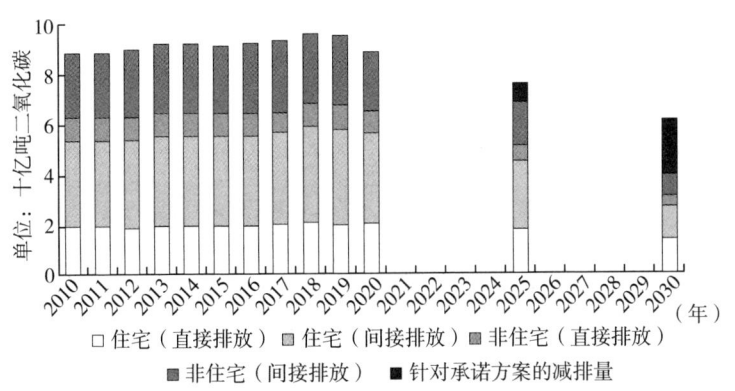

图 3-23 全球建筑业碳排放分布及净零预测(2010—2030年)

资料来源:国际能源署

根据我国对于建筑业的现有规划,预期50%的新建建筑能够满足绿色建筑标准,同时该占比将在"十四五"期间稳步上升。受国家有关绿色制冷、绿色供暖等政策要求影响,未来新建建筑有望稳步接近《近零能耗建筑技术标准》。然而,按当前建筑业碳排放情况测算，我国建筑运行阶段碳排放量在基准情景下将于2040年达峰，碳排放峰值约为27亿吨，达峰时间将落后我国2030年碳排放达峰目标十年。因此，为实现"30·60"目标，我国建筑行业碳排放总量需要保持年均增速不超过1.5%，能耗总量年均增速不超过2.2%。此外，在碳中和预期情景下，"十五五"期间新建建筑将需要实施零碳排放建筑标准，即以电能替代大部分建筑能耗，并进一步延长建筑寿命。未来相关部门将有望在提升建筑节能水平、新能源应用、全环节脱碳等方面持续发力，助推建筑行业"双碳"目标的实现。

3.3.4 建筑企业：成为以绿色能源引领低碳生活的先行者

建筑的能耗构成随着社会建筑体系的发展而日渐丰富。然而，随着建筑体量的增加，能耗总量也在不断提升。基于建筑全生命周期视角能耗研究可知，建筑产业大量且长期的能耗主要发生在运营阶段[1]，例如建筑用能中的采暖、制冷、照明、通风等。因此，建筑企业为实现能效提升，可通过调整建筑结构、采用新型墙体材料、提高建筑用能设备效率、加强建筑物用能设备运行效率等方式，合理设计并优化建筑可再生能源系统。

---

[1] 段海燕，陈思颜，刘源源，等. 生命周期视角下中国建筑业能源区域消耗特征研究[J]. 中国人口·资源与环境，2020（7）：57-65.

案例：上海世博零碳馆

上海世博零碳馆（见图3-24）是中国第一座实践零碳排放的公共建筑，位于中国第一个获得LEED规划第二阶段铂金级认证的城市社区"上海世博城市最佳实践区"内，项目总面积2 500平方米。在这个四层高的建筑中，设置了零碳报告厅、零碳餐厅、零碳展示厅和六套零碳样板房，在2010年上海世博会期间，全方位地向全球游客展示了建筑领域对抗气候变化的策略和方法。其具体零碳路径有如下几条。

太阳能：由于上海地区夏季高温高湿，建筑外部设置太阳能光电板、热电板，可实现全年度电力"自给自足"。同时，太阳能热水驱动的溶液除湿等系统为室内进行降温除湿；

风能：运用吸收式制冷风帽系统满足建筑制冷与循环风需求；

水能：运用区域级江水源热泵装置搭配冷辐射吊顶，利用黄浦江水进行室内制冷，同时缓解噪声、排热问题；

生物质能：运用生物能热电联系统对餐厅内一次性餐具与食物废弃物进行厌氧过程降解，生成电力与生物肥，分别用于建筑用电与室外植被；

建筑废料再利用：所用水泥是对原本会污染空气的煤灰、煤矸石、矿渣"二次利用"的产物；

雨水收集和回收系统：通过地面管道收集雨水，满足建筑

案例：上海世博零碳馆

图 3-24　上海世博零碳馆
资料来源：网络

用水需求。

该零碳馆由上海零碳中心协助完成，其核心团队——英国南伦敦贝丁顿社区的零能耗工厂的建筑师和规划师团队于1999年设计了世界上第一个零能耗生态村。上海世博零碳馆运用了伦敦先进的零碳概念，同时更强调了中国本土的建筑节能技术，为后来的零碳绿色建筑提供了极为优秀的范本。

3.4　交通运输业：碳足迹的主战场

在四大板块的分析中，本书一路经过化石能源"血液"，到达实体工业"器官",再遍历建筑设施"骨骼",最后来到串联一切脉络的"血管",即负责各供应链环节平稳流通的"交通运输"行业。如果说"能源、工业与建筑"帮助个体吃饱穿暖免于流离,那么基础道路建设便是满足了最朴素的出行愿望。交通业的发达让人类活动不再受制于地域空间,由原始的闭塞聚落发展为川流不息的繁华都市。社会的物资与信息也经由交通物流分支涌入世界各地,最大限度地满足人们日常需求。然而,过度便利的交通物流变相推动了碳排放量的增长,逐渐失控的碳足迹正在消耗生态环境与自然资源。交通运输行业必须尽快在碳排放的失序中找到方向。

3.4.1 交通运输业碳排放现状

中国交通领域的碳排放量接近年度总碳排放量的10%,已成为高碳排放前端行业之一。具体而言,在交通领域碳排放结构中,公路交通占比为87%;海运、航空次之,均为6%左右;最后是铁路交通,占比约为0.68%。截至2020年,中国已有超过70%的客运铁路实现电气化;在船舶运输方面,基于国际成熟经验与倡议的一系列顶层政策设计也在稳步推进中。

在航空方面,我国航空运输业有一定的改进空间,但囿于航空原料限制,减排难度较大。根据国际清洁交通委员会(ICCT)公布的数据,中国航空业2019年的碳排放量为1.03亿吨，排名仅次于美国。然而在碳排放密度上，中国的数据是88g CO_2/RPK[①]，比全球平均值低2.3%，说明中国航空业整体碳排放量控制仍有较大上升空间（见图3-25）。考虑到我国人口基数规模庞大，出行以及货物运输需求旺盛，现有的航空运输业发展仍有极大的增长空间。然而，目前国内外航空业使用的燃料仍源于石油与煤炭，在能源转型上依然有极大困难。随着化石燃料使用限制要求紧缩，航空业不断增加的碳排放量所对应的减排任务，无疑要分担到其他地面交通行业，因而使整体行业所面临的碳减排压力加剧。

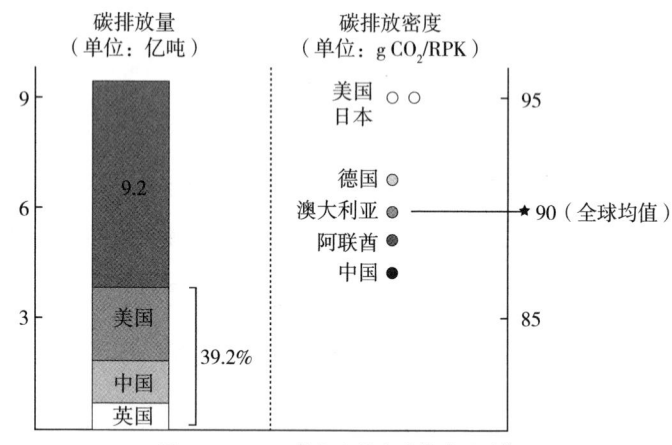

图3-25 2019年全球航空碳排放国别情况

资料来源：国际清洁交通委员会（ICCT）

交通运输业碳减排的关键在于优化公路交通，并对应开展

[①] 碳排放密度指每一单位旅客周转量下的碳排放量。RPK指旅客周转量，公式为RPK（人公里）= ∑ { 航段旅客运输量（人）× 航段距离（公里） }。

相应的减排路径探寻。整体而言，中国交通运输业的碳减排症结可从国际能源署统计的全球数据中得到答案，公路交通碳排放占比87%这一数值尤为值得重点关注。生态环境部发布的《中国移动源环境管理年报（2021）》统计显示，2020年全国机动车保有量为3.72亿辆，四项污染物[①]排放总量为1 593万吨。如图3-26所示，以燃油型机动车为主的公路交通工具已经对大气环境构成直接威胁。未来相关企业需要主动出击，在市场需求合理上升的趋势下，严控机动车的碳排放增量，为国内外净零减排路线提供更为良好的环境。

3.4.2 交通运输指标逐渐收严

交通运输业的蓬勃发展是全球交通行业碳排放量居高不下的直接成因之一。当前国内外的普遍思路是利用严格、标准的规范性碳排放文件倒逼市场主动提升新能源交通工具的使用规模，从而减少化石能源驱动带来的高额排放。因此，在市场需求急剧上升的情况下，各国纷纷组织发布相应的指南性文件以及交通行业碳减排目标，包含引导行业精进能源应用技术、建设相关清洁能源供应设施等内容，力求稳定有序地指引交通运输业向清洁、低能耗方向发展。

---

① 四项污染物指一氧化碳（CO）、碳氢化合物（HC）、氮氧化物（NO_X）、颗粒物（PM）。其中，一氧化碳、碳氢化合物、氮氧化物、颗粒物排放量分别为769.7万吨、190.2万吨、626.3万吨、6.8万吨。

图中数据：

一氧化碳（CO）：摩托车 9.5%，低速汽车 0.3%，汽车 90.2%

碳氢化合物（HC）：摩托车 8.2%，低速汽车 1.2%，汽车 90.6%

氮氧化物（NO_X）：低速汽车 1.2%，摩托车 0.8%，汽车 98%

颗粒物（PM）：低速汽车 5.9%，汽车 94.1%

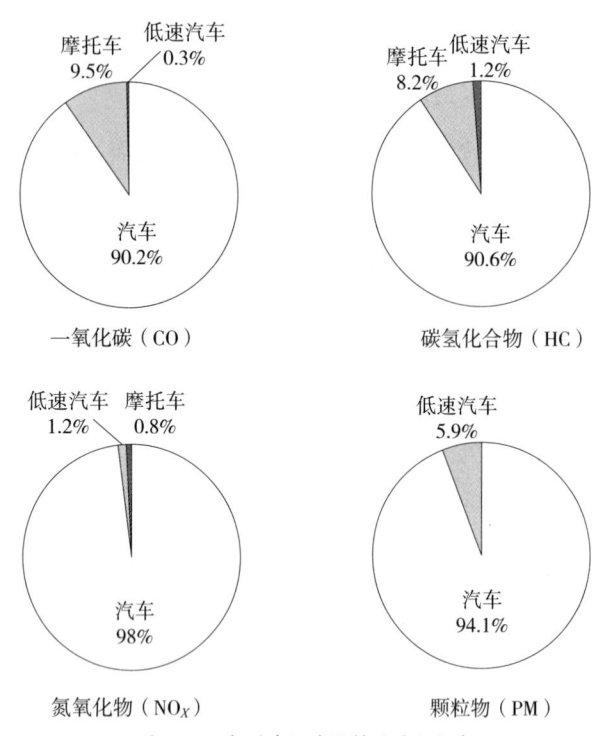

图 3-26 机动车污染物排放量分担率

资料来源：中华人民共和国生态环境部《中国移动源环境管理年报 2021》

1. 国际政策：以清洁能源推动交通业改革

联合国环境规划署（UNEP）在可持续交通上贡献了一系列行业研究以及方法论支持。例如，在《解决二手车市场问题》中根据交通业二手车市场需求急剧上升的现状引导进出口双方国家通过市场流通，互相分享相对先进的车辆减排技术，降低道路运输对所有市场二氧化碳和非二氧化碳排放的影响，带来双赢局面。与此同时，该部门发布的《交通业碳减排指南》，将运动规划与安全、社会包容性、减少空气污染和二氧化碳排放相结合，制定出一套可持续性评估指标和循序渐进的碳减排方法。在这一指导下，各国能够优先考虑可持续交通模式，并按需将机动性规划纳入整体城市规划，进而减少交通业对环境的不良影响。

欧盟"Fit For 55"一揽子计划对于交通运输业的清洁发展和市场分布同样提出了更高要求。基于《可再生能源指令》(Renewable Energy Directive)的设定和可再生燃料的推广，2030年交通领域（包括国际航空和海运）燃料的碳排放强度需要降低13%；先进生物燃料的目标水平要提高到交通领域能源消耗的2.2%，并为行业内的氢和氢基合成燃料设定了2.6%的目标。基于《重型汽车二氧化碳排放标准》等文件，欧盟进一步提高了对汽车及货车碳排放的要求。到2030年，汽车和货车碳排放量均需较2021年分别下降55%和50%；到2035年，汽车和货车碳排放量需较2021年下降100%。此外，市场上将仅销售零排放汽车和货车，实现"零碳运输"。综合而言，欧盟在"Fit For 55"一揽子计划中对交通运输业进行了更为严格的管控，表明了其实现"零碳"目标的强烈决心。同时，汽车行业也因此获得了一个明确和长期的信号，在零碳排放技术创新和充电基础设施等项目的投资上拥有更多底气。

全球燃油经济性倡议组织（GFEI）发布关于交通运输业清

洁化转型的一系列路径分析[①]。具体而言，文件阐述了所有国家将如何按照马拉喀什全球气候行动伙伴关系（MGCAP）在交通运输方面的气候行动路径，对应实现各自设定的目标，为处于不同情况和环境的国家设定优先次序，以实现2040年淘汰全球燃油车销售，从而到2050年实现脱碳的目标。GFEI的净零路径是有针对性的政策行动，包含了设置技术标准和规章、提供清洁能源税收优惠、基于生命周期进行严格监管及完善低碳能源载体的充电基础设施和分销网络等内容。在优先规划新能源车辆的建议中，GFEI强调了能源需求和供应管理的重要性，支持提升可再生能源效率与绿色基础设施投资规模，同时致力于促进行业内其他低碳技术的发展。

2.我国政策：新能源运输工具布局加快

同国际表现一致，我国交通运输业近年来也逐步表现出明显的转型趋势。一方面，宏观顶层设计正强力引导现存交通方式实现全行业的低碳转型。基于"构建安全、便捷、高效、绿色、经济的现代化综合交通体系"目标，中央鼓励地方开展绿色出行创建行动，倡导简约适度、绿色低碳的生活方式，引导公众出行优先选择公共交通、步行和自行车等绿色出行方式，降低小汽车通行总量，整体提升我国各城市的低碳出行水平。另一方面，我国在未来市场布局上明显表现出支持发展新能

---

① 详情参见《确保全球车队转型》《清洁车辆报告提供深入的分析和政策建议》。

源交通工具的政策倾向，具体表现为碳排放标准的收紧。2020年，生态环境部、工业和信息化部等四部门联合发布《关于调整轻型汽车国六排放标准实施有关要求的公告》，在公路交通工具的能效标准与市场分布方面提出更高要求。如表3-3所示，在2020年实施《国家第六阶段机动车污染物排放标准》后，全国范围禁止生产国五排放标准轻型汽车，为机动车尾气排放加上了一道"紧箍咒"。而随着"双碳"目标的推进，中国将成为世界交通出行变革的主战场，今后聚焦于公众出行的路径探讨将更为激烈。

此外，国务院等部门在优化调整交通运输结构、提升新能源技术水平上也有明确指示。具体而言，我国在政策端强力推进大宗货物和中长距离运输的"公转铁""公转水"模式，大力发展多式联运[1]。同时，为支持新能源交通工具市场发展与技术创新，我国充分发挥市场机制作用，印发《新能源汽车产业发展规划（2021—2035年）》等文件，在每个阶段都设置新能源车市场增量与技术应用目标，促进纯电动汽车成为新销售车辆的主流、公共领域用车全面电动化、燃料电池汽车实现商业化等一系列应用，最终实现节能减排水平和社会运行效率的提升。

---

[1] 详情参见《绿色出行创建行动方案》《关于调整轻型汽车国六排放标准实施有关要求的公告》《积极推动交通运输碳达峰研究工作 促进交通运输全面绿色低碳转型》等。

表3-3 国家交通车辆能效标准统计

	乘用车	客车	轻型商用车	重型货车	船舶	铁路	非道路机械
能效/二氧化碳标准	排除新能源汽车影响因素后,到2025年新生产的燃机车辆的油耗达到4.85L/100km（新车整体平均油耗4L/100km）；实际道路油耗比试验工况油耗高25%	2020年新车平均油耗为18.4L/100km	2020年新车平均油耗为18.4L/100km	2020年中重型货车的新车平均油耗为18.6L/100km；2020年大重型货车的平均油耗为36.9L/100km	新生产远洋船舶：2020年后每五年燃油效率提升约10%	由于2020年已有超过70%的客运铁路实现了电气化，相关节能效改进政策空间较小	/
排放标准/政策	《国家第六阶段机动车污染物排放标准》——a阶段标准于2021年7月在全国实施，b阶段标准于2023年7月实施；到2020年，100万辆国四标准以前的中重型货车和大重型货车替换为国四标准车辆				国内排放控制区（DECA）2.0：针对沿海船舶的燃料含硫量限；针对3类发动机排放实氮氧化物的排放Tier II限值。第一阶段船用发动机标准于2018年实施，第二阶段船用发动机标准于2021年实施	/	/

续表

	乘用车	客车	轻型商用车	重型货车	船舶	铁路	非道路机械
新能源汽车和非道路车辆	2020年新生产车辆中新能源汽车占比5%；2025年新生产车辆中新能源汽车占比18%；2025年纯电动汽车的能效达到14.3千瓦时/100千米	2025年新生产城市客车中新能源汽车占比100%；2025年新生产长途客车中新能源汽车占比4%	2025年新生产物流车中新能源汽车占比10%；2025年新生产轻卡车中新能源汽车占比2%	2025年新生产环卫及邮政车中新能源汽车占比50%；2025年新生产自卸卡车中新能源汽车占比1%	远洋船舶：除游轮（100%要求）和化学品运输船（自愿）外，有岸电接入条件的船舶停靠期间全部使用岸电；沿海和内河船舶：岸电使用量1500万千瓦时	2025年货运铁路电气化率达到80%	2020年新生产叉车40%电动化

资料来源：根据公开资料整理

3.4.3 交通运输业的未来期望

根据国际能源署发布的《2021交通业追踪报告》统计，如图3-27所示，由于新冠疫情影响人类活动受到极大的限制，交通运输行业作为全球第二大碳排放部门，2020年二氧化碳排放量为72亿吨，较2019年下降了10%以上。

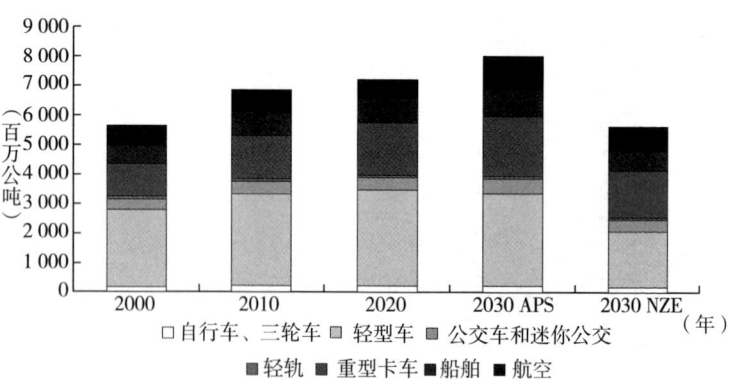

图3-27 全球交通行业碳排放统计（2000—2030年）

资料来源：国际能源署《2021交通业追踪报告》

然而，在全球2050年净零排放路线图中，交通运输部门2030年的净零碳排放量目标为57亿吨。这意味着，全球交通业需要在运输需求回升的趋势下保持年均-2.4%的碳排放量下降水平，才能最终实现这一期望。在对所有交通方式的排放预测中，轻型车的碳排放量改进效率被赋予了最大期待。这是由于在当下交通运输业碳排放构成中，轻型车的输出占据将近一半的比例，且每年保持着较为稳定的增长，是最紧迫也是潜力最大的低碳转型可调整方向。

在中国现有政策规划中，2035年上市新车中新能源车占比需要达到50%，剩余50%为环境友好型车[①]（见图3-28），主要交通工具节能增效需延续"十三五"时期趋势，同时确保公共交通发展符合国家新型城镇化战略要求。在碳中和情景要求下，未来十年的交通运输业净零重点最终落在公路运输板块，新能源交通发展速度需要进一步提升，如降低货运需求、提升混动新车占比等。因此，相关部门需要与交通运输企业在新能源改造方向通力合作，促成公路运输工具三分之一以上的碳排放减少量，进一步实现靠近整体净零减排的目标。

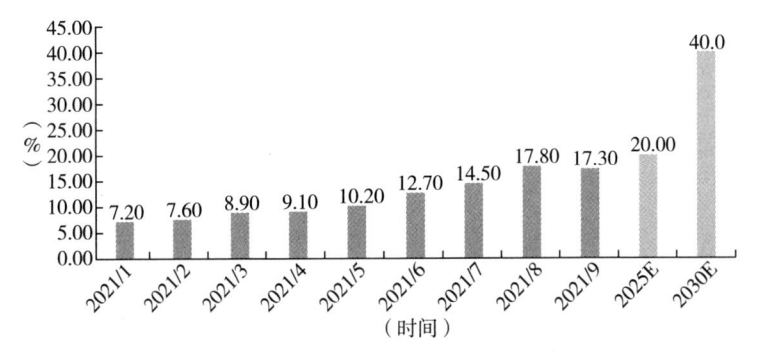

图3-28　新能源汽车占总体汽车销售比例

资料来源：中国汽车工业协会，《新能源汽车产业发展规划（2021—2035年）》《2030年前碳达峰行动方案》

3.3.4　交通领域：成为新能源科技革命的创新者

在各国政府都已陆续明确了碳达峰、碳中和的时间节点下，

[①]　详情参见《新能源车产业发展规划（2021—2035年）》。

汽车排放作为碳排放的重要来源，必然会受到越来越严格的政策约束。车企作为交通运输工具的直接产出者，也承担了交通运输行业绝大部分的绿色低碳转型压力。目前，中国和美国早已率先明确了以纯电动汽车为主的行业发展战略，在中美两国各自的车辆市场上，新能源车占比均超过80%，而欧洲长期以来维持纯电动和混合动力汽车均衡发展的态势。整体上，全球车企呈现出显著的电动化产品趋势。未来，为了满足碳排放监管要求、保证企业存续与市场化竞争优势，所有车企都将在纯电动汽车研发上着重发力，为国际减排事业输送动力。

案例：劳斯莱斯推出首款纯电动汽车

图 3-29 劳斯莱斯新款电动车概念图
资料来源：网络

> **案例：劳斯莱斯推出首款纯电动汽车**
>
> 电动化是未来汽车行业发展的一个必然趋势，现阶段正不断冲击着燃油车企业的市场地位。在国际社会的节能减排共识下，多个国家已发布了燃油车的禁售期限，因而众多传统车企也开始积极探索转型路径，推出了自己的电动汽车。劳斯莱斯集团于2021年10月宣布旗下首款纯电动车闪灵（Spectre）将正式进行道路测试，在整车的技术和驱动模式方向上，将采用全新的纯电动，预计于2023年第四季度上市。此外，劳斯莱斯官方还宣布自2030年起将不再从事内燃机车型的生产及销售，未来集团将专注于电动汽车的研发及量产。
>
> 由此可见，电动化革命已成为车企行业的新浪潮，在全球交通运输业进行清洁转型的布局下，以科技和绿色赋能的电动汽车将主宰汽车行业的下一个百年。

3.5 企业减碳"三步走"：碳核查、碳减排、碳抵消

讨论完化石能源、工业、建筑业和交通运输业四大板块的生存危机和期望后，企业的未来发展似乎有了更清晰的方向。尽管已在行业各个阶段作出了碳减排效果预测，但企业在低碳

发展方面仍需付出极大努力。首先，面对非强制的"碳减排路线图"，企业需要获取相应理论与方法学工具，形成科学指南。其次，在实际管理转型的路径中，企业要善于结合各行业合作机构、内部管理层级和行业自律组织的外部助力，以可持续低碳发展为立足根本，才能在低碳之路上走得长远。如图3-30所示，企业减碳涉及的理论与方法学工具大致可总结为"三步走"：①企业需要根据现有体系进行碳排放核查；②根据不同排放渠道进行由浅入深的减排；③对于日常运营中难以减排的生产环节，采取外部交易进行碳抵消。

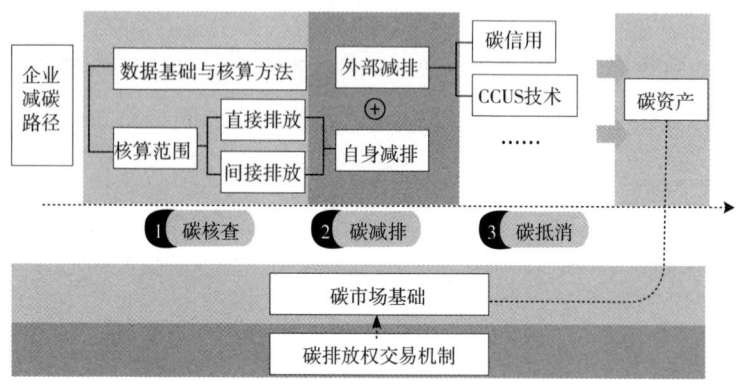

图 3-30　企业减碳"三步走"路径

资料来源：据公开资料整理

3.5.1　碳核查：减排任务的量化基础

近年来，各国政府加大对于气候变化的关注力度，陆续发布"碳中和"实施目标，但仅仅依赖政策导向难以达到较好的预期效果。根据生态环境部2021年发布的《企业温室气体排放报告核查指南（试行）》，碳核查的定义为"根据行业温室气体排放核算方法与报告指南以及相关技术规范，对重点排放单位报告的温室气体排放量和相关信息进行全面核实、查证的过程"。碳核查作为能够明确量化碳排放和碳减排目标的理论工具和实践标准体系，对内将成为企业自检的第一道关卡，对外可有效落实有关部门对企业主体的碳排放情况的监管工作，对于企业的低碳化发展将产生重要影响。

1.温室气体排放边界划分

碳核查主要以企业、政府为主体对象，旨在计算被测量主体在生产活动中各环节的二氧化碳直接或间接排放。具体而言，碳核查的运行机制主要分为直接排放和间接排放两部分内容：直接排放是企业生产经营环节中直接产生的温室气体排放，如煤炭、天然气、石油等化石能源的燃烧和工业生产；间接排放则是因使用外购的电力、热力等所导致的温室气体排放。

企业温室气体覆盖范围如表3-4所示，主要按照三个范围进行划分：范围一、范围二和范围三。范围一的碳排放指的是直接温室气体排放，即由企业自身拥有或控制的排放源，如公司的锅炉、熔炉、车辆等产生的燃烧排放，以及企业拥有或控制的工艺设备进行化工生产所产生的排放。范围二则核算企业所消耗的外购电力产生的温室气体排放,其中外购电力是指通过采购或其他方式进入该企业组织边界内的电力。范围三的碳排放指的是其他间接温室气体排放,主要来自公司上下游的供应链,如委外制造、原料开采、员工通勤等,产品及服务使用期间等所产生的排放。其中,范围三相关的碳排放实际上是一项选择性报告,考虑了除范围一和范围二的所有其他间接排放。因此,公司生产运营产生的相关排放大部分要被纳入核查,而产品使用阶段所产生的排放则无须计算。

表3-4 企业温室气体覆盖范围

企业碳排放范围	涉及的相关生产活动	是否需要纳入核查
范围一	排放源(如燃烧煤炭)导致的直接排放	是
范围二	外购电力导致的间接排放	是
范围三	其他间接温室气体排放	否

资料来源:根据公开资料整理

2.企业碳核查:第三方碳核查报告

第三方碳核查是由第三方机构根据行业的碳排放核算方法与报告指南或标准,以及相关的技术规范,对重点碳排放管控单位报告的温室气体排放量和相关信息进行全面核实、查证的过程。在碳排放交易过程中,监测和报告的承担主体为控排企业,为避免相关利益方的干扰,核查通常由具有专业资质的第三方核查机构完成。通过第三方核查机构的核查工作，可以确保碳排放企业的温室气体排放数据真实有效、客观公正。综合而言，第三方碳核查可以审核查验数据的真实性、准确性和可靠性，促进企业内部质量控制，保证数据质量。下面对部分国内外温室气体核查方法学体系进行简要介绍。

（1）温室气体核算体系（Greenhouse Gas Protocol）

世界资源研究所（WRI）与世界可持续发展工商理事会（WBCSD）开发的温室气体核算体系目标是为温室气体的核算提供方法和标准。其中，《温室气体核算体系：企业核算与报告标准》以企业为主体，旨在清晰地梳理自身碳排放情况，科学有效地计量企业温室气体减排的实际效果，建立减排目标，并实现减排效果可测量（Monitoring）、可报告（Reporting）、可核查（Verfication）（MRV）的目标。

该核算体系共包含十一个章节的主要内容，重点聚焦企业温室气体核算与报告的各个关键要素，帮助企业完成碳排放清单目标与设计、明确碳排放边界、管理碳排放清单、设定温室气体目标等一揽子目标。同时，文件中对应的六个附录参照材料就企业碳核查中可能存在的定义与基准调整性问题提出指引。如表3-5所示，该文件详细介绍了企业的温室气体排放清单计划，涉及全链路的信息披露以及报告原则，包括全部的制度、管理及技术的安排，旨在确保收集数据、编制清单和具体执行的质量控制。

表3-5 《温室气体核算体系：企业核算与报告标准》内容概要

序号	章节名称	重要性	主要内容
1	温室气体核算与报告原则	要求、指导	温室气体核算与报告的五项核算原则：相关性、完整性、一致性、透明性、准确性
2	清单编制目标及设计	指导	编制温室气体排放清单的目标：管理温室气体风险和识别减排机会、公开报告和参与自愿性温室气体减排计划、参与强制性报告计划、参与温室气体交易市场、认可早期的自愿减排行动
3	设定组织边界	要求、指导	进行财务核算时，根据组织结构按照既定的规则进行处理，在设定组织边界时，选择股权比例法或控制法，然后采用选定方法界定这家公司的业务活动和运营，对温室气体排放量进行核算和报告
4	设立运营边界	要求、指导	设定综合的包括直接与间接排放的运营边界，包含范围一（直接温室气体排放）、范围二（电力产生的间接温室气体排放）及范围三（其他间接温室气体排放）的相关内容
5	跟踪长期排放量	要求、指导	企业追踪长期排放量以实现商业目标，包含选择基准年，因结构性变化、新增设施等情况重算基准年排放量，以及计算方法学调整等细节说明
6	识别与计算温室气体排放量	指导	采取对应步骤计算温室气体排放量，包含识别温室气体排放源、选择温室气体排放量计算方法、收集活动数据和选择排放因子、应用计算工具、将温室气体排放数据汇总到企业一级

续表

序号	章节名称	重要性	主要内容
7	管理排放清单质量	指导	将质量管理体系整合到温室气体清单计划，设定排放清单的质量要求、排放清单计划的框架、实施排放清单质量管理体系
8	核算温室气体减排量	指导	通过比较企业在一定时间的实际排放量相对基准年的变化，计算出企业的减排量，包含设施或国家一级的企业温室气体减排量、间接排放的减排量、项目减排量等内容
9	报告温室气体排放量	要求、指导	公开的温室气体报告包括以下方面：以公布时所能取得的最优数据为基础，同时说明其局限性；指出被识别出来的、以往年度排放量的实质性差异；应计入企业选定排放清单边界以内的总排放量，并与企业参与的温室气体交易信息区分出来报告
10	核查温室气体排放量	指导	碳核查涉及对报告数据发生实质性偏差可能性的风险评估。偏差指报告数据与正确采用相关标准和方法学取得的数据之间的差异。该部分内容包含具体碳核查流程、数据信息、核查结果运用
11	设定温室气体目标	指导	具体说明企业设立温室气体减排目标的原因、具体设立步骤、目标类型、目标重复计算政策等内容

资料来源：根据公开资料整理

（2）ISO 14064标准系列

2006年，国际标准化组织（ISO）发布了用于核查企业温室气体排放的方法学体系，即ISO 14064标准系列，ISO 14060标准系列温室气体标准之间的关系可见图3-31。相关文件旨在规范温室气体范围边界、统一数据的量化及收集流程，鉴别公司为改善温室气体管理而采取的特定措施或活动，进而提升企业温室气体排放数据的一致性和公开性。此外，该标准同时包含对于碳核查范畴内的质量管理、报告、内部稽核及企业相关责任的要求事项与指引。目前，ISO 14064 标准系列已成为受到国际社会广泛认可的基础标准，成为许多企业与机构对自身碳核查的评估指南。

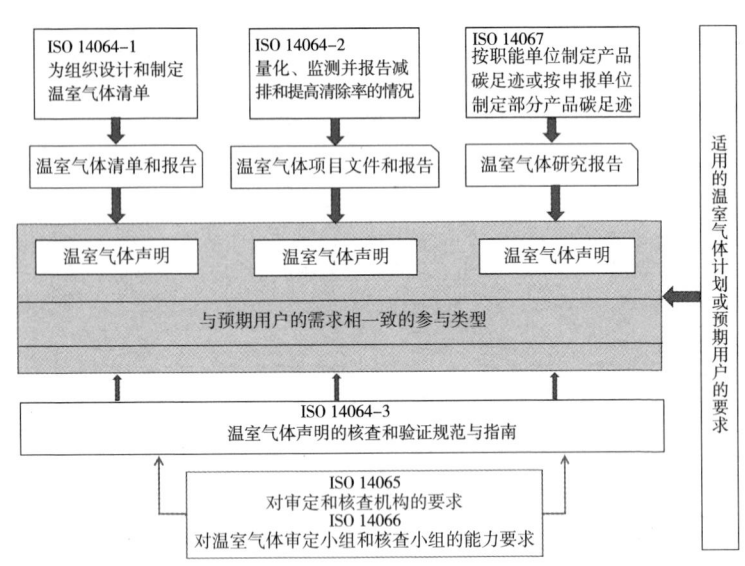

图 3-31 ISO 14060 标准系列温室气体标准之间的关系
资料来源：根据公开资料整理

ISO 14064 标准系列由三份独立的证明文件组成，分别为 ISO 14064-1:2018《组织层次上对温室气体排放和清除的量化与报告的规范及指南》，ISO 14064-2:2019《项目层次上对温室气体减排和清除增加的量化、监测和报告的规范及指南》，以及 ISO 14064-3:2019《温室气体声明审定与核查的规范及指南》。如表3-6所示，三部分技术文件所应用的对象及场景存在差异。其中，ISO 14064-1:2018 主要用于提供企业温室气体核查方法学以及报告编制规范。该标准通过使用标准化的方法，计算和验证温室气体排放量数值，确保每单位二氧化碳当量的测量方式具备可比性。ISO 14064-2:2019规定了项目维度上的温室气体减排核算方法学，并通过对比基准线情景，识别和选择项目相关温室气体源、汇、库（Sources, Sinks and Reservoirs, SSR），获取温室气体减排量化数值，并形成监测报告。ISO 14064-3:2019适用于第三方碳核查机构，明确了相关从业人员在开展温室气体的量化、监测及报告环节的具体操作规范，同时对细节要求予以说明。

表3-6 ISO 14064标准系列内容介绍

ISO 14064标准系列	文件名称	包含内容	主要内容
ISO 14064-1:2018	温室气体第一部分：组织层次上对温室气体排放和清除的量化与报告的规范及指南	分为10章，并提供了3个规范性附录和6个资料性附录	温室气体排放的边界划分、管理和报告的原则、要求，其中包括确定企业减排行动。提供了直接和间接排放的分类指南、直接排放量化指南、温室气体排放报告的结构和组织等内容

续表

ISO 14064 标准系列	文件名称	包含内容	主要内容
ISO 14064-2:2019	温室气体第二部分：项目层次上对温室气体减排和清除增加的量化监测和报告的规范及指南	分为6章，并提供了1份指南文件的使用说明附录	项目层次上有温室气体排放的边界划分、情景分析、监测方法学、数据质量管理等内容。其中包含了与温室气体项目相关的基准线情景参照值，温室气体清除量统计等内容
ISO 14064-3:2019	温室气体第三部分：温室气体声明审定与核查的规范及指南	分为10章，并提供了1个规范性附录和3个资料性附录	温室气体清单、温室气体项目和产品碳足迹相关的温室气体声明的要求。该文件包括验证或确认温室气体核查的目标、评估程序以及组织、项目和产品相关温室气体排放的声明

资料来源：根据公开资料整理

（3）企业温室气体排放核算方法与报告指南

立足于中国范围内，2011年国家发展改革委气候司组织多个单位的专家在编制国家温室气体清单工作的基础上，参考《IPCC 2006 国家温室气体清单指南》[①]相关核算方法理论，编制出《省级温室气体清单编制指南》[②]，并在广东、湖

---

① 《IPCC 2006 国家温室气体清单指南》是由政府间气候变化专门委员会（IPCC）国家温室气体清单特别工作组编写的，自发布后沿用至今，为世界各国建立国家温室气体清单和减排履约提供最新的方法和规则，其方法学体系对全球各国都具有深刻和显著的影响。

② 《省级温室气体清单编制指南》主要用于指导编制2005年省级温室气体清单，也逐步适用于区域层面的温室气体核算的指导工作，具有科学性、规范性和可操作性。与《IPCC指南》一致，该文件同样是按部门划分，分为能源活动、工业和生产过程、农业、土地利用变化和林业及废弃物处理。

北、天津等七个省市进行试点编制。截至2022年9月，国家发展改革委已发布了电子设备制造、发电设施、氟化工、机械制造、交通运输、公共建筑、造纸、电解铝、发电企业、民用航空、石油化工、水泥、陶瓷、玻璃等24个行业的企业温室气体排放核算与报告指南，为企业核查报送碳排放数据、参与碳排放权交易奠定了坚实基础。

其中，生态环境部于2022年3月发布《关于做好2022年企业温室气体排放报告管理相关重点工作的通知》，将各行业企业年度温室气体排放报告报送工作分为发电行业与其他行业两部分范畴。文件内容更为重点关注发电行业的碳排放管控企业，并对应印发《企业温室气体排放核算方法与报告指南 发电设施》（环办气候〔2021〕9号）。该指南规定了发电设施的温室气体排放核算边界和排放源、化石燃料燃烧排放核算要求、购入电力排放核算要求、排放量计算、生产数据核算要求、数据质量控制计划、数据质量管理要求、定期报告要求和信息公开要求等内容。

由于企业温室气体排放数据核算的专业性较强，且从方法学及量化等维度需要投入一定的人力、物力等资源，目前相关碳核算工作通常需要第三方碳核查机构的深度参与。具体而言，第三方碳核查机构会根据企业所属行业所对应的碳核查国家标准，测量对应的排放数值，编制排放报告，并通过环境信息平台填报相关信息及上传支撑材料。2016年，国家发展改革委印发《关于切实做好全国碳排放权交易市场启动重点工作的通知》，对于第三方碳核查机构的资质、工作内容以及流程机制进行了指导性规范。该《通知》的附件五是《全国碳排放权交易第三方核查参考指南》，明确了第三方碳核查活动主要包括准备阶段、实施阶段、报告阶段，其中实施阶段包括文件评审和现场核查。如图3-32所示，第三方碳核查机构工作流程主要包括签订协议、核查准备、文件评审、现场核查、核查报告编制、内部技术评审、核查报告交付及记录保存8个步骤[①]。

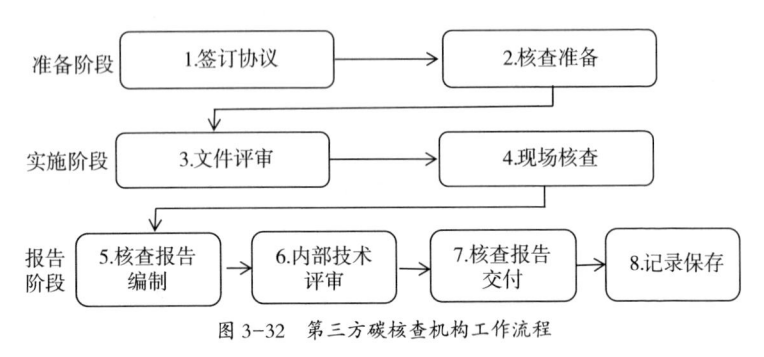

图 3-32 第三方碳核查机构工作流程

资料来源：根据公开资料整理

此外，图3-33是《企业温室气体排放核算方法与报告指南 发电设施》中发电设施行业温室气体排放核算的工作程序与内容，也为各个行业的第三方碳核查机构工作开展提供有效操作

---

① https://www.gov.cn/xinwen/2016-01/22/5035432/files/649b9a2553dc43068964f548c3b2fbc1.pdf.

指引。具体而言，第三方碳核查机构可以通过收集活动数据、确定排放因子，对应计算出化石燃料燃烧的排放量（范围一）及使用电量所对应的排放量（范围二），汇总计算得到相应的二氧化碳排放量[1]。

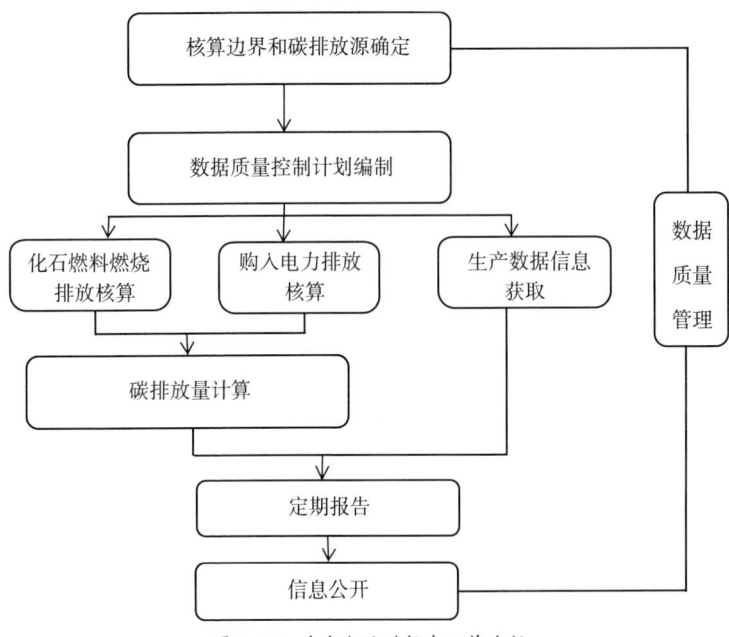

图 3-33 发电行业碳核查工作流程

资料来源：根据公开资料整理

3.政府机构：企业温室气体排放量报告核查

2021年3月，我国生态环境部根据《碳排放权交易管理办法（试行）》，编制并印发了《企业温室气体排放报告核

---

[1] https://www.mee.gov.cn/xxgk2018/xxgk/xxgk05/202103/W020210330581117072208.pdf.

查指南（试行）》，主要用于指导省级生态环境主管部门针对重点碳排放企业开展温室气体排放量及相关数据的核查工作。其中"重点碳排放单位"所涉及的企业需满足两部分具体要求：一是所处行业被全国碳排放权交易市场覆盖；二是年度温室气体排放量达到2.6万吨二氧化碳当量及以上。该文件旨在明确重点排放单位中温室气体排放报告的核查原则和依据、核查程序和要点、核查复核及信息公开等内容，进一步规范全国碳排放权交易市场的企业温室气体排放报告核查活动。此外，其他企业或经济组织的碳核查也可参考该指南内容执行。

在针对企业开展的温室气体排放量核查工作中，具体评估对象为温室气体排放的信息披露报告，包含了排放单位温室气体排放量、排放设施、排放源、核算边界、核算方法、活动数据、排放因子等信息，以及附有原始记录和台账等内容。目标是根据行业温室气体排放核算方法与报告指南，结合有关技术规范，进行数据与资料的全面核实、查证。如图3-34所示，核查工作流程包括核查安排、建立核查技术工作组、文件评审、建立现场核查组、实施现场核查、出具《核查结论》、告知核查结果、保存核查记录8个步骤[①]。

---

① http://big5.mee.gov.cn/gate/big5/www.mee.gov.cn/xxgk2018/xxgk/xxgk06/202103/W020210329546745446406.pdf.

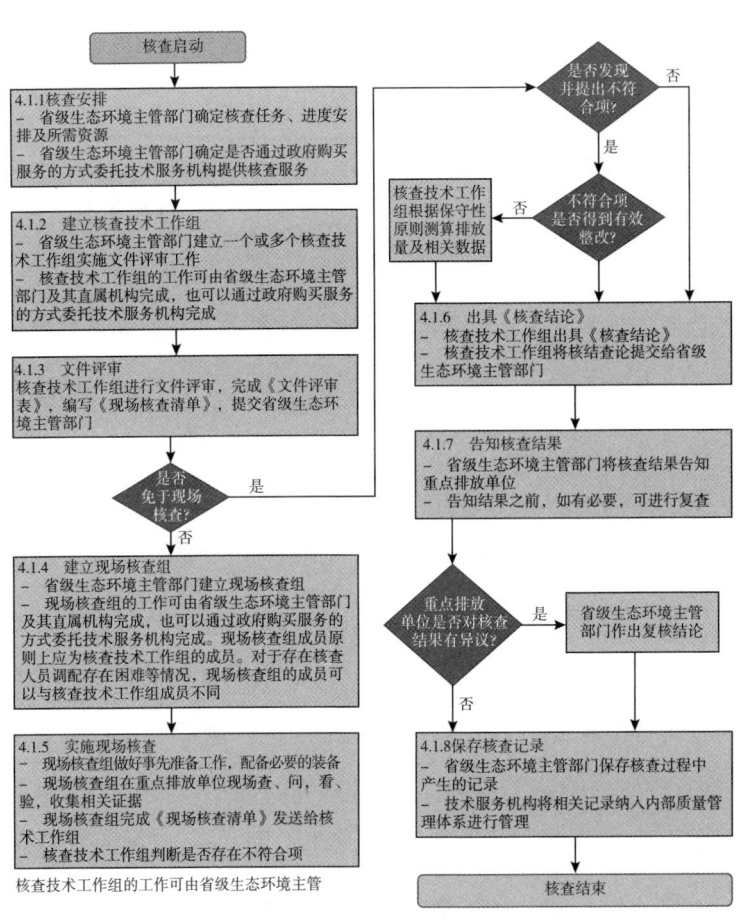

图 3-34　企业温室气体排放报告核查工作流程
资料来源：生态环境部，《企业温室气体排放报告核查指南（试行）》

3.5.2　碳减排：减碳流程的主要抓手

1.企业碳减排方向探索

顾名思义，碳减排就是减少二氧化碳等温室气体的排放量，这也是当前企业实施减排"三步走"中最主要的碳减量环节。从减排渠道看,碳减排分为企业自身减排和外部减排。其中,企业自身减排可以根据碳核查的直接排放和间接排放结果开展内部整改行动。具体而言,企业可从用能基础与用能方式两个维度进行转型思考,如改进能耗利用率、材料再循环等,在生产端实现可控、可复制的减排实践。从减排手段的角度,碳减排又分为自愿减排和强制减排。其原理是政府和金融机构通过碳市场的搭建,赋予"碳减排量"资产的属性(详情将在后文展开),进而使"碳资产"在企业减碳路线中流动,引导企业参与减排事业。因此,环境风险较大、减排量较小的企业、项目主体会出于完成自身减排任务或达成额外收益的目标主动推进减排措施。在强制减排的情况下,由于部分企业通过高排放获得高收益,减排主动性不足,监管部门通常采取强制发放碳排放权配额并逐年减少的措施,强制缩紧这些企业的"碳资产",迫使其在实现生产效益的同时密切关注自身的额定减排任务。

事实上,企业蕴含着一条更为复杂但潜力巨大的排放路径——"价值链排放",即非企业单独拥有或直接控制但与企业活动来源相关的排放。全球环境信息研究中心(CDP)数据显示,一家企业的供应链环节所产生的碳排放往往是企业运营范围碳排放的5.5倍。随着我国经济结构调整的深入,对企业节能减排的要求更加严格,企业的自我约束机制只能勉力抵抗环境污染所带来的生产经营风险,而不具备新时代气候风险抗压能力。"价值减排"以其整合生产链条、厘清碳足迹思路的科学性，逐步在企业减排方案中崭露头角。

在工业和信息化部等部门联合印发的《绿色制造标准体系建设指南》中，绿色供应链承担了贯穿产品、工厂、企业、园区的重要使命。当前只有4%的企业设定了供应链目标，各大行业的减排行动尚未完全在供应链端发力。因此，企业需要引入绿色供应链管理思维，集结上下游企业的低碳转型力量，将整体资源消耗和环境负作用降到最低，在有效满足日益增长的绿色消费需求的同时，提高企业在供应链产业链的竞争力。

2.企业碳减排路径

对于主营业务以生产制造为首的企业而言，可将明确自身中长期绿色规划作为践行绿色供应链思维的第一步，具体可根据行业发展趋势制定绿色供应链管理战略，形成碳减排的基本顶层框架。企业可依据自身特点对应参考已出台的相关标准——《绿色制造—制造企业绿色供应链管理导则》，同时还可参照所在行业的特性进行管理、建设战略的创新，加快供应链上自有环节的碳减排方案优化，并付诸实践。据此，企业应配备绿色供应链职能部门，负责相关评价与绩效机制的搭建，明确制造企业产品设计、材料选用、生产、采购、回收利用、废弃物无害化处置等全生命周期过程及供应链上下游供应商、物流商、回收利用等企业有关产品、物料的零碳管理要求。

同时，行业头部企业应发挥自身"链主"优势，带领上下游合作伙伴深入了解并实践绿色可持续管理方针，利用产能优势为"绿色化集成"添砖加瓦。如图3-35所示，标准供应链的设定原则是基于客户特性，沿着生产脉络进行全流程的规范改良，但在绿色供应链的转型要求下，企业需要将更多可持续理念与原有供应链管理细节相融合，以成就"绿色发展"和"企业盈利"的双赢局面。

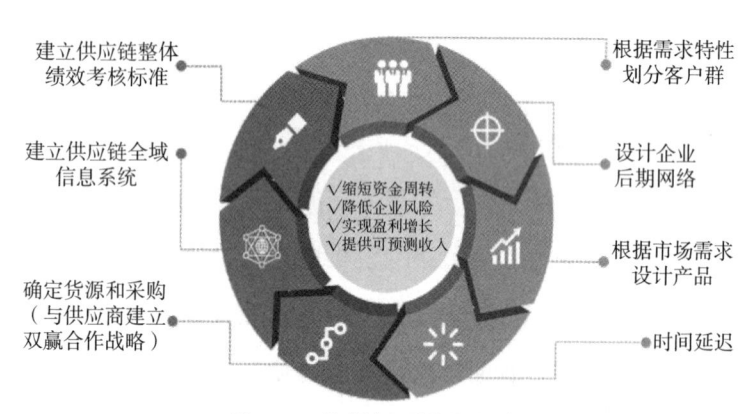

图3-35 供应链七项原则及目标

资料来源：根据公开资料整理

此外，企业在供应链碳减排方法学方面进行持续、纵深的迭代工作的同时，需要有意识地充分运用高新技术手段，提升数字化建设能力，对内整合碳减排相关定性与定量数据，对外完善信息披露制度，形成多维度产业链碳减排综合机制。在硬件配置上，企业可以联合上下游搭建信息共享、传递及披露平台，实现数据智能化管理，对供应链资源利用效率进行监测与评估。例如，企业可在原有投标、采购平台的基础上，设置供应商准入门槛，对参投企业进行前期绿色化占比评估，以减少后期采购成本及风险。采购平台还可加载后续原料生产、排放信息披露板块，搭建与供应商间的优质反馈渠道，倒逼上游原料端进一步严控资源、能耗的节能减排进程。在信息透明度上，企业可将环境与气候风险信息披露在相关社会责任报告上，从宣传端良好展示实际的节能减碳成果与供应商风险表现，由此向社会展现转型决心，吸引绿色投资流入。

3.碳减排优秀企业实践：联想集团亚太最强供应链ESG管理

联想集团作为一家为180个市场提供产品和服务的全球化企业，管理着全球化的动态供应链。2023年5月，全球最权威供应链榜单Gartner Top 25公布排名，联想集团再次入围并取得历史最佳排名，位居第8，超过沃尔玛、特斯拉、西门子等跨国企业，蝉联亚太最强供应链。由于制造业企业自身的"产业链排放"核算困难，联想集团长期应用绿色供应链管理思维，以"碳"要素联结全生产线，推动供应链零碳转型，在研究标准更新的基础上融入实践，通过短期、中期和长期的目标设定，协同产业链上下游打造绿色、智能、可复制的"碳中和供应链"样板。

联想集团统筹谋划，打造联想集团全球供应链ESG平台，该平台是服务联想全球供应链并具备行业领先能力的ESG数字化管理平台，分为四个主要领域：可持续产品、可持续价值链、净零排放和ESG管理门户，以此来支持多个ESG运营团队的协同（见图3-36）。在2022/2023财年，该平台推出了集成产品合规管理、联想品牌产品生命周期评估、一级供应商ESG管理、全球物流碳计算和全球供应链ESG KPI仪表板等功能模块平台。该平台通过端到端集中化管理多样且分散的ESG相关数据，降低全球供应链ESG相关潜在风险，同时带动联想集团供应链上下游企业整体的绿色数据管理的提升，推动全价值链的可持续发展。

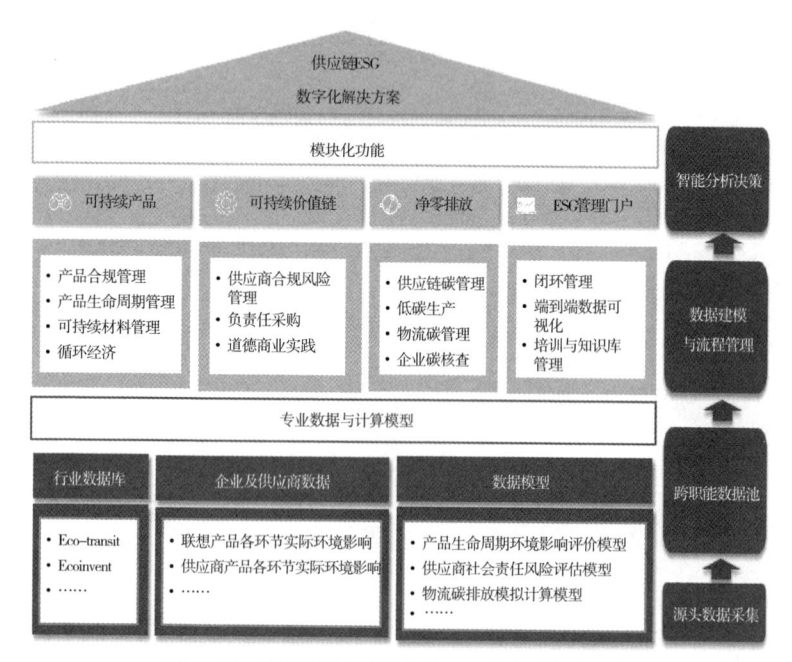

图3-36 联想集团全球供应链ESG数字化解决方案
资料来源：中国绿色供应链联盟官网

第一，实施绿色采购，加强准入管理。联想集团目前已将相关 ESG 管控措施整合到主采购流程。例如，对所有新供应商都要根据联想的可持续发展政策、行为规范、ISO 认证、ESG 标准、环境影响等相关规定进行审查；要求所有生产型供应商必须遵守联想集团的《供应商行为准则》，并鼓励其遵守最新版的《责任商业联盟（RBA）行为准则》。

第二，开展环境审核，健全激励约束机制。联想集团采用"关键供应商 ESG 计分卡"，利用 RBA（责任商业联盟）行为准则、CDP 披露水平、温室气体减排目标、温室气体核查、可再生能源使用情况、负责任原材料采购等 30 个以上的指标对供应商的 ESG 表现进行评价，定期为供应商的责任表现记分，并以此作为采购额度的参考。联想集团要求占采购额 95% 的供应商每 2 年进行一次 RBA 审核，支持供应商在适用的情况下优先使用环保材料。2021/2022 财年，联想集团开始使用 EcoVadis 工具对供应商进行筛查。

第三，推广低碳转型理念，鼓励供应商设立科学碳目标。2019 年，联想集团发起 ICT 高质量和绿色发展联盟，联合京东方、立讯精密等头部供应商，制定标准，分享低碳方面的实践经验，并对有意愿的中小供应商提供定制化辅导，定期组织培训，从而提升它们的减碳能力。2022/2023 财年数据显示，联想集团采购额 45% 的供应商已承诺加入全球科学碳目标倡议或设置科学碳目标。未来，联想集团计划推动占采购额 95% 的供应商参与科学碳减排活动。

第四，强化气候信息披露，接受社会监督。联想是国内少数把重要供应商名单公布在自己官网的企业之一，也是首个在公众环境研究中心（IPE）绿色供应链地图上披露供应商的IT品牌。另外，联想要求主要供应商每年通过CDP和RBA的平台报告温室气体排放数据。2022/2023财年，联想93%的供应商已设定公开温室气体减排目标，89%供应商对其温室气体排放数据进行了第三方验证，72%的供应商有公开的可再生能源目标，84%供应商跟踪并报告可再生能源的生产和采购（按采购金额计算）。

第五，以点带面，树立低碳供应链标杆。以联想合肥产业基地为例，除了加速自身碳减排，也致力于供应链低碳化。通过打造以ESG为抓手的生态战略管理体系、全面开展供应商节能技改星火行动、签约绿色材料战略合作、研发并推广适合供应商应用的ESG数字化管理平台等举措，积极带动供应链合作伙伴进行科学减碳。

3.5.3 碳抵消：减碳实现的后排保障

当碳排放者无法改进自身碳排放现状时，可采取主动投资或技术研发的方式减少别处的温室气体排放，从而达到抵减甚至消除原有碳减排量要求的目的，这也就是碳抵消的基本原理。碳抵消是相对于假定情景中的排放基准线计算而得的，假定情景反映了企业在没有对应减排项目的情况下会产生的排放量。碳抵消作为企业减碳路径的最后一步，是对过去未能实现的目标采取的补偿性措施，因而也称为"碳补偿"。具体而言，企业或项目可以通过碳汇与核证自愿减排量交易、运用碳捕集等先进技术实现碳排放的抵消。此外，在这一步环节中，以企业所涉及项目的碳排放预估值为基准，若碳减排主体的实际排放量小于基本排放量，则对应差额所产生的碳减排量可形成碳信用，即能够给予交易的资产标的，即"碳资产"。而该类型的"碳资产"在碳市场中的获利空间也将进一步激发企业完成自身减排改造的主观能动性。

1.碳汇

碳汇主要是指通过植树造林、森林管理、植被恢复等措施，吸收并储存大气中的二氧化碳，从而减少温室气体在大气中浓度的固碳过程、活动或机制。如表3-7常见碳汇分类及定义汇总表所示，具体的碳汇类别可分为五种。

表3-7 常见碳汇分类及定义汇总表

种类	定义及措施
森林碳汇	森林通过光合作用将大气中的二氧化碳吸收并固定在植被和土壤中，具体措施为植树造林、加强森林经营管理、恢复植被等
草地碳汇	当前国内无明确界定，大致指通过草地（以多年生草本植物为主）将吸收的二氧化碳固定在地下的土壤中，具体措施为退耕还草、广泛种植等
土壤碳汇	根据《2006年IPCC国家温室气体清单指南》，土壤碳汇包含有机碳汇和无机碳汇，分别为植物有机物质被破碎分解转化为矿质土中的有机碳，以及大气二氧化碳转化形成土壤中的原生矿物或次生矿物[①]

---

① http://zrzy.hebei.gov.cn/heb/gongk/gkml/kjxx/kjfz/10658392525405843456.html.

续表

种类	定义及措施
耕地碳汇	通过耕地作物生长等实现固碳。由于耕地生产的粮食每年会被消耗，当前仅农作物秸秆还田（有机肥）实现了固碳功能
海洋碳汇（蓝碳）	将海洋作为一个特定载体吸收、固化大气中温室气体的过程。单位海域中生物（包括浮游生物、细菌、海藻和红树林等）固碳量是森林的10倍、草原的290倍。具体措施为修护海滨湿地、严控填海活动、增加贝藻类渔业养殖等

资料来源：根据公开资料整理

目前，市场上各种碳汇测算方法学类型多样，其中林业碳汇的发展程度相对更为完善。根据《2006年IPCC国家温室气体清单指南（2019年修订版）》相关内容，林业碳汇的统计范围包括"仍为林地的林地"和"转化为林地的土地"，即为经营性碳汇和造林碳汇两个方面。经营性碳汇主要指通过管理超过国家特定过渡期的森林碳库，增加碳汇额度。如表3-8所示，基于国际温室气体自愿减排交易的相关标准研究，国家发展改革委已先后备案《碳汇造林项目方法学》《竹子造林碳汇项目方法学》《森林经营碳汇项目方法学》《竹林经营碳汇项目方法学》四种林业碳汇相关方法学。

表3-8 中国现有林业碳汇项目方法学一览表

发布时间	方法学	文件类别	内容
2013年	碳汇造林项目	AR-CM-001-V01	以清洁发展机制（CDM）的再造林项目方法学为主体框架，参考和借鉴《2006年IPCC国家温室气体清单编制指南》、国际自愿减排市场相关方法学等，结合我国碳汇林业经验进行编制，更符合国内林业实际情况

续表

发布时间	方法学	文件类别	内容
2013年	竹子碳汇造林项目	AR-CM-002-V01	参照相关国际规则，依托浙江农林大学研究成果和2008年首个毛竹碳汇造林试点项目的实践经验进行编制，并根据我国产业现状，增加了竹产品碳库，优化了论证程序与计量方法
2014年	森林经营碳汇项目	AR-CM-003-V01	参考其他国际市场相关方法学和标准，结合我国森林经营实际编制，符合国际规则，同时适应我国林业实际，是对我国《碳汇造林项目方法学》和《竹子造林碳汇项目方法学》的补充
2015年	竹林经营碳汇项目	AR-CM-005-V01	以《联合国气候变化框架公约》清洁发展机制执行理事会批准的非湿地上大型造林再造林项目方法学模板为框架，结合其他国际市场相关方法学和标准，体现竹林经营活动和固碳特性，兼具科学性、合理性和可操作性

资料来源：根据公开资料整理

近年来，我国越发重视碳汇对生态环境的作用，并颁布了多项政策鼓励碳市场参与方积极开展碳汇项目交易，以实现温室气体排放抵消的目标。2015年9月，中共中央、国务院印发的《生态文明体制改革总体方案》中强调，逐步建立全国碳排放总量控制制度和分解落实机制，建立增加森林、草原、湿地、海洋碳汇的有效机制。此外，在中国向联合国气候变化框架公约（UNFCCC）提交的《强化应对气候变化行动——中国国家自主贡献》中，也对应增加碳汇等有关内容，并将开展造林绿化、实施天然林保护、退耕还林还草等生态工程建设作为实现

2030年应对气候变化自主行动目标的政策和措施之一。

表3-9详细列示了中央及地方政府所发布的碳汇相关政策文件，其中，国家林业和草原局、国家发展改革委、财政部等部门就林业碳汇的市场交易进行了不同程度的支持与规范。有关文件显示，政策积极引导并促进碳汇市场化发展，旨在充分利用碳汇的抵消机制，鼓励碳市场参与方对碳汇项目减排进行消化。

表3-9 中央及地方政府碳汇相关政策文件汇总表（不完全统计）

发布时间	政策名称	发布部门	主要内容
2014年4月29日	《关于推进林业碳汇交易工作的指导意见》	国家林业和草原局	完善CDM林业碳汇项目交易，推进林业碳汇自愿交易，探索碳排放权交易下的林业碳汇交易
2016年11月25日	《关于完善集体林权制度的意见》	国务院办公厅	提出要促进碳汇进入碳交易市场
2018年1月2日	《关于实施乡村振兴战略的意见》	国务院办公厅	健全地区间、流域上下游之间横向生态保护补偿机制，探索建立生态产品购买、森林碳汇等市场化补偿制度。建立健全用水权、排污权、碳排放权交易制度，形成生态修复工程参与碳汇交易的有效途径
2018年5月8日	《关于进一步放活集体林经营权的意见》	国家林业和草原局	积极发展森林碳汇，探索推进森林碳汇进入碳交易市场
2018年6月15日	《关于打赢脱贫攻坚战三年行动的指导意见》	国务院办公厅	鼓励纳入碳排放权交易市场的重点排放单位购买贫困地区林业碳汇

续表

发布时间	政策名称	发布部门	主要内容
2018年12月28日	《建立市场化、多元化生态保护补偿机制行动计划》	国家发展改革委、财政部等九部门	将具有生态、社会等多种效益的林业温室气体自愿减排项目优先纳入全国碳排放权交易市场，鼓励通过碳中和、碳普惠等形式支持林业碳汇发展
2021年3月30日	《碳排放权交易管理暂行条例（草案修改稿）（征求意见稿）》	生态环境部	国家鼓励企业事业单位在我国境内实施可再生能源、林业碳汇、甲烷利用等项目，实现温室气体排放的替代、吸附或者减少
2021年4月26日	《关于建立健全生态产品价值实现机制的意见》	国务院办公厅	健全碳排放权交易机制，探索碳汇权益交易试点

资料来源：根据公开资料整理

当前，国内企业利用碳汇进行碳抵消的途径主要是参与核证减排量项目（CCER），以及北京、福建、广东等碳市场的林业碳汇项目。此外，越来越多的碳汇交易类型在市场上获得关注。2021年8月，厦门产权交易中心成立全国首个海洋碳汇交易服务平台。未来或将有更多试点城市将碳汇项目纳入地方碳市场，进一步提升企业开展碳抵消的积极性与可行性。

2.核证自愿减排量

（1）CCER机制介绍

企业开展温室气体"核证自愿减排量"的自主交易是实现碳抵消的重要手段之一。具体而言，该机制的资产标的是经过官方指定机构审核并备案，由企业主动发起一系列节能环保相关减排项目所对应产生的温室气体减排量。核证自愿减排量的开发有利于丰富碳市场产品，提高市场流动性。一方面，履约企业可以通过购买核证自愿减排量，抵消企业排放量，在一定程度上降低企业减排压力。另一方面，卖方可以通过销售核证自愿减排量提高林业和再生能源项目的利润率，从而间接地调动企业开展绿色低碳项目的积极性，促进碳减排项目的业务拓展。

2012年6月，国家发展改革委《关于印发温室气体自愿减排交易管理暂行办法》，引入了"中国核证自愿减排量"（Chinese Certified Emission Reduction，CCER）等相关理念。按照2021年初实行的《碳排放权交易管理办法（试行）》相关内容，国家核证自愿减排量具体指对我国境内可再生能源、林业碳汇、甲烷利用等项目的温室气体减排效果进行量化核证，并在国家温室气体自愿减排交易注册登记系统中登记的温室气体减排量。其中，重点碳排放管控企业每年可以使用CCER抵消部分碳排放配额的清缴，但抵消比例不得超过应清缴碳排放配额的一定比例[①]。如表3-10所示，各试点碳市场对CCER用于配额抵消设立了不同的限制条件，抵消比例大多为5%至10%，且对CCER项目的归属地、项目类型和开发时间均有要求。

---

① http://www.gov.cn/zhengce/zhengceku/2021-01/06/content_5577360.htm.

表3-10 各试点碳市场CCER相关规定

试点碳市场	交易平台	CCER抵消比例限制	其他限制条件	除CCER之外的其他抵消机制
深圳	深圳碳排放权交易所	不超过10%	本市内项目	/
上海	上海环境能源交易所	不超过5%	2013年1月1日后实际产生的减排量	/
北京	北京环境交易所	不超过5%	本市内项目至少占50%，2013年1月1日后实际产生的减排量	林业碳汇
广东	广州碳排放权交易所	不超过10%	本市内项目至少占70%	碳普惠核证自愿减排量（PHCER）
天津	天津碳排放权交易所	不超过10%	非水电项目，2013年1月1日后实际产生的减排量	/
湖北	湖北碳排放权交易中心	不超过10%	本省内项目，非大中型水电类项目	/
重庆	重庆碳排放权交易中心	不超过8%	本市内项目	/
福建	海峡股权交易中心	不超过10%	本省内、非水电项目	福建林业碳汇（FFCER）

资料来源：根据公开资料整理

目前，温室气体自愿减排项目审定与减排量核证方法学体系已拥有了约200个方法学，可用于开发常规项目、小项目和农林项目，涉及可再生能源利用、天然气利用等十余个行业领域。

（2）CCER项目市场化现状与展望

虽然CCER产品的加入极大程度地活跃了市场，但是由于市场仍处于初期发展阶段，CCER签发量远大于需求量，产生了大量的资源浪费情况。截至2014年履约年度结束，在需求端，可用于各试点碳市场碳排放权履约抵消的总量约为470万吨二氧化碳当量。然而，在供给端，已签发的CCER中可用于各试点碳市场2015年度碳排放权抵消的总量则超过3000万吨二氧化碳当量。由此可见，CCER的供应量远远低于试点碳市场理论需求量[①]。CCER供大于求的情况导致其价格急速下降，显著低于二级市场碳配额价格，无形中降低了企业的碳减排成本，从而无法合理体现碳排放外部性成本，对于碳市场运行极为不利。

2017年3月，国家发展改革委发布公告，暂缓受理温室气体自愿减排交易方法学、项目、减排量、审定与核证机构、交易机构备案申请。此后，虽然老项目仍可运行，CCER新项目不再接受审批。因此，自2017年以来，CCER项目仅有存量市场交易。在CCER市场尚未暂停的时段里，全国总计有97个项目进入项目审定阶段，13个项目进入备案阶段，3个项目实现减排量备案。国家发展改革委公告显示，之所以"暂缓申请受理"CCER，是因为存在"温室气体自愿减排交易量小、个别项

---

① 张昕，张敏思，田巍，等. 我国温室气体自愿减排交易发展现状、问题与解决思路[J]. 中国经贸导刊（理论版），2017（23）：28-30.

目不够规范等问题"。实际上，CCER项目还存在机制建设问题，例如，绿电交易与CCER存在一定重叠，导致政策工具之间同质交叉、对项目形成双重激励的问题亟需解决。

2020年12月，《碳排放权交易管理暂行办法（试行）》明确将CCER重新纳入碳交易市场。2021年3月，生态环境部出台《碳排放权交易管理暂行条例（草案修改稿）》，指出可再生能源、林业碳汇、甲烷利用三类项目可重启CCER核证。2021年10月发布的《中国应对气候变化的政策与行动》表明，国家核证自愿减排量（CCER）已被用于碳排放权交易试点市场配额清缴抵消或公益性注销，有效促进了能源结构优化和生态保护补偿[①]。长远来看，CCER项目可以为全国碳减排项目产生经济效益，也可以对碳市场运行形成重要补充。综合来看，CCER项目审批重启和减排量签发具有一定的必要性。

3.碳捕集、利用与封存技术

（1）CCUS的运作机制

碳捕集、利用与封存技术（Carbon Capture, Utilization and Storage, CCUS）是指捕获并提纯生产过程中排放的二氧化碳，再继续投入到新的生产过程中，最终实现生产脱碳与碳循环利用的相关技术内容。CCUS被公认是一种有效实现减排目标且成本最低的重要技术，本质是实现碳消除，并不会产生额外的"碳资产"。

---

① http://www.gov.cn/zhengce/2021-10/27/content_5646697.htm.

具体而言，CCUS是把生产过程中排放的二氧化碳进行提纯，继而投入到新的生产过程中并进行循环再利用，而不是简单地封存。

二氧化碳捕集是CCUS技术的第一阶段，也是推动其创新的基石。因为发展CCUS技术的前提就是要有充足的"碳源"保障，而碳捕集就是获取优质、丰富"碳源"的关键步骤；而二氧化碳运输与封存是CCUS技术的重要辅助举措，可以将"碳源"更好地安置。图3-37详细介绍了CCUS的运作流程，包含碳捕集、碳循环利用、碳运输以及碳储藏四部分内容。例如，企业可以首先采用一定的技术手段，从大型"碳源"的生产运营环节中捕集二氧化碳，包含使用化石燃料或生物质燃料的发电或工业设施等范畴。其次，未直接进行现场使用的二氧化碳相关排放可以进入二氧化碳运输流程，也就是将捕集的二氧化碳压缩并借助管道、船舶、铁路及卡车等介质运输至二氧化碳使用环节或储藏点。其中，使用主要是指将二氧化碳作为产品或服务的原材料进行循环利用，储藏则是指通过注入深层地质构造（包括枯竭的石油和天然气储层或盐碱地）的方式，将二氧化碳永久储存。

CCUS作为一种碳负排技术，是企业切实降低二氧化碳排放量的重要手段之一。如表3-11所示，CCUS的捕集技术类型多样，以化学吸收、物理分离为广泛采用的代表，也逐步正式投入商业化运用环节。其他技术包括膜分离和循环技术（如化学循环或钙循环）等类型，也正处于不断完善的阶段。

捕集
从化石或生物质燃料的发电站、工业设施，或直接从空气中捕获二氧化碳

使用
将捕集的二氧化碳作为产品或服务的原材料进行循环利用

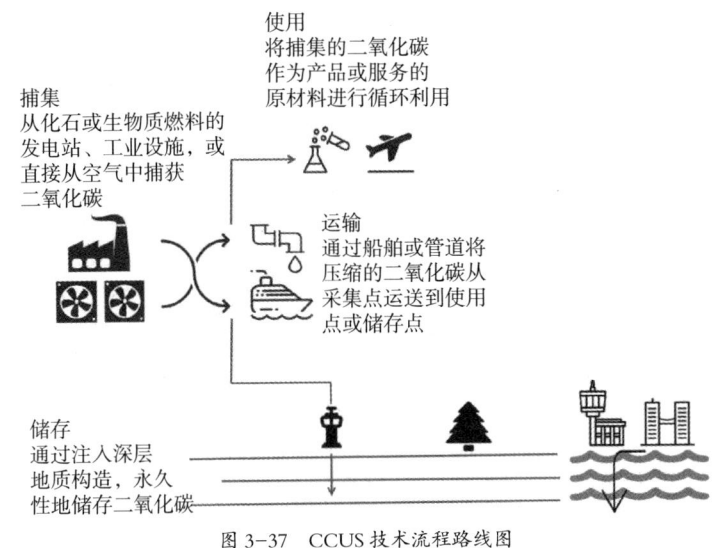

运输
通过船舶或管道将压缩的二氧化碳从采集点运送到使用点或储存点

储存
通过注入深层地质构造，永久性地储存二氧化碳

图3-37 CCUS技术流程路线图

资料来源：国际能源署（IEA）

表3-11 CCUS捕集技术一览

捕集技术	概述	技术现状
化学吸收	常见工艺操作，基于二氧化碳和化学溶剂（如乙醇胺的化合物）之间的反应。使用胺基溶剂的化学吸收是最先进的二氧化碳分离技术	广泛应用，目前在全球范围内的发电、燃料转化及工业生产的一些小型和大型项目中都有应用
物理分离	基于吸附、吸收、低温分离，或脱水和压缩。物理吸附利用固体表面（如活性炭、氧化铝、金属氧化物或沸石），而物理吸收则利用液体溶剂	目前主要用于天然气加工和乙醇、甲醇和氢气生产
纯氧燃料分离	涉及使用近乎纯氧的燃料燃烧和随后捕获排放的二氧化碳	目前主要运用于煤基发电和水泥生产项目
膜分离	基于具有高二氧化碳选择性的聚合物或无机装置（膜）过滤二氧化碳	用于合成气和沼气中去除二氧化碳，烟气处理的运用正在开发中

续表

捕集技术	概述	技术现状
钙循环	涉及使用两个主要反应器在高温下捕获二氧化碳。分为两个反应器，以石灰作为吸收剂，从气流中捕获二氧化碳，形成循环机制	目前处于试验与预商业阶段，已在燃煤流化床燃烧器和水泥生产中进行测试
化学循环	双反应器技术，采用小颗粒金属（如铁或锰）与空气中的氧气结合，形成金属氧化物，进而与燃料反应产生能量和集中的二氧化碳流，再利用金属的还原形式循环运用	这项技术已经通过多个试点项目的运行进行测试，包括煤炭、天然气、石油和生物质的燃烧
直接分离	使用特殊的煅烧炉间接加热石灰石以捕获水泥生产过程中的二氧化碳排放。直接从石灰石中剥离二氧化碳，减少与气体分离有关的能源成本	目前正在试点项目中进行测试，如比利时海德堡水泥厂开发的低排放强度石灰和水泥（LEILAC）试点工厂
超临界二氧化碳发电循环	使用超临界二氧化碳涡轮机燃烧近乎纯氧的燃料，以获得仅由二氧化碳和水蒸气组成的烟气	目前有少量超临界二氧化碳发电循环的原型与示范项目正在运行中

资料来源：根据公开资料整理

（2）中国CCUS的发展与企业运用

根据国际能源署预测，CCUS技术在2℃减排目标情景（2DS）中可贡献14%的减排量。此外，相较于其他技术，CCUS在将二氧化碳上转化生成经济效益上更具有现实操作性。近十年来，CCUS技术在全球迅速推广应用，到2020年，全球二氧化碳捕集能力已经达到4 000万吨[1]。2013年，国家发展改革委发布了《关于推动碳捕集、利用和封存试验示范的通知》，推动CCUS研发部署。文件表明，高碳企业应跟随政策发展积极运用CCUS技术助力碳减排，实现碳中和，从而减少刚性政策下可能引发的转型风险。

中国CCUS技术的开发与应用同样在相关政策的推动下迅速发展。根据《中国二氧化碳捕集、利用与封存（CCUS）年度报告（2021）——中国CCUS路径研究》的研究[2]，中国已投运或建设中的CCUS示范项目约为40个，捕集能力为每年300万吨，相关的各项研究和技术优化也在快速开展。2021年7月，中石化正式启动建设我国首个百万吨级CCUS项目（齐鲁石化—胜利油田CCUS项目）。国际能源署（IEA）研究结果表明，到2060年累计减排量的14%来自于CCUS。现阶段，CCUS是唯一可以实现继续使用化石能源的同时大规模减排的低碳技术，也是工业领域深度减排的"撒手锏"。

案例：中石化CCUS项目重大进展

2021年7月，中国石化宣布将于年底开启百万吨级CCUS项目建设——齐鲁石化—胜利油田CCUS项目，涵盖碳捕集、利用和封存3个环节，建成后将成为国内最大CCUS全产业链

---

[1] 详情参见《全球碳捕集与封存现状 2020》。
[2] http://www.cityghg.com/uploads/soft/200119/1-200119204941.pdf.

案例：中石化CCUS项目重大进展

示范基地，为国家推进CCUS规模化发展提供应用案例。具体而言，此次CCUS项目，由齐鲁石化二氧化碳捕集和胜利油田二氧化碳驱油与封存两部分组成。齐鲁石化捕集二氧化碳运送至胜利油田进行驱油与封存，实现二氧化碳捕集、驱油与封存一体化应用，把二氧化碳封在地下，把油驱出来，预计未来15年，项目可累计注入二氧化碳1 068万吨，可实现增油296.5万吨。

除此以外，"十四五"期间，中国石化将加大CCUS产业化建设力度，预计建立碳捕集、利用与封存技术研发中心，重点部署CCUS与新能源、氢能及生物质能等前沿和储备性技术攻关，加大二氧化碳制备高价值化学品、二氧化碳矿化利用等技术应用力度，突破各环节核心技术和关键设备难题，建成"技术开发—工程示范—产业化"的二氧化碳利用技术创新体系，延展清洁固碳产业链，打造碳减排技术创新策源地。

综合而言，CCUS技术应用在石化行业的主流趋向已逐步显现，对发挥能源行业上下游一体化优势有极大潜力。中石化项目标志着我国CCUS项目建设取得重大进展，对有效提升碳减排能力、搭建"人工碳循环"模式、实现科学统筹"变废为宝"等具有重要意义。

本章小结

1. 国际"2050净零排放路线图"及国内"双碳"目标对能源化工、工业、建筑和交通提出了更高的要求。

2. 目前国内清洁能源使用不断增长，但是与化石能源的比重却进一步拉大，对煤炭能源的过度依赖是造成问题的主要原因，减排难度仍然较大。

3. 建筑行业的能耗周期极为漫长，与化工生产行业有大量重合。

4. 中国固有的能源过度集中与工业结构失衡相互作用所产生的恶性循环导致中国制造业仍保持极高的碳排放水平，碳排放整体水平的下降不能阻止高能耗行业的碳排放量绝对值的增长。

5. 在交通领域，以燃油型机动车为主的公路交通工具对大气环境构成直接威胁，而汽油车的碳排放污染居于各类机动车首位。

6. 企业减碳的主要路径是碳核查、碳减排和碳抵消，企业要善于将内部管理与外部助力相结合，以可持续低碳发展为立足点。

7. 绿色供应链管理是将全生命周期管理、生产者责任延伸理念融入传统的供应链管理工作，当前企业转型思路的重心，不是依托上下游企业间的供应关系盲目扩大管理范围，而是以自身为核心支点，确定主要管理改革方向，寻求绿色转型突破口。

本章思考

1. 中国新能源产业的发展如何助力中国实现"双碳目标"？

2. 虽然清洁能源在中国使用不断增加，但是与高排放能源的比重进一步拉大，为什么会出现这种局面？为什么中国会严重依赖黑色能源？

3. 实行汽车限购限行政策和推广新能源汽车，哪一种政策能够更好地解决中国的交通污染问题？为什么？

4. 有哪些方式方法能够减少建筑行业全周期的碳排放总量？

5. 企业在对供应链进行绿色转型的过程中会面临哪些风险？如何解决？

6. 如何让逐利的企业自愿推进供应链"绿色化"？国家应该制定怎样的政策及标准？

第四章

零碳运营之术：ESG 框架下的治理措施

- 零碳转型战略定力
- 零碳政策指引
- 零碳行业重塑
- 零碳企业优化
- 零碳金融工具使用
- 零碳实践样本

在获悉了减碳"三步走"的基本方法，企业的零碳之路已初具雏形。但是，仅有外部的方法论还不足以支撑最终目标的实现，企业作为社会体系的重要组成部分，首先应思考如何形成自身切实参与国际减排事业的内生动力，树立完备的主观能动性。本章将以企业的减碳环保轨迹为主，综合阐述企业结合动力源泉与实践输出的切实方案，并结合部分行业优秀案例，剖析绿色时代下企业如何自发成为抵御环境与气候危机的中流砥柱。

4.1 ESG战略规划：绘制企业可持续发展蓝图

环境（Environmental）、社会（Social）、公司治理（Governance）（ESG）是一件新兴的、关注企业环境、社会、治理绩效的可持续发展的理念，也是评估企业价值和成长性的重要考量。在全球气候、环境、资源挑战越发凸显的背景下，ESG标准评价体系将成为度量企业价值的标尺。

企业作为经济社会中的重要成员，单纯的商业逐利早已不能成为其发展内核的全部，在某种程度上，企业需要比个体更加关注生态环境发展与企业社会责任。时至今日，国际社会的绿色可持续发展框架已初步搭建。对我国各大行业的企业而言，外部碳中和目标与国内"十四五"规划高质量发展正逐步拧成了一股力量，推动企业实现确切的绿色低碳转型目标，稳步迈入零碳时代。

4.1.1 构建企业ESG发展顶层设计

2020年以来，随着新冠疫情带来的经济和社会不确定性加剧，全球社会对 ESG 的关注度持续升温，尤其是气候变化问题，同时疫情也催化社会将关注点重新聚焦到社会和治理问题上。坚持推进企业绿色低碳发展，正在成为世界范围内可持续发展的主旋律。ESG理论体系作为当下国际社会最具有实践性与有效性的理论工具之一，能够帮助企业量化自身价值要素，立足于社会参与者的角度，为"双碳"模式下可持续领域的拓宽做出贡献，是企业推动"双碳"转型的重要抓手。在"双碳"目标的大浪潮下，关注ESG发展已成为全球共识性的重要理念，企业在追求经济利益最大化的同时，越来越需要综合考虑环境、社会以及企业治理能力等因素。

1. 锚定企业可持续发展目标

（1）可持续发展思路奠定转型基调

从具体的可持续发展目标设置来看，企业可从行业发展的特色化需求出发，参照国际社会业已成熟的一系列倡议及目标，设置公司维度下的科学转型路径。以世界自然基金会（WWF）联合全球环境信息研究中心（CDP）、世界资源研究所（WRI）以及联合国全球契约组织（UNGC）于2015年共同发起的科学碳目标倡议（Science Based Targets initiative，SBTi）为例，作为全球商业气候联盟的重要组成部分，SBTi推出的企业净零排放标准是全球首个让企业按气候变化科学制定净零排放目标的框架，当中包括为企业提供制定相关目标的指引、准则及建议，以把全球暖化升幅控制在1.5℃以内，致力于推动设定基于科学碳减排目标成为商业常态。如图4-1所示，截至2022年，SBTi已在全球多国获得广泛性认可，超过

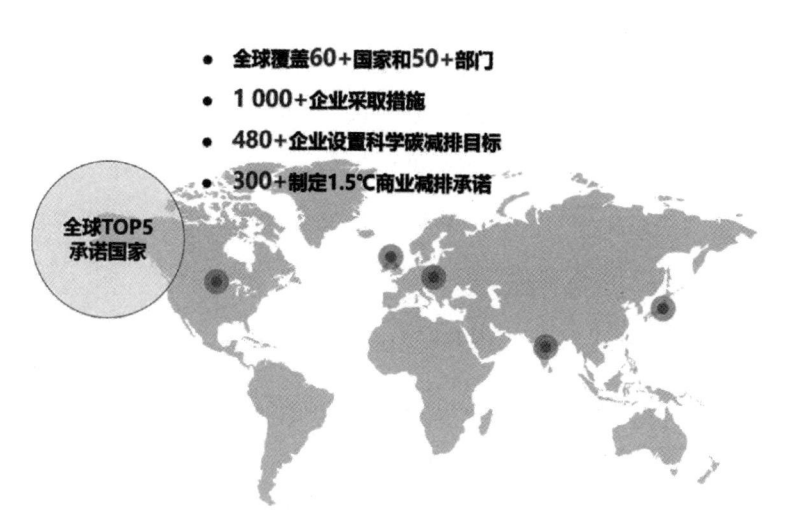

- 全球覆盖60+国家和50+部门
- 1 000+企业采取措施
- 480+企业设置科学碳减排目标
- 300+制定1.5℃商业减排承诺

全球TOP5承诺国家

图4-1　SBTi全球进展一览

资料来源：Science-Based Targets官网

1 000家企业预计或已开展相关碳减排目标设置，并积极应用SBTi推出的各类碳核算及减排工具，紧贴时代发展脉络，充分发挥企业端节能减碳的主观能动性。

在SBTi的推动下，全球近20%经济规模发生了变革。2015年至2019年，38家率先设定了科学碳目标的企业在全球能源和工业排放量增加3.4%的背景下，年总排放量减少了25%，相当于减少78家燃煤电厂的年排放量，企业脱碳的卓越作用在逐步显现。截至2021年12月31日，共有1 131家公司参与了"企业雄心助力1.5℃限温目标行动"，其中超过60%承诺设定净零目标（Net-zero Target）。对企业而言，制定"绿色可持续"的发展战略，顺应国家、行业指南进行碳减排，是未来存续的必由之路。通过制定科学的可持续战略，以高碳生产为主的重点减排企业能够大幅减少生产发展中的碳排放负累，获得更高的社会认同与企业形象增值。截至2022年底，共有97家中国企业加入了SBTi。因此在治理框架的设置上，受到重点关注的企业应紧跟绿色化转型的全球趋势、表明气候应对的决心，确保自身始终走在正确的道路上。

（2）ESG理论框架提升转型应用

ESG理念起源于社会责任意识，包含环境、社会和公司治理三个基于价值的评估因素（见图4-2）。

ESG指标通过获取财务信息以外的公司绩效表现来衡量企业的可持续性和对社会价值观的影响，以及公司治理是否完善

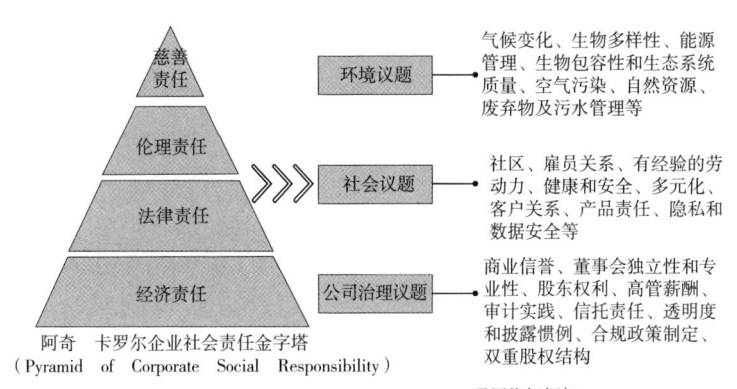

```
                              气候变化、生物多样性、能源
      慈善                    管理、生物包容性和生态系统
      责任         环境议题    质量、空气污染、自然资源、
                              废弃物及污水管理等

     伦理责任
                              社区、雇员关系、有经验的劳
                  社会议题    动力、健康和安全、多元化、
     法律责任                  客户关系、产品责任、隐私和
                              数据安全等

     经济责任                  商业信誉、董事会独立性和专
                 公司治理议题  业性、股东权利、高管薪酬、
                              审计实践、信托责任、透明度
 阿奇  卡罗尔企业社会责任金字塔  和披露惯例、合规政策制定、
（Pyramid of Corporate Social Responsibility）双重股权结构

                                    ESG通用指标框架
```

图 4-2 企业社会责任与 ESG 理念的传导思路

资料来源：根据公开资料整理

案例：联想集团SBTi战略成效

联想集团早在2010年就开始实施全面的长期的气候变化战略[①]。该战略基于联想所有业务和活动，以灵活的指标设定机制统筹管理应对气候变化的实践行动，协同全球合作伙伴提升绿色可持续联动效应。

在SBTi（科学碳目标倡议）的指导下，联想集团设立了积极进取的科学碳减排目标，以科学的方法迈向零碳未来。2023年2月7日，联想集团正式发布净零排放目标路线图，承诺将于2049/2050财年达成整体价值链温室气体净零排放。联想集团成

---

① 2016年3月，因为能源消耗的有效管理直接关系到气候变化影响的有效管理，气候变化政策更名为"气候及能源政策"。

案例：联想集团SBTi战略成效

为中国首家通过科学碳目标倡议组织（SBTi）净零目标验证的高科技制造企业。

为确保总体净零目标的实现，联想集团在2020年提交的2029/2030财年科学碳目标基础上进行了大幅调整，即：到2029/2030财年，将范围一和范围二的绝对温室气体排放量从2018/2019财年基线水平减少50%；到2029/2030财年，比照同类产品，将因使用联想售出的产品而产生的范围三温室气体排放量平均减少35%；到2029/2030财年，对于每百万美元毛利，将所购商品和服务产生的范围三温室气体排放量减少66.5%；到2029/2030财年，对于每吨公里运输产品，将因上游运输和配送而产生的范围三温室气体排放量减少25%。

如图4-3所示，联想在《联想集团2022碳中和行动报告》中披露了2050净零排放路径图规划。

等绩效水平，能够反映出传统财务报表难以向投资者及公众传递的企业可持续发展的内在价值，如企业声誉、品牌价值、战略规划、产品安全等。ESG指标可以有效填补市场评判标准的局限性，可为全面地评估企业信用品质和风险管理能力提供方法论。当前，ESG越来越被利益相关方重点关注、被金融机构

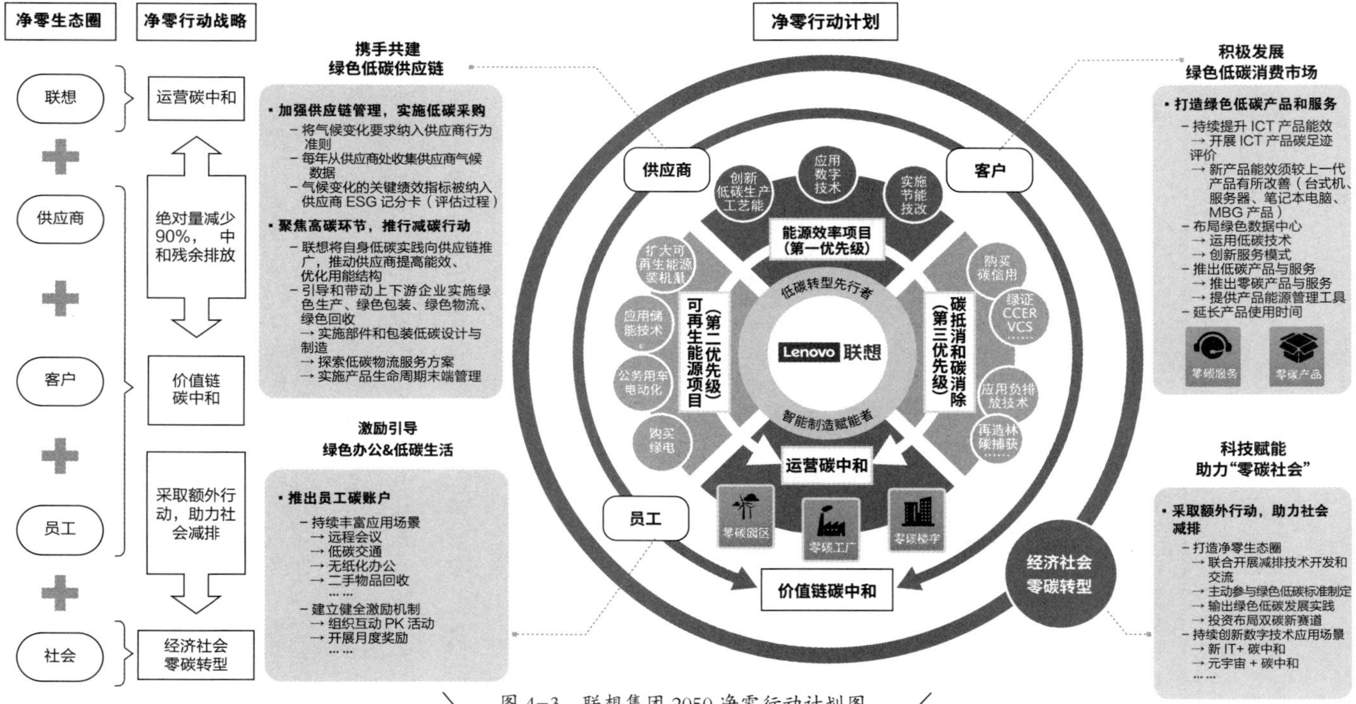

净零生态圈
净零行动战略
净零行动计划
联想
供应商
客户
员工
社会
运营碳中和
绝对量减少90%，中和残余排放
价值链碳中和
采取额外行动，助力社会减排
经济社会零碳转型
携手共建
绿色低碳供应链
• 加强供应链管理，实施低碳采购
– 将气候变化要求纳入供应商行为准则
– 每年从供应商处收集供应商气候数据
– 气候变化的关键绩效指标被纳入供应商 ESG 记分卡（评估过程）
• 聚焦高碳环节，推行减碳行动
– 联想将自身低碳实践向供应链推广，推动供应商提高能效、优化用能结构
– 引导和带动上下游企业实施绿色生产、绿色包装、绿色物流、绿色回收
→ 实施部件和包装低碳设计与制造
→ 探索低碳物流服务方案
→ 实施产品生命周期末端管理
激励引导
绿色办公&低碳生活
• 推出员工碳账户
– 持续丰富应用场景
→ 远程会议
→ 低碳交通
→ 无纸化办公
→ 二手物品回收
……
– 建立健全激励机制
→ 组织互动 PK 活动
→ 开展月度奖励
……
供应商
客户
员工
创新低碳生产工艺能
应用数字技术
实施节能技改
能源效率项目（第一优先级）
扩大可再生能源装机量
应用储能技术
公务用车电动化
购买绿电
可再生能源项目（第二优先级）
购买碳信用
绿证 CCER VCS ……
应用负排放技术
再造林碳捕获……
碳抵消和碳消除（第三优先级）
低碳转型先行者
Lenovo 联想
智能制造赋能者
运营碳中和
零碳园区
零碳工厂
零碳楼宇
价值链碳中和
经济社会零碳转型
积极发展
绿色低碳消费市场
• 打造绿色低碳产品和服务
– 持续提升 ICT 产品能效
→ 开展 ICT 产品碳足迹评价
→ 新产品能效须较上一代产品有所改善（台式机、服务器、笔记本电脑、MBG 产品）
– 布局绿色数据中心
→ 运用低碳技术
→ 创新服务模式
– 推出低碳产品与服务
→ 推出零碳产品与服务
→ 提供产品能源管理工具
– 延长产品使用时间
零碳服务
零碳产品
科技赋能
助力“零碳社会”
• 采取额外行动，助力社会减排
– 打造净零生态圈
→ 联合开展减排技术开发和交流
→ 主动参与绿色低碳标准制定
→ 输出绿色低碳发展实践
→ 投资布局双碳新赛道
– 持续创新数字技术应用场景
→ 新 IT+ 碳中和
→ 元宇宙 + 碳中和
……

图 4-3　联想集团 2050 净零行动计划图

资料来源：联想集团官网

纳入投资决策的相关因素，"双碳"目标与ESG理论的高适配性意味着可持续发展理念在全国企业的应用趋势已成必然。当此宏观顶层设计逐步完善的背景下，企业需要"敢于争先"，以实际行动帮助国际化可持续理念完成中国式落地，以推动各行各业的高质量低碳转型发展的进程。

（3）ESG矩阵增强企业可持续建设

如果说，在企业管理中融合ESG理念是实行可持续战略的必要前提，那么ESG关键议程的现实映射便是企业低碳转型路径上的信号塔。根据能源基金会（美国）北京办事处发布的《2020中国碳中和综合报告》，中国的可持续改造路径是在中国固有国情的基础上，面向环境、社会与公司治理进行精确化铺设，说明基于ESG理念的产业改造在中国是充分可行的。如图4-4所示，在中国的碳中和路线图中，金融、民生、能源、环境、企业等板块在节能减排的转型战略中形成了统一、循环的思路，各领域的可持续发展均趋向于在动态平衡中实现新的闭环。ESG框架下的三大维度中，E（环境）能够有效覆盖路线图中空气污染与健康、能源安全、碳减排、保护自然资本以及行业发展中环境类相关议题；S（社会）则覆盖了就业、公平转型以及各行业可持续进程中的社会相关内容；G（公司治理）则能够从企业内控着手，协调管理各行业在践行碳中和过程中的治理细节。三大维度各有侧重且互为补充，兼顾了碳中和转型的"硬性"减碳要求与企业社会责任"软性"考量，真正从现代化企业改革的角度,实现了可持续时代下企业的全方位、全环节可持续建设。

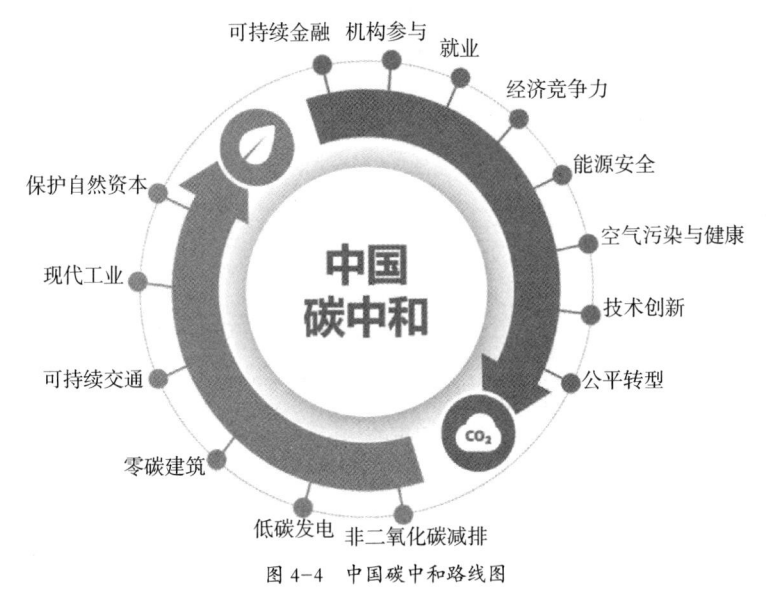

图 4-4 中国碳中和路线图

资料来源:《2020中国碳中和综合报告》

2.制定企业ESG行动方案:"1+N"模式

(1)提高全局战略视野,维稳企业可持续动向

党的十八大以来,党中央高度重视绿色发展,坚持创新、协调、绿色、开放、共享的新发展理念。环境、社会和公司治理(ESG)理念对企业在进入国际资本市场交流,实现"双碳"目标下新旧动能转换,以实体参与平衡经济、环境、社会的高质量共生发展具有重要意义。因此,企业需要开拓"1+N"模式,如图4-5所示,以"1"个企业顶层ESG战略研究,构建符

合时代特征的企业内生责任动力体系,并联动产品与服务创新、产业联动、投融资管理、信息披露、品牌建设等"N"个实施路径,实现多维度战略落地布局,最终建立起标杆化、国际化的可持续范例。

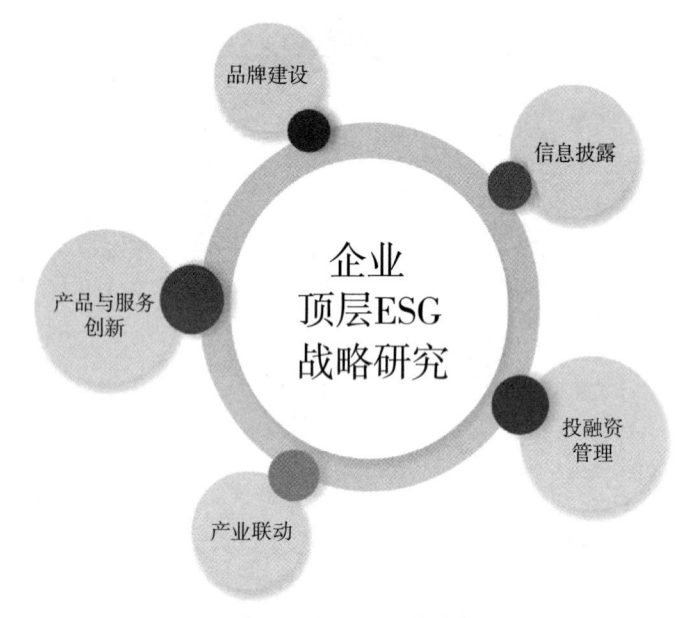

图 4-5　企业"1+N"模式

资料来源:根据公开资料整理

一方面,企业需要构建ESG管理体系,包括但不限于针对ESG组织管理体系、ESG标准、ESG产品体系、ESG风险管理体系、ESG投融资流程以及相关可持续政策条例的建设;另一方面,在战略实施配套上,企业需要进一步完善相关机制体制,如考核评价体系、资源配套体系、可持续人才培养、数字化智能系统应用等的建设,形成完备的ESG生态体系,以使企业从考核评价、资源配置、人才培育以及科技赋能等方面实现全局发展。

（2）提升机动性职能建设，保障ESG推进与复盘

完善的ESG职能构建，能够帮助企业从顶层和基层双向推动全公司的可持续布局，形成统筹与落实并重的治理格局。参照国际普适的ESG组织架构，企业可搭建由董事会整体负责ESG发展、专项可持续委员会统筹领导、各部门及子公司分工执行的垂直管理架构，并辅以"总分联动""定期报送"等机制，将ESG工作有效地嵌入企业各业务条线和管理部门。其中，ESG执行部门除了负责全公司ESG相关事项的处理，还可以在全公司范围内进行专业培训与文化构建，帮助员工了解ESG的基本概念。此外，企业可设立首席责任官职位（CRO），负责在集团战略内导入企业社会责任管理模式（CSR），协调企业决策者进行更为有效的风险管理。该职位的设定，符合全球主要品牌企业的运营趋势，责任官能够充分发挥其信息、资源整合优势，为企业对接重要社会议题及公益组织，将社会主流价值融入企业生产与运营，促进企业对社会环境的良性反哺。

（3）建立动态性ESG评估，打磨方案颗粒度

在ESG理念的具体应用上，企业需要通过对自身所面临的气候相关风险和其他潜在风险进行全面分析，敦促相关执行部门、层级依托ESG战略布局，积极改进生产环节、践行减碳

目标。

　　首先，企业将ESG风险管理作为推进可持续发展的重要方向，通过相关部门构建内部ESG评估体系，对现行风险管理体系进行提升改造，进而在各类业务中纳入环境因素、社会因素和公司治理因素。在董事会层面，企业高管要加强可持续战略规划，在大方向上结合ESG议题进行调整，风险控制部门及其余如生产、销售环节涉及的部门亦需要依据ESG研究成果进行全公司内部合规培训，切实扩大绿色可持续运营投入，并同步关注ESG议题中的劳工平等、生产安全等细则，协助进行全公司内外的"焕新"，为日后企业在国内外的ESG信息披露与评级中提供有力支撑。针对企业的主营业务及核心产品，可分类建立专项ESG评价标准，辅助全端优化，如在生产安全、客户尽职管理等环节进行重点评估。

　　其次，持续加强ESG信息披露质量，联合国内外多家评级机构的客观呈现对企业自身可持续发展进行动态总结。企业可参考国际普适披露框架及国内行业新型标准制定自有披露框架，持续排查并披露企业相关指标及数据，引导外部成熟评级机构的关注与解析，进而形成内部优化方案参考。

　　最后，基于以上风险测量和外部评级机构的动态评估，形成综合性ESG自查与管理方案，实现点对点的产业发展支持策略。例如，在能源应用维度，企业在可再生能源设施上进行投入，扩大可持续发展的运营投入，帮助自身在环境与气候相关指标上获取更高评分,力争行业上游。

4.1.2 设置环境与气候风险分析工具箱

随着低碳经济转型的深入,企业针对气候问题的解决方法也开始从"纸上谈兵"逐步走向"脚踏实地"。从目前全球投融资的发展趋势来看,企业的制度只有与社会利益相一致、积极承担社会责任,才能得到资本的青睐。因此,作为解决环境与气候风险、增益国家可持续战略成效的重要主体之一,企业需要关注并善于应用环境信息披露与环境压力测试工具,并结合ESG应用体系,来顺应企业自身制度发展的需要,提升长久竞争力。

1. 企业环境与气候风险信息披露

(1)环境与气候信息披露助力企业实现多赢

企业环境信息披露是通过信息披露的形式向利益相关者公布企业在某一时期的环境活动或是经营活动对环境造成影响的相关信息,主要以环境报告或社会责任报告的方式对外公开。环境与气候风险的长期性及波动性,是导致社会、经济、金融体系发生结构性变化的重要因素之一。环境变化、自然资本消耗和退化会对实体经济直接造成巨大损失,并传导至金融端,构成系统性风险。2017年,二十国集团(G20)绿色金融研究小组发布的《绿色金融综合报告》认为,金融体系具有效率和韧性的一项重要特征就是能够对重大风险进行识别、定价和管理，而和环境与气候相关的物理和转型事件可能会增加金融投资、金融机构和金融体系的风险。这些物理风险和转型风险是导致财务损失的潜在因素，也是市场波动加剧和金融体系不稳定的根源之一。因此，碳中和目标背景下，环境信息披露作为绿色金融发展的重要推动力，充分发挥着消除绿色金融市场信息不对称、不透明等障碍的作用。

案例：17年ESG实践，联想集团拿下ESG全球最高评级

ESG评级等级是上市公司ESG可持续发展水平的象征，在ESG生态体系中处于枢纽的位置，是衡量企业ESG绩效的重要方法。作为中国高科技制造企业ESG实践的样本和标杆，联想集团在ESG领域实践已逾17年，获得了诸多海内外主流ESG评级机构认可，在外部因素不确定性之下彰显其发展韧性及长期投资价值。目前，ESG与技术创新、服务导向的转型并列为联想集团发展三大支柱，其中ESG作为压轴支柱，支撑联想集团以科技创新赋能，积极探索高质量增长新范式。

联想集团自2018年（明晟MSCI）实现了由A等级到AAA最高等级的跃升，成为中国大陆ICT行业唯——家AAA公司。

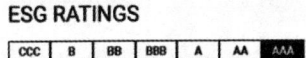

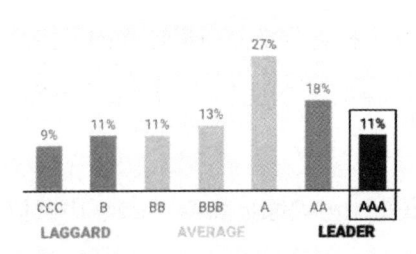

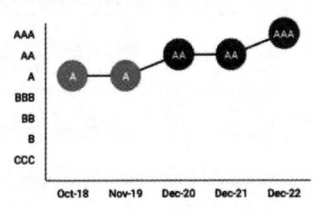

案例：17年ESG实践，联想集团拿下ESG全球最高评级

图4-6 联想集团 MSCI ESG 评级
资料来源：根据 MSCI 官网数据整理

作为全球投资组合经理采用最多的基准指数，MSCI指数的ESG评级结果，是ESG业界的权威"金标准"，也是全球各大投资机构决策的重要依据。

案例：17年ESG实践，联想集团拿下ESG全球最高评级

根据联想集团披露的ESG报告，联想集团凭借其在商业行为、人力资本发展、电子废弃物回收等方面领先表现，在公司治理、清洁技术使用、数据隐私安全保护、负责任采购等方面突出实践，成为真正意义上的中国企业MSCI AAA评级的先锋。

2022年9月，香港恒生可持续发展企业指数发布最新评级结果，联想集团连续12年入选，并凭借其在ESG方面的出色表现，评级维持AA+，取得IT行业总成绩最佳。恒生可持续发展企业指数通过对公司治理、环境、公平运营等七项核心指标进行评分，甄选出在可持续发展方面表现卓越的企业。其评选标准十分严苛，采用独立专业评审机构香港品质保证局的可持续发展评级框架，评选结果更加客观，为可持续发展主题投资提供了优质基准。

2023年1月，联想集团获得中财大绿金院A+评级、中诚信绿金AA评级，均为行业最高等级。从中财大绿金院的评级报告可见，在成分股的同行业上市公司中，联想集团的ESG得分排名由前33.33%提升至前5.53%，实现了较大幅度的增长。评级报告指出，联想集团已在多个方面将绿色低碳、节能环保等理念融入自身生产经营等实践活动之中，且取得一定成效。在11项环境关键议题指标项中，联想集团在绿色技术、绿色供

> **案例：17年ESG实践，联想集团拿下ESG全球最高评级**
>
> 应、绿色生产、节能减排措施、绿色设计这5项指标项上的得分率达到100%。此外，联想集团积极主动地履行社会责任，和上下游企业在价值链中共同践行社会责任表现。在9项社会关键议题指标项中，联想集团在供应商、员工、消费者、综合、社区这5项指标项上的得分率超过80%，其中在供应商指标项上的得分率为100%。
>
> - 证券代码：00992.HK
> - 所属证监会大类行业：计算机、通信和其他电子设备制造业
>
> 2020年IIGF ESG评级 A+
>
> | A+ | A | A- | B+ | B | B- | C+ | C | C- | D+ | D | D- |
> | --- | --- | --- | --- | --- | --- | --- | --- | --- | --- | --- | --- |
>
> 图4-7 联想集团 IIGF ESG 评级
> 资料来源：根据中财大绿金院数据整理

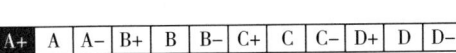

对企业而言，环境与气候信息披露能够帮助改进微观层面的风险治理，并通过绿色运营、节能改造等信息提升社会形象，进而在可持续领域获取更多的资源支持。从2021年开始，许多企业都开始发布碳中和专项报告等相关信息：2021年12月，阿里巴巴正式发布《阿里巴巴碳中和行动报告》，提出三大降碳减排目标；2022年2月，腾讯正式对外发布了《腾讯碳中和目标及行动路线报告》，成为首批发布碳中和路线图的互联网企业之一；2022年6

月，百度发布《2022百度碳中和图鉴》，展现了百度从业务赋能到日常经营中52项低碳举措的最新进展。作为国内最先布局ESG的企业之一，联想集团自2007年起连续在官网披露ESG信息相关报告，2023年2月，联想集团发布《联想集团2022碳中和行动报告》，首次采用TCFD标准及框架披露相关绿色低碳信息。

由此可见，通过加强ESG信息的主动披露水平，定期发布企业社会责任报告，完善投资者关系机制，与利益相关方进行良好交互，优质企业可以获得更高的社会认可，从而引动更多的社会资源投入，并经由ESG理念转化，在企业生产经营活动中实现良性输出，最终与社会各方形成可持续的循环。

对投资者而言，环境与气候信息披露可以使资本市场充分识别绿色经济活动，帮助利益相关者了解企业及金融部门碳相关资产的集中度和金融体系对气候相关风险的评估，为其关注环境相关风险的连锁影响及获取金融机构管理措施提供初步参考，同步满足投资端在全球环境危机下的"维稳"需求与可持续领域高速发展下的"进取"需求，进而引导社会资金投向绿色经济发展领域。

对监管部门而言，环境与气候信息披露的正外部性能够提升披露主体的经营管理透明度，减少信息不对称下市场违规行为的发生概率，缓解新兴行业扩张下日益加重的监管压力。除了能够帮助监管部门进一步防范系统性风险，环境与气候信息披露还能够帮助监管部门深化现代化环境治理体系改革，为国内绿色金融体系搭建夯实底层信息基础。

（2）有法可依：环境与气候信息披露政策进展

国际上，环境与气候信息披露历经30多年的发展，已形成较为完整的政策体系，部分国家已经启动了强制性信息披露规定，要求企业在传统的财务披露或专项报告中适当披露有关ESG及环境议题的关键信息。20世纪80年代末，联合国贸易与发展会议（UNCTAD）下设的国际会计与报告标准（ISAR）政府间专家工作组首次提出环境信息披露，并于1998年通过了首份关于环境与气候信息披露的专业指南《环境会计和报告的立场公告》，开启了各国基于环境与气候风险，进行环境保护投资和经济效益定性、定量测量的旅程。1992年，里约举办联合国环境与发展大会，从全球性组织的角度强调关注可持续发展路径下的环境相关风险，并发布一系列声明与倡议，从金融端发力，鼓励将环境与可持续发展纳入到商业决策中，进而传导至企业端，实现环境与气候风险的科学测量与评估。在此背景下，其他国际非政府组织、公益性机构纷纷研究制定针对企业及金融机构的环境信息披露指引框架，各国政府监管机构亦出台相应鼓励性乃至强制性披露政策，为国际环境与气候信息披露实践提供了先进案例参考。

近年来，中国政府已关注到环境与气候信息披露对我国企业及金融机构可持续性发展的重要性，如图4-8所示，在生态文明理念、"双碳"发展目标等顶层设计和市场主体实践的推进下，国内环境与气候信息披露相关制度建设已初有成效。

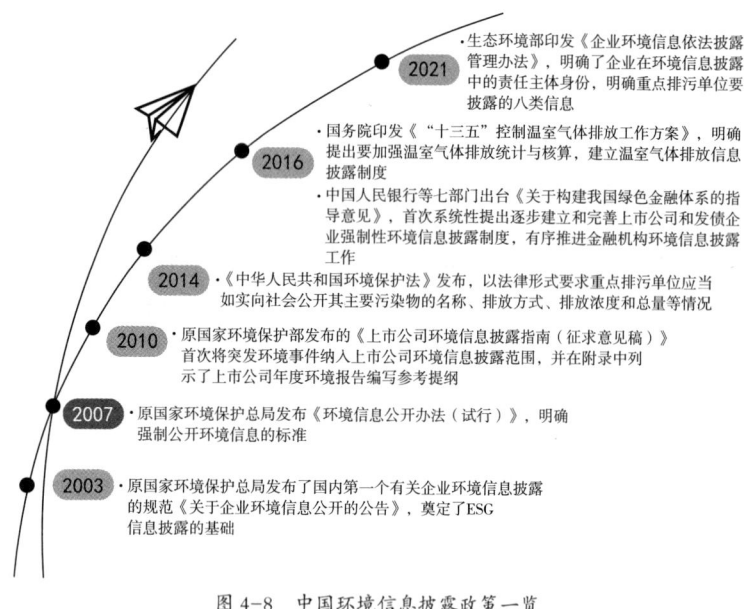

- 2021 • 生态环境部印发《企业环境信息依法披露管理办法》，明确了企业在环境信息披露中的责任主体身份，明确重点排污单位要披露的八类信息
- 2016 • 国务院印发《"十三五"控制温室气体排放工作方案》，明确提出要加强温室气体排放统计与核算，建立温室气体排放信息披露制度
  • 中国人民银行等七部门出台《关于构建我国绿色金融体系的指导意见》，首次系统性提出逐步建立和完善上市公司和发债企业强制性环境信息披露制度，有序推进金融机构环境信息披露工作
- 2014 • 《中华人民共和国环境保护法》发布，以法律形式要求重点排污单位应当如实向社会公开其主要污染物的名称、排放方式、排放浓度和总量等情况
- 2010 • 原国家环境保护部发布的《上市公司环境信息披露指南（征求意见稿）》首次将突发环境事件纳入上市公司环境信息披露范围，并在附录中列示了上市公司年度环境报告编写参考提纲
- 2007 • 原国家环境保护总局发布《环境信息公开办法（试行）》，明确强制公开环境信息的标准
- 2003 • 原国家环境保护总局发布了国内第一个有关企业环境信息披露的规范《关于企业环境信息公开的公告》，奠定了ESG信息披露的基础

图 4-8　中国环境信息披露政策一览

资料来源：根据公开资料整理

　　与此同时，国内银行业金融机构从2007年起开展环境与气候信息披露体制与标准建构进程，为国内高质量的披露环境提供可靠助力。以证监会、港交所等为代表的部门及机构已逐步加强上市公司的ESG信息披露要求，发布了一系列指导性文件，如《上市公司信息披露管理办法》（2021）等，进一步鼓励企业进行ESG信息披露，强调董事会等相关主体的责任。整体而言，环境与气候信息披露的框架建设是帮助我国如期实现"30·60""双碳"目标、深入践行绿色发展理念的重要环节，同时也是中国在国际上展现大国担当、突破可持续实践前沿的关键工具，是全球各国在生态环境领域不断开拓的必由之路。

（3）他山之石：环境与气候信息披露实践方案

为了消除投资者对ESG信息的需求和企业提供的信息之间的差距，企业需要主动进行ESG相关信息披露。从信息披露开展方式的角度，企业可寻求第三方独立机构协助进行ESG相关信息的收集、调研和披露报告的撰写，通常是企业相关部门条线对照第三方机构的资料清单提供文件，双方可就部分需要进行碳核算的数据展开方法学与实操交流，以确保最大限度展示企业的年度环境、社会和公司治理绩效与优化思路。同时，有条件的企业也可以自行负责信息统计、分析和撰写环节，或在绿色金融或ESG等相关部门里安排专项人员主导全公司的年度ESG信息披露事宜。

从信息披露框架选择的角度，比对国内外主流ESG信息披露标准与框架内容，对国内大部分企业而言，ESG理念应用和信息披露仍处于较为初级的阶段，已披露信息的可用性和整体质量还不足以达到国际ESG成熟市场的水平，因此，多数企业仍沿用国际组织或机构发布的主流ESG信息披露框架。其中，金融机构类主体可参考气候相关财务信息披露工作组（TCFD）披露框架，非金融企业类主体则可参考全球环境信息研究中心（CDP）、气候变化信息披露标准委员会（CDSB）、全球报告倡议组织（GRI）、可持续发展会计准则委员会（SASB）、国际可持续发展准则理事会（ISSB）等机构发布的准则及披露框架。此外，考虑到国际主流ESG信息披露框架更注重普适性，大部分框架未结合地区应用需求设置特色化指标，因此企业在进行ESG信息披露框架应用时，可有选择地筛取通用型指标，并联动行业专家、外部研究机构等，在ESG信息披露报告中增设科学、可靠、可传播的行业特定指标，提升企业信息披露的实用性与科学性，也为外部投资者获取行业及企业可持续表现提供更为直观、有效的信息指引。

2. 企业如何进行环境与气候风险分析

（1）环境风险分析——企业应对环境与气候风险的关键

随着环境与气候风险逐步成为全球关注焦点，气候变化所导致的系列连锁反应，将对经济增长和金融稳定产生结构性、不可逆转的重大影响。气候变化与物理风险、转型风险相联结，逐步成为导致企业财务损失的潜在因素，极易造成市场波动加剧和金融运转不稳定。在此背景下，立足环境压力测试等风险分析工具，提前进行环境与气候风险应对，逐步成为当下企业及金融机构践行可持续发展的关键方案。

所谓环境压力测试，根据国际证券监督机构组织（International Organization of Securities Commissions，IOSCO）定义，是指假设市场在极端不利的情形时（如利率急升或股市重挫），通过测试资产组合在关键市场变量突变的压力下的表现状况，进而分析市场影响和资产在突变下的承压表现的一种工具。国际货币基金组织（International Monetary Fund，IMF）则认为，环境压力测试是有助于监测和预测金融系统潜在漏洞的宏观审慎分析的一个关键因素，是金融稳健型指标对宏观经济的冲击灵敏度或概率分布。

国内层面，根据2014年中国银监会发布的《商业银行压力测试指引》，环境压力测试被定义为"一种银行风险管理和监管分析工具"，用于分析假定的、极端的但可能发生的不利情景对银行整体或资产组合的冲击程度，进而评估其对银行资产质量、盈利能力、资本水平和流动性的负面影响。压力测试是一种以定量分析为主的风险分析方法，通过测算银行在遇到假定的小概率事件等极端不利情况下可能发生的损失，分析这些损失对银行盈利能力和资本金带来的负面影响，进而对单家银行、银行集团和银行体系的脆弱性做出评估和判断，并采取必要措施。

对企业而言，环境压力测试能够衡量标的资产在不同情景与敏感度水平下，由环境与气候风险冲击所造成的资产减值损失规模，从而具体定量反映各个行业现存风险阈值水平，因此识别并采取必要措施量化管理环境与气候风险是战略性可持续发展的关键。通过为内部环境与气候风险管理机制提供参照依据，环境压力测试能够协助企业针对性地提升自身能力建设。尤其以碳排放管控企业、两高一剩重度污染企业为代表，"高质量低碳转型"已然成为"双碳"目标背景下的必由之路，环境压力测试采用的情景分析与敏感性分析，能够综合定向监测风险范围，并结合金融科技实操，更高效、更高质地提升企业主体识别自身生产经营的相关风险。此外，环境压力测试为动态方法学，相关实证结果同时可以用于测量企业风险管控体系的有效性，进而为企业减碳减排、绿色转型发展提供方向性指引。

对金融机构而言，开展环境风险分析与管理，可以帮助其识别和监测环境风险敞口，防范和管理由环境因素所带来的金融风险。金融机构的风险一般是指各种不确定因素或事件对其资产、负债、经营利润乃至其生存能力带来的负面影响。同时，环境风险分析可以帮助金融机构识别环境变化带来的商业机遇，并在此基础上开发支持环境改善的绿色金融产品和拓展新的业务。此外，通过环境风险来筛选绿色投资标的，可以帮助资管机构减少遭受环境风险所导致损失的概率，聚焦那些有可持续发展潜力的企业，从而提升其价值发现能力，为投资人创造更好的回报。

对监管部门而言，针对高碳行业及棕色资产开展环境压力测试是有效评估搁浅资产、针对性衡量环境与气候风险的关键步骤，是贯彻"双碳"顶层战略目标的重要金融手段，也是响应绿色金融发展、积极应对气候变化的重点内容。环境风险分析能够帮助监管部门了解环境因素可能带来的系统性金融风险，并采取应对措施来防范此类风险和推动全市场的绿色投融资发展。金融机构作为市场经济的关键参与方，将直接受到环境与气候风险冲击，进而衍生一系列对于产业的负面影响。通过开展环境压力测试，深入对投资的项目和企业进行环境分析和评价，可以帮助监管部门正向引导金融机构的市场投资行为，减少对污染性和高碳项目或资产的投资、提升绿色投资偏好，既防范系统性金融风险的发生，同时缓解长期性监管压力，推动产业转型升级。

（2）环境压力测试——量化评价企业环境风险的好工具

当前，全球企业和金融机构正逐步形成一项共识，即环境与气候风险可能转化为金融风险，并将与信用风险、市场风险、操作风险、声誉风险、法律风险等传统风险相互交织，成为风险管理过程中必须重视的内容。环境压力测试则是借鉴压力测试的思想，对金融机构或企业主体可能面临的环境风险进行量化评价的一类方式，主要特点可以概括为以下三个方面：

第一，环境压力测试可以用来分析大概率环境因素变化对金融机构和企业主体的影响。《巴黎协议》要求各国加大对能源转型推动的力度，进一步明确了石化能源需求下降、可再生能源需求加速上升的能源趋势，但多数企业特别是资产管理机构尚未就该趋势对其持有资产（如煤炭、石油和其他高碳的资产）带来的影响开展定量分析。环境压力测试能够帮助企业及金融机构充分了解这类资产的影响，并在此基础上采取应对措施，通过调整资产配置，规避风险，把握绿色产业的发展机遇。

第二，环境压力测试可以对较小概率或非常不确定的环境事件所导致的后果进行分析。环境压力测试能够对包括水灾、旱灾、飓风、海平面大幅上升、碳价和水价大幅上升等在内的一系列环境事件开展分析。当前，欧洲和美国的公共管理部门在政策设计方面已采用风险预防原则，联合国有关环境的政策也已明确要采用预防原则，要求对成本效益进行分析。环境压力测试作为这一领域的主流应用工具，能够科学、可靠地衡量各类环境因素或事件可能为企业和金融机构带来的风险影响及程度，并促进相应管理措施的完善。

第三，环境压力测试能量化特定情景下的风险敞口和导致的损失。单纯的定性分析方法，往往会高估或低估风险，进而造成后续应对措施的失据。环境压力测试则能通过给定可量化的环境因素冲击（比如环保标准提高、气候变化、环保事件、碳价格变化等因素）测算，基于数量模型来估算金融机构和企业所面临的风险敞口的变化和违约率、损失率的变化。在某些情况下，模型还能考虑到风险的传染性和经济金融系统变化的非线性特征。

（3）评估风险敞口——为企业提供标准化的风险评估与管理框架

企业在应用环境与气候风险评估与管理中的首要环节就是评估风险敞口，无论是传统企业还是资产持有型金融企业，在环境与气候危机的影响下，都将面临以碳资产为核心的资产配置与管理需求变革，碳风险影响的全面化将进一步推动各类企业正视并积极谋求标准化的风险评估与管理指引。如图4-9所示，根据世界资源研究所（The World Resources Institute，WRI）和联合国环境规划署（United Nations Environment Programme，

UNEP）公布的风险评估管理框架，环境与气候风险的评估需要从各类因素汇总出发，如政策和法律、技术、市场和经济、声誉等因素，进一步从企业的实物或金融资产中确定其环境与气候风险敞口。其次，在估算具体风险上，操作主体需要对确定的风险敞口进行筛选，并对剩余的实物或金融资产进行相应的压力测试和估值。最后，机构或企业主体需要对筛查出的风险进行管理，包括规避风险和管理风险两个方面，其中风险部门要做好尽职调查，并促进风险定价的多样化。

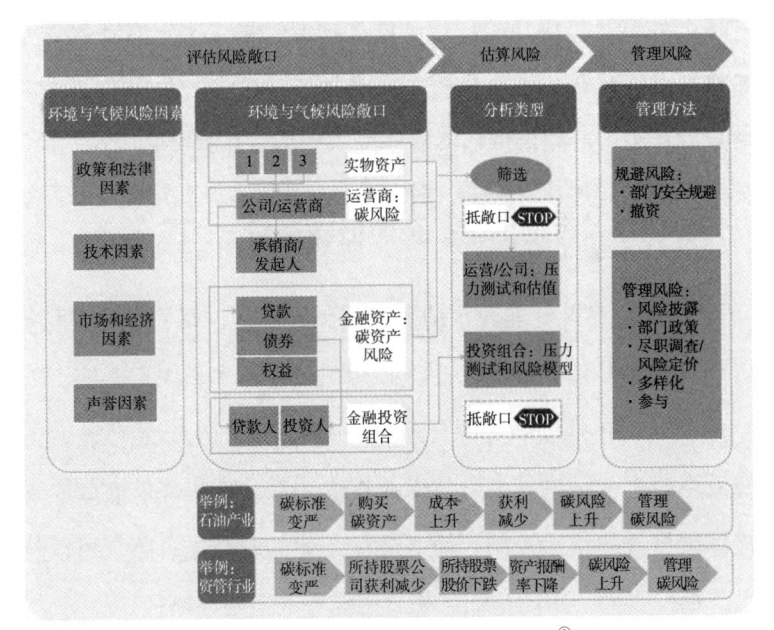

图 4-9　环境与气候风险评估管理框架[1]

资料来源：WRI&UNEP – Carbon Asset Risk: Discussion Framework

---

[1] https://www.unepfi.org/fileadmin/documents/carbon_asset_risk.pdf.

4.2 组织运营：推进企业及价值链绿色运营

在顶层战略框架及环境与气候相关工具库的辅助下，企业开展低碳转型有了更加切实可靠的思路。一方面，企业通过参与整体能源体系的清洁化发展，能够直达能源端优化，拉动下游产业的绿色化与低碳效率提升，为企业的用能"把脉"的同时，实现产业科学转型的关键内核。另一方面，企业作为社会链条上的重要组成部分，相关低碳转型结果是决定国家整体高质量战略布局的影响性因素，而外部投融资、政策以及消费环境利好程度也能间接反哺企业，助力实现高质量转型。

4.2.1 直接优化：企业低碳运营

"能源转型"并非简单的燃料源头的变化，相关系统性重大调整有赖于结构、规模、经济和能源政策等多重因素影响。如4-10所示，根据国际能源署预测的中国碳减排方式贡献度，能源效率改进、结构转型、技术改进等一系列举措能够有效实现整体碳排放的增量控制。简言之，企业的碳减排思路，可以从生产端归类为"用能基础"和"用能方式"两大路径。

1.用能基础：未来，企业用什么能源

化石能源企业作为资源的优先采集者与加工者，在基础能源清洁化配置上有极大的话语权，能够引导能源链条下方的产业加

能源加工

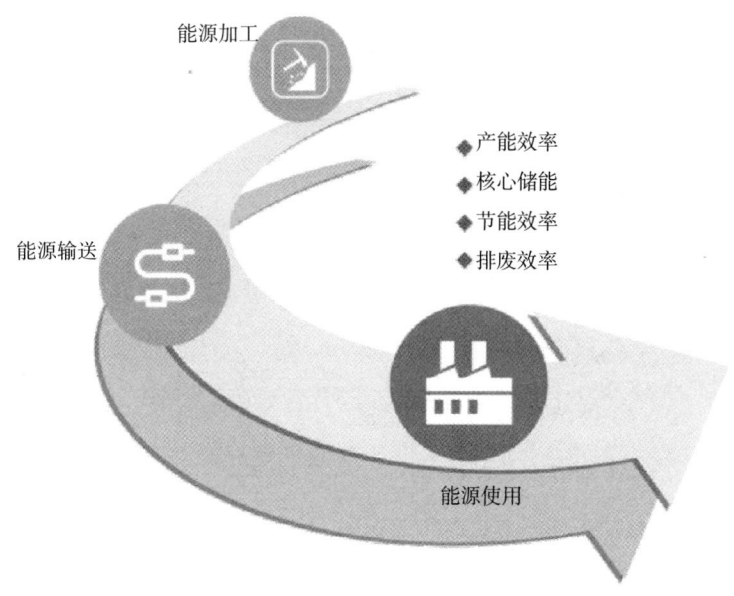

◆ 产能效率
◆ 核心储能
◆ 节能效率
◆ 排废效率

能源输送

能源使用

图4-10 能源核心技术方向

资料来源：根据公开资料整理

强对可再生能源的使用。具体而言，化石能源企业首先需要调整能源使用比例。2020年我国能源消费结构中，煤炭占比56.8%，石油18.9%，非化石能源占比仅有15.9%，清洁能源的研发和使用比率还有极大提升空间。鉴于我国富煤、贫油、少气的资源禀赋特征，要从企业端推动能源结构的转变绝非一蹴而就。

首先，企业需要减少煤炭、石油等不可再生能源的使用。在不可再生能源资产走向搁浅的必然趋势下，企业应及时调整储备计划，减少不必要的资金损失。例如，企业可以通过逐步淘汰煤电落后产能、逐步停止煤炭散烧等手段限制自身煤炭使用占比。同时，以能源产出或生产能源消耗型产品为主营业务的企业需要大力提升新能源的使用比例，有条件的高能耗企业可适度开展水电、风电等项目缓解自身用电压力。

知识点：清洁能源是什么？

清洁能源广义是指对环境友好的能源，具有排放少、污染程度小等特点，是低碳发展背景下的优质能源。其更为准确的界定是：

◇ 清洁的能源技术体系；
◇ 清洁兼具经济性；
◇ 符合一定的碳排放标准。

此外，如何明智地选择新能源种类同样值得关注。众所周知，自然界的风、水、光，以及看似无声无息的生物质的循环运动，都在释放能源，如表4-1所示，除了主流的光伏、风力和水力资源利用，其他如耦合生物质能等能源形式均可以进行能量产出。我国水能、风能、生物质能等可再生能源种类极其丰富，且清洁型能源政策倾斜力度较大。因此，能源端企业需要紧跟中央及地方政策，对于太阳能及风电发电，采取"全面推进"的理念；对于水电，"因地制宜"开发；对于核电，进行"积极安全有序发展"。这样一来，行业内在设备装机及相关研究上的产出将大大提升，最终提高清洁能源的总体产量及用量，实现我国碳达峰行动方案的目标要求。

表4-1 主流清洁能源汇总

可用能源	定义	应用实践	分布范围
水能（可再生清洁能源）	指水体的动能、势能和压力能等能量资源	水力发电	全球性开展，其中瑞士、瑞典水电开发占电力工业60%以上；美国、加拿大为40%以上
风能（可再生清洁能源）	地球表面大量空气流动所产生的动能	风力提水、风力发电、风帆助航、风力制热	全球性开展，已成为欧洲最廉价发电方式，其中德国累计装机为第一；在美国，风能成为最大的可再生能源供应商。全球风能利用从陆上转向海上
太阳能（可再生清洁能源）	利用太阳热能进行转化	太阳能热水器、太阳能热发电	全球性开展，其中中国光伏部署为全球第一，美国次之；德国光伏发展水平为欧洲第一
	利用太阳光能进行转化	太阳能电池板、太阳能车	
氢能（可再生清洁能源）	广泛存在于气体与海水中，通过化学方式释放能量	清洁高效的传热载体，可用于能源工业	全球性开展，其中日本推广力度最大；欧洲氢能项目覆盖全产业链。中国近年来呈现爆发式增长
生物质能（唯一可再生的碳源）	太阳能以化学形式贮存在生物中的一种能量形式	沼气发电、固体生物质制冷与供暖	全球性开展，欧洲是全球最大的生物质能源市场；美国生物质能发电技术全球第一
地热能（可再生清洁能源）	由地壳抽取的天然热能	地热发电、供暖、务农等	全球性开展，其中地热直接利用装机容量与利用量排名前三为中国、美国、瑞典
核能（不可再生的清洁能源）	从原子核释放出的能量	核能发电	美国核电发电量世界第一，法国、中国紧随其后。整体上，亚洲地区核能发展势头良好，欧洲以德国为首的众多国家宣布放弃核能发展

资料来源：根据公开资料整理

2.用能方式：未来，企业如何用能

能源行业与国家的可持续发展具有一致性，如果说确定能源转型目标是前提，那么提升相应能效水平便是采撷转型果实的唯一手段。根据世界自然基金会数据统计，2008年金融危机发生后，中国在十大节能项目[①]中已投资超过400亿元以提升能源效率，刺激国内经济。此后十数年，中国的煤炭消耗量持续下降，能效服务和技术市场逐步壮大，充分证明了能效投资能够产生长期的社会经济效益。从发展阶段来看，终端企业提升生产率的能效方案核心在于前期技术创新、中期使用推广和后期储备精进三大要点。

一是突破核心技术。具体而言，提升企业用能效率可以从能源流通的三个薄弱点进行突破。首先，企业应提升煤炭、石油等原料的产能效率。当前我国燃煤清洁高效发电技术已步入世界前列，但是技术普适性、性价比仍较为有限，因而整体燃煤发电效率尚有不足。未来企业需要进一步研发燃煤、燃油能效技术，并降低相关技术的使用门槛，减少全行业内化石能源燃料的能耗浪费。其次，企业要集中突破核心储能技术。例如，对传统电力企业而言，更加便利和经济的蓄能技术有助于削峰填谷，减轻电网波动。同时，在新能

---

① 分别为燃煤工业锅炉和炉膛升级；区域热电联产；余热余压利用；石油保护和替代工程；电机系统节能；能源系统优化（保护）；节能建筑；绿色照明；政府机构节能，以及节能监测和技术服务体系建设。

源占比逐步提升的趋势下，新能源储能项目的研究可以极大程度地推动新能源的应用与推广，提升电网安全保障水平。最后，企业还要提高能源产品全流程中的节能效率。例如，下游输送及高能耗企业需要严控电力运维过程中的碳排放，研发相应低能耗系统完善节能减排效果，防止电力过度损耗以及超标应用下导致的资源浪费现象。

二是提高创新科技的使用范围。目前我国清洁能源及相关技术已有一定进展，但相关配套系统与技术推广仍有待完善，企业需要摒弃路径依赖，主动进行新技术的学习和设备的更替。此外，企业要探索与金融科技结合道路，实现数字化绿色低碳转型发展，将时下热门的云计算、智能管理、物联网等技术与能源产业优化调整相结合，加快构建以新能源为主体的新型电力系统，提高电力系统综合调节能力。

三是积累完善削减碳排放的配套力量。除了能源的直接生产和应用，企业在生产端能源利用碳减排上也大有可为。一方面，企业要扩展可处理排放废物名目。近年来，我国煤电装机节能改造效果良好，但部分重污染指标如三氧化硫、汞化合物等非常规污染物尚未包含在技术改造范围内。未来企业要以更为广阔的生态视野进行技术研发，进一步减轻废物废气对气候与环境造成的压力。另一方面，企业需精进已有碳排放处理技术，结合CCUS（碳捕集、利用和封存）技术提升排废设备的处理效率，进一步降低燃煤发电的污染物排放水平，提高可循环废弃物的利用率。现有技术尚未对化石能源加工环节产生的大量二氧化碳形成资源化利用，相关企业可设立职能小组进行专项研究，将"废物资源"进行价值转化。

4.2.2 间接优化：把握投融资及政策利好周期

当前，中国提出的"双碳"目标一方面是着眼于人类生存和生态环境大局而对国际社会做出的郑重承诺，另一方面则是转变中国经济增长模式实现高质量发展的内在需求。要达成这一宏观目标离不开社会各方的协同支持。因此，企业在寻求科学转型的道路上，除了改变自身能源根因，同样需要吸取来自外部各个层面的不同助力，包含政策端的财政补贴、机构端的资金驰援以及供应链上下游的互助转型。企业的碳中和之路，实际上是整个社会体系共同奔赴的未来。

1. 充分利用政府补贴窗口期，寻求投资机遇

为了全面贯彻新发展理念，摒弃依靠高能耗、高排放项目拉动经济增长的老路，政策层面，国家对高能耗、高排放企业实施了极为严格的管控，并探索助力绿色低碳经济发展的措施，通过政策补贴引导企业主动进行新能源转型，为社会各界树立良好表率。

为了以制度引领和保障绿色发展，目前国家已着手开展企业碳核查工作，进一步规范碳核算管理体系。同时，上述的建材、有色、钢铁、石化等行业已相继被纳入全国碳市场项目，

> 知识点:《2030年前碳达峰行动方案》部分高碳排放行业率先达峰要求

◇ 加强钢铁、有色金属、建材、石化化工行业的产能、能耗控制和工艺改造;

◇ 钢铁行业"严格执行产能置换,严禁新增产能,推进存量优化,淘汰落后产能";

◇ 有色金属行业"巩固化解电解铝过剩产能成果,严格执行产能置换,严控新增产能";

◇ 建材行业"加强产能置换监管,加快低效产能退出,严禁新增水泥熟料、平板玻璃产能,引导建材行业向轻型化、集约化、制品化转型。推动水泥错峰生产常态化";

◇ 石化化工行业"优化产能规模和布局,加大落后产能淘汰力度。""严格项目准入,合理安排建设时序,严控新增炼油和传统煤化工生产能力,稳妥有序发展现代煤化工。""调整原料结构,控制新增原料用煤。"

未来强制履约企业的范围将继续扩大,其余制造业企业亟须提前布局,在提高能源效率、生产效率、产品质量的同时减少碳排放,降低对环境的影响。除了紧跟政府减排引导,企业也应抓住转型之初同行业保持观望的窗口期加速绿色转型发展,主动追踪政策红利投放，吸引政府投资，进而抢占市场份额。具体而言，首先，企业可以通过与地方政府合作打造产业基地，依据政策特点进行研发、生产或者营销，提前安排阶段性产业布局，延长政策保质期。其次，企业可充分运用政商合作的优势互补机制，以长期发展成果为标的向政府部门寻求信用背书，融资增信，并进一步提升自身市场利好表现。此外，在合作落地的选择上，企业要放大产业集群优势，关注地区产业特点，精准选择对产业园自身生产、运营有明显助力的企业集群地。

2. 完善绿色转型战略，吸引外部资金支持

随着我国绿色金融不断发展，越来越多的银行业机构参与到促进整体经济社会的低碳转型发展进程中。2020年12月，中国银保监会发布了《关于推动银行业和保险业高质量发展的指导意见》，明确指出，"银行业金融机构要建立健全环境与社会风险管理体系，将环境、社会、治理要求纳入授信全流程，强化环境、社会、治理信息披露和与利益相关者的交流互动"。因此，未来重点控排行业企业的低碳转型发展将关系着融资成本。

首先，企业应积极构建转型金融战略，将生产转向绿色商品和服务、减少棕色项目及产品生产，充分利用国内绿色金融政策优势，降低债务融资成本。由于国内银行业金融机构逐步收紧对"两高一剩"领域客户的信贷投放，转型布局良好的企业能够获得较大的资金优势，在贷款审核上减少时间成本。此外，金融机构在绿色金融产品端的尝试亟须大量实践支撑，企

业可利用国家推广期积极尝试新型金融工具，让绿色思维悄然融入固有资产配置，实现资金端到产品端的软性转型。

知识点：转型金融是什么？

"气候转型金融"（Climate Transition Finance）即"转型金融"的概念，最早于2020年3月由欧盟技术专家工作组在《欧盟可持续金融分类方案》（EU Taxonomy）中提出。同年，ICMA（国际资本市场协会）发布的《气候转型金融手册》明确"气候转型金融"是指针对市场实体、经济活动和资产项目向低碳和零碳排放转型的金融支持，尤其是针对传统的碳密集和高环境影响项目、经济活动或市场主体。因此，转型金融的服务支持对象未必一定是绿色的，而是更多着眼于高碳排放的"棕色产业"。

然而，目前国际对于转型金融的概念并没有清晰的界定，也没有统一的业务分类标准。根据气候债券倡议组织（CBI）的解释，现有的国际文件并没有对"转型金融"下明确的定义，仅是确定了主要的原则和框架，其原因是希望在给予转型金融一个限制的前提下，为社会提供更加宽泛的范畴，使得"转型金融"的概念能更灵活地适应不同国家和社会的需要。

其次，企业的绿色转型表现将会有效吸引部分国际金融机构的关注，有利于在海外项目上搭建起优质的投融资沟通桥梁。具体而言，企业应利用国际ESG投资者偏好，完善ESG信息披露，吸引国际资金在本行业的持续输入。以中国香港为例，作为内地连通国际资本市场的主要金融端口之一，香港上市企业的ESG强制披露政策较为完善，因而海外金融机构可以通过成熟稳定的资讯渠道对可持续资金的投放进行决策。相比之下，不受香港ESG政策管控的内地企业，需要主动进行社会责任信息披露，并在生产端采取优化整改措施，展示自身潜力，引导国际资金向内地优质企业逸散。增强信息披露水平可以协助本土企业提升国际市场声誉，在为自身带来利益的同时也能够向国内同行展示"双碳"目标下的企业转型突围新样本。

当前，我国金融市场的环境与气候风险压力测试方法学研究仍处在起步阶段，国内相关监管部门与金融机构的引导与宣传力度有限。因此，从企业自身主观能动性而言，积极配合相关机构以应用为导向进行研究探索对行业未来发展方向路线图的制定极为重要。一方面，环境测试方法学的实证落地，可以帮助企业先于同业认识到自身环境管理风险所在，避免被搁浅资产的潜在风险所侵蚀。另一方面，金融机构可基于企业样本完善环境与气候风险分析方法学，协助企业在未来业内环境测试标准化体系构建上争取前排话语权，进而在转型之路上提前获得国内绿色资本市场投融资的"入场券"。

3.碳普惠设施建设：提升企业国民影响力

根据商务部2016年发布的《关于促进绿色消费的指导意见》中的定义，绿色消费是指以节约资源和保护环境为特征的消费行为，主要表现为崇尚勤俭节约，减少损失浪费，选择高效、环保的产品和服务，降低消费过程中的资源消耗和污染排放。随着经济发展和人口规模的不断上升，环境与气候风险加剧了我国资源禀赋危机，极大地挑战了环境承载力的底线。消费者作为市场经济中企业与机构主体以外的重要组成部分，在全面碳减排路径上承担了重要的减排分流角色。因此，从企业和机构视角，亟需在自身践行低碳运营之外，积极引导并构建相应碳普惠平台，助力全社会公民主动、深入参与到碳中和事业中来。

碳普惠是指运用相关商业激励、政策鼓励和交易机制，带动社会广泛参与碳减排工作，促使控制温室气体排放及增加碳汇的行为。碳普惠制则是对小微企业、社区家庭和个人的节能减碳行为进行量化，赋予其一定价值，进而建立起以商业激励、政策鼓励与核证减排交易量为核心的正向引导机制。图4-11为我国实施碳普惠的重要意义，与其他的减排工具（如碳排放权交易）相比，碳普惠制将实施重点投注于小微企业、社区家庭和个人的碳排放上，是以社会公众自愿为原则的激励机制，其设立的引导意义更强，且目标不仅局限于减少温室气体的排放，更在于提升公众参与减碳的积极性、推动公众的生活方式向低碳化方向转变。

国家层面	碳普惠制是应用于整体消费端的低碳改造工具,能够为全国碳市场的建设提供补充
金融层面	碳普惠制提供新型产品设计思路,提升小微板块助力;助力机构识别并降低环境与气候危机所带来的转型风险
企业层面	碳普惠制提升企业减排效率,并帮助企业切实参与建设政府主导的环境治理体系,发挥市场主体作用
个人层面	碳普惠制贴合了社会公众的碳消费特性,有利于构建绿色生活方式

图 4-11　实施碳普惠的重要意义

资料来源:网络

案例:合肥引入蔚来汽车,谋求多方共赢

图 4-12　江淮蔚来 ECG 量产项目启动仪式
资料来源:网络

案例：合肥引入蔚来汽车，谋求多方共赢

2020年，安徽省合肥市政府宣布与蔚来汽车集团合作建立江淮蔚来先进制造基地，启动旗下智能电动轿跑SUV EC6量产项目。同时，蔚来汽车还计划融资超百亿元，在合肥成立蔚来汽车中国总部，建立研发、生产、销售基地，打造以合肥为中心的中国总部运营体系，并规划建设总部及研发基地、第二生产基地。对蔚来汽车而言，短期上，合肥市政府的介入，一定程度上缓解了企业短期资金吃紧的问题；另外，得益于政府的背书，蔚来汽车此前频遭诟病的经营与投入产出失衡等问题也得到了缓和。长期上，合肥地区的汽车产业竞争及运营成本比上海等地小得多，企业可以将更多资金用于生产研发；江淮作为有着深厚积淀的汽车企业，与蔚来合作使双方能够产生更高的生产协同效应。

对当地省市而言，合肥市原有支柱汽车产业将注入新鲜血液，实现整体竞争力的提升；对当地合作企业江淮而言，与蔚来的深度合作，有利于突破自身汽车技术、营销瓶颈，提升品牌声誉；对社会而言，研发基地的建造对当地就业、税收等具有强大的拉动作用，也带来了一批工作机会，促进和谐稳定。

整体上，双方通过此次签约，完成了一场共赢的战略合作。合肥市政府利用政策优势吸引潜力巨大的优质企业，刺激本地经济；而蔚来企业也成功获得资源、资金倾斜，得以在新能源"群狼环伺"的局势下获得发展的宝贵机会。

当前，我国碳普惠机制的建设已初见成效，如表4-2所示，相关市场实践层层开展。

首先，政府部门层面，各地方政府积极建设服务平台、联合共建研究平台等。一是研究平台实践。2022年6月，生态环境部宣传教育中心等部委联合组织共同发起创立"碳普惠合作网络"，预计在碳普惠课题研究、宣传教育、试点示范、标准制定等方面开展密切合作。二是交易机制建设。2022年4月，9家国家级碳排放权交易平台共同启动"碳普惠共同机制"，将通过链接各个区域、各种类型的碳普惠机制和市场，形成更大范围的碳普惠共同发展模式。此外，在建设服务平台方面，北京交通委、浙江发改委等部门牵头设立相关平台，为其他地方实践提供范本。

其次，金融机构层面，多家头部机构开发个人碳账户和绿色信贷等服务条线。个人碳账户和绿色信贷业务是银行布局碳普惠的重要抓手。银行一方面通过开设个人碳账户，将个人低碳行为（包括开通信用卡）的碳排放量换算为积分，用于兑换权益和服务；另一方面通过绿色信贷业务向个人、中小企业、农林业从业者提供融资服务，将碳积分作为授信指标，在满足客户绿色融资需求、降低融资成本的同时，提升用户黏性，推动个人消费和企业生产的绿色转型。

最后，以互联网企业为主的部分技术、资源型企业，自主开发或联合政府打造碳普惠平台。互联网企业在搜集和量化数

表4-2 国内碳普惠实践进展

项目主体		业务类型	上线时间	业务内容
政府	北京交通委MaaS平台	个人碳账户	2019年11月	在高德地图等App上注册获得个人碳能量账户，采用公交、轨道等方式出行，获得相应的碳减排量并通过MaaS平台兑换公交卡、代金券，或捐赠环保公益活动
	浙江碳普惠		2022年3月	作为首个省级碳普惠应用服务于公众，通过"开通场景、记录行为、累计积分、兑换权益"的过程推行碳普惠
银行	中信银行	个人碳账户	2022年4月	根据设置的行为场景采集低碳行为数据，并计算累计个人碳排放量，累积碳排放量或碳积分，用于兑换服务及权益
	平安银行		2022年5月	
	衢州衢江农商银行	绿色信贷	2021年8月	根据个人绿色金融行为碳减排量计算个人碳积分，将客户分成"深绿""中绿""浅绿"三个等级，差异化提供"授信额度、贷款利率、办理流程"
	网商银行		2021年7月	实际落地互联网银行首笔小微碳配额质押融资业务，将小微碳配额质押融资业务作为增信措施
	日照银行	个人碳账户及绿色信贷	2022年3月	与手机银行、生活金融服务平台联动，打造绿色生活、绿色支付、绿色信贷、绿色政务等专区

续表

项目主体		业务类型	上线时间	业务内容
互联网企业	蚂蚁集团	个人碳账户	2016年8月	用户使用40多种低碳生活场景服务后可以积攒能量，通过能量兑换生态保护项目
	腾讯		2021年12月	注册个人碳账户，累计每次公共出行的具体减碳量，换算相应的成长值和碳积分用于兑换积分商品
其他企业	国家电投	个人碳账户	2022年6月	汇聚集团13万员工的低碳行为数据，将光盘行动、无纸化办公、植树等绿色行动计入减排量认证、累积和兑换
	满帮集团	个人碳账户	2022年6月	司机可拥有个人碳账户，平台根据接单的运输里程，跟踪记录运输过程中的碳排放相关数据，智能调度车辆
	南方电网	个人碳账户	2022年6月	通过权威方法学核算减排量，市民可利用这些减排量兑换公益权益，参与守护红树林湿地蓝碳生态，建设城市生态公益项目
		普惠性碳金融服务	2022年5月	与银行合作联名卡，量化个人绿色支付、绿色出行和绿色生活数据，打通个人申请碳交易账户渠道，帮助开展碳配额交易

资料来源：根据公开资料整理。

据方面具有优势，以"蚂蚁森林"为代表的个人碳账户公益项目对于碳普惠的尝试起步较早，已经发展较为成熟，覆盖的低碳生活场景达到40种以上，而生产企业对于碳普惠制的建设案例较少，多是基于控排企业需求开展。

基于以上行业实践，企业在碳普惠理论基础上开展绿色低碳消费引导大有可为，从金融类企业和非金融企业的角度上看，企业可分别从金融服务和实体便利场景开发两种途径进行"由内向外"的全民碳减排支持，进而通过外部减排效益强化自身减排的综合成果。

金融类企业要创新开发碳普惠产品，打通碳资产流转脉络。推行碳普惠制旨在引导全民开展碳减排行动，助力国家减排目标的达成，然而多数绿色减排方式较为烦琐，如垃圾分类、塑料制品限制等，前期推广成本极高。而目前大部分碳普惠平台主要由金融机构设计实施，方式仍集中在个人碳账户和绿色信贷，且激励方式同质化情况较高，同样情况下，用户青睐权益内容更好、覆盖场景更多的平台。因此，碳普惠制显著存在场景开发不足、活跃度较低的问题。此外，在量化个人碳账户积分方面，机构缺乏标准化量化方法，易造成核算的重复；在绿色信贷业务上，多数机构设置评分模型进行中小微用户的评级，但评级应用规则的缺失以及企业实时数据监测的缺失常常使得绿色信贷的开展受到数据真实性的制约。故金融端企业需要拓宽碳普惠制的开展模式，提升碳普惠项目激励作用。首先，银行业、保险业等机构要进一步开发个人碳账户、绿色信贷和绿色债券等业务条线，深化碳普惠制金融服务内涵，在保障用户的融资或理财需求基础上，考虑将低碳指标纳入信用评级，倒逼用户提升对碳普惠板块的关注；其次，金融行业主动牵头地方政府及中小微企业完善服务配套，基于金融端标准经验为碳普惠的评级标准和应用规则提供设计思路，并参照海外优秀案例进行数据监测服务改良。最后，商业银行应立足中小微企业、普惠产品这些基础，结合碳资产理论框架开发新型产品，关注地方碳信用项目的开发，进一步实现乡村振兴、地方生态保护以及环境资源利用等普惠政策与碳减排需求的有机结合。

非金融企业要提高碳普惠宣传力度，研究拓展场景应用清单。目前，公共低碳行为所兑换的常见优惠仅限于一些视频平台会员、认种保护树木等，对社会公众的发动范围和力度却不明显，公众参与这类琐碎而优惠力度小的碳普惠兴趣不高。同时，随着个人用户群体的增加，"只奖不罚"的激励模式导致累计的碳资金数额迅速增长，各碳普惠平台运营成本庞大，为企业、商家带来了较大的资金压力，更难以向公众开放后续长效优惠方案，最终导致公众参与度下降，浪费前期的一系列努力。因此，企业碳普惠平台要将平台建设和市场宣传同步进行、同等重视，缩短市场反馈周期。企业要扩充碳普惠应用场景，参考海外优秀案例的激励清单，与现有智慧城市、移动支付、智能出行等平台有效对接，为用户创造出与碳普惠制相适应的更丰富的节能减碳场景（见表4-3），并联动银行业等开展有"碳账户"或具备碳资产交易中介资质的金融机构，完善碳便利的流转机制，公平公正地评价各地区用户差异化的低碳行为，与公益互动、绿色消费等多重领域的激励机制挂钩，保障对用户的长期吸引力。此外，我国主流媒体要加强对碳普惠概念、制度和产品的宣传推广，帮助大众充分理解碳普惠的作用和潜在利益，吸引更多的用户参与。

表4-3 碳普惠制行为清单激励领域

领域	激励措施
出行领域	对步行、骑行、公交、地铁等零碳或低碳出行方式进行碳积分累计计算与激励
生活领域	对节约水电气和垃圾分类回收等行为进行激励
消费领域	对购买采用节能低碳工艺技术制造并经过官方认证产品的行为进行激励
旅游领域	对购买电子门票、乘坐低碳环保车（船）、低碳住宿等行为进行激励
公益领域	对参与明显减碳效果或能够产生碳汇公益性活动的主体进行激励

资料来源：根据公开资料整理

对所有企业而言，需要坚持"政产学研一体"，打造量化实践基础。碳普惠制建设中的重要一环，是依据场景设置方法学，当前碳普惠方法学的确定主要由个人和单位进行申报，由环境部门审议决定。在构建环节中，企业作为方法学主要测试和申报主体，参与程度不足，大量企业未能积极申报自身领域的方法学，使得政府对于方法学的确定缺乏样本，也使得已有的方法学仅包含了部分交通出行、低碳生活、能源使用及生态保护领域的情景，对于其他情景如洗衣机使用、餐饮用电、垃圾回收等尚未能够构建标准化方法学进行数据的收集和量化。在方法学落地方面，各地的方法学的具体量化标准各有差异，企业在实施碳普惠时，受到实际数据监测能力的限制，部分仍然采取自定标准换算的方式进行，使得方法学落地应用效果欠佳。因此，为形成方法学构建和使用环节的良性过渡，所有企业都要提升在碳普惠制构建中的参与度。一方面，企业基于自身对行业场景了解度，积极进行方法学的申报和应用，主动推进外部实践合作，提供稳定的数据来源和数据分析，助力政府对碳排放数据的收集和碳普惠制实施情况的监管，并在政府方法学的支持下引导用户和员工采取低碳行为或使用低碳产品，实现自身的绿色转型。同时，随着国内减排量化方法的逐步统一，企业应及时进行碳普惠排放量的核算优化，以实现同一领域碳排放的评级可比。另一方面，企业要发挥市场主体作用，积极参与碳普惠项目，如生态环境碳普惠项目竞价等，从中小企业和农林业生产者的角度帮助碳资产成为碳市场的长期、有效交易供给。

整体上，居民消费端、中小微企业生产端和普惠发放端在碳核算和规则对接方面尚未关联，上下游碳排放、资金、信息流向的工作闭环尚未形成，基于碳交易实现的收益难以在各环节传导，无法实现真正的量化激励。当下，国内碳计量、碳认证服务仍处在起步阶段，利用大数据、云计算、区块链等数字技术手段建立专业计算平台，设立标准化的碳积分制度是实现全民碳减排的关键环节。企业仍需紧跟相关部门规划，将碳足迹、碳减排量化覆盖到全领域、多场景，充分利用政策引导优势，如在绿色出行领域对步行、骑行、公交、地铁等零碳低碳出行方式进行碳积分累计计算与奖励，全力配合提升碳普惠应用能力建设，降低赛道门槛。

4.3 风险控制：企业必备风险控制SOP工具

根据美国反虚假财务报告委员会管理组织（Committee of Sponsoring Organizations of the Treadway Commission，COSO）发布的COSO内部控制框架，企业的风险评估与控制流程大致分为制定目标、风险识别、风险评估以及风险应对。尽管该内部控制框架是建立在企业财务审计需求上的传统框架，但其仍是大型企业广泛应用的经典内控模型之一。这里，将在COSO的风险评估与控制逻辑基础上，结合新时代企业风险控制优化需求，形成环境与气候风险控制流程指引，具体路径如图4-13所示。

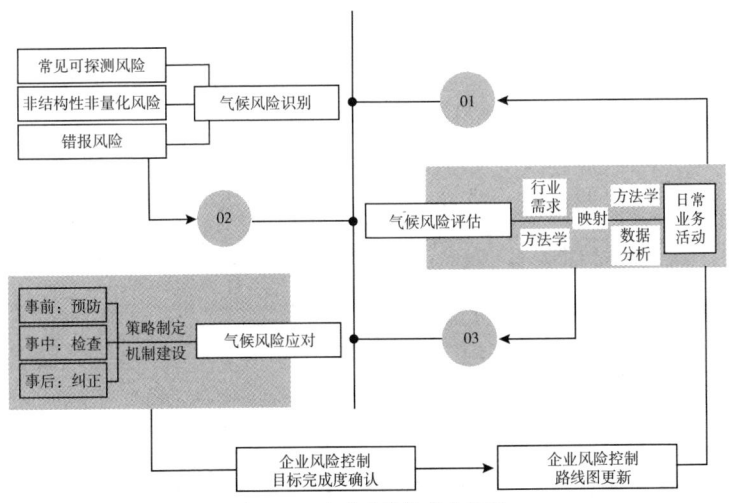

图 4-13 企业风险控制流程图

资料来源：根据公开资料整理

4.3.1　气候风险识别：明晰潜在威胁

　　风险识别即在企业层面和业务层面找寻风险点。结合传统审计风险的分类，环境与气候风险的识别思路也可从常见可探测气候风险、非结构性非量化风险、错报风险三类出发。常见可探测气候风险通常为易获取、易统计的转型或物理风险，如政策风险下的绿色低碳政策更新、技术风险下的高碳能源成本核算、金融风险下的高碳企业融资成本上升以及财务风险下的资产减值等条目；非结构性非量化风险是从气候事件偶发性的角度，指代部分具有动态变化、作用机制复杂且难以量化的环境与气候风险；错报风险则是指日常统计过程中的数据及认知误差所导致的无法识别的风险。

　　针对以上三类风险的识别，首先，企业管理层应结合整体碳减排目标，分别设置风险容忍度。如表4-4所示，对于可量化、易监测的气候风险条目，可以设置较为严格的阈值与高敏感的触发机制；对于难以统计及识别的气候风险，可尝试增加定性指标进行判断，提高风险识别的成功率。其次，从风险识别的执行角度，企业可增设相关职能部门，应用集量化、环境、金融等专业背景于一体的复合型人才，负责全司日常的风险识别及管理实操，各生产及相关服务部门指派资深员工参与各环节风险度量事宜，形成"管理层—风险管理部门—其他子部门"的综合管理体系。最后，在识别手段上，企业要充分利用云计算、大数据、人工智能等科技工具,实现对环境与气候风险的动态化追踪。

表4-4 企业气候风险识别思路一览

风险类别	评估思路	
常见可探测气候风险	设置风险阈值与高敏感的触发机制	提升职能建设,形成综合管理体系 充分应用各类科技工具,实现动态追踪
非结构性非量化风险	增加定性指标弥补定量缺陷	
错报风险	—	

资料来源:根据公开资料整理

4.3.2 气候风险评估:全域多场景分析

结合COSO内部控制框架的相关定义,气候风险评估是指在风险识别的基础上,评估被识别风险的后果和发生概率,并将主要的环境与气候风险因素尽可能映射到相关业务活动中,以期为后续开展控制活动奠定基础。然而由于环境与气候风险自身的随机性和复杂性,在定量评估上存在极大的标准化壁垒及方法学障碍。

当前,国际社会对于环境与气候风险的识别和评估框架研究较为集中,多数风险的识别与评估流程划分并不明确,部分风险的量化评估工具过于专业,尚未形成广泛应用。因此,企业在国际通用ESG评级指标体系、环境与气候信息披露框架及相关指引的基础上,结合部分行业内特定需求开展环境与气候风险评估。如图4-14所示,针对常见可探测气候风险,金

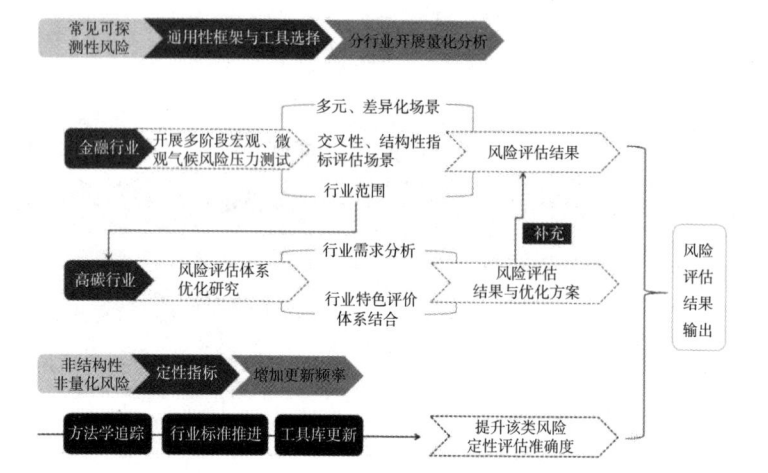

图 4-14 气候风险评估机制一览

资料来源：根据公开资料整理

融行业企业可在全国范围内开展多阶段的宏观、微观气候风险压力测试，针对火电、钢铁、水泥等高碳行业，设置不同的技术、资金以及环境风险场景，测算样本中的企业信用评级等表现，进而获得各行业企业在相似风险点下的违约概率，形成对交叉性、结构性指标的系统性评估。高碳企业可以参照如世界银行的环境与社会框架、国际主流 ESG 评级机构指标进行综合的风险对照与评估，并基于所在行业特色，结合传统评价体系进行风险评估体系优化。例如，电网企业多以项目形式开展，Envision[①] 等基础设施类评价原则进行特色化分析。在评估工具

---

① Envision 是由哈佛大学设计研究生院的 Zofnass 可持续发展实施项目和可持续基础设施研究所（ISI）共同合作开发，是根据基础设施项目对可持续发展的经济、环境和社会方面的总体贡献对基础设施项目进行评级的系统。

的选取上，企业可参照前文"环境与气候风险分析工具箱"的介绍，开展多场景的环境与气候压力测试。

此外，对于非结构性非量化的风险因素，企业可在定性指标的基础上增加更新频率，例如，对环境高敏感的水产养殖业可针对水域突发、难以计量的极端气候事件开展多环境指标监测，从水体酸碱度、水温、养殖区水生态平衡、水域季节性波动规律等方面开展评估，为可能发生的偶发性事件提供充分的定性指标预案。同时，企业可积极参与国际交流与合作，探索分享行业内的前沿方法学研究，寻求可能的定性指标转定量测算思路，并安排相关部门人员加强新型技术学习，为后续风险评估工具库的补充做好全面准备。

4.3.3 气候风险应对：全周期应对策略

作为风险控制的实操环节，企业需要在气候风险应对环节建立全周期视角，即事前预防控制、事中检查控制和事后纠正控制。具体而言，如图4-15所示，企业可在各类控制中结合ESG理念、数字化技术、职能与机制建设等内容，形成兼具企业发展规划思路和普适性气候风险管理框架的良性治理策略，进而为后续企业校正气候风险目标提供完善的数据与实践依据。

从事前预防控制的角度而言，企业需要建设风险信息系统，完善风险评估机制。信息充分是企业风险管理成功的基石，企业建立健全风险信息的识别、评估以及反馈系统，对可能出现的生

```
事前预防控制 01 ─┬─ 风险信息系统 ─┬─ 周期性监测与统计
                │               └─ 捕捉新兴市场机遇
                └─ 风险评估机制

事中检查控制 02 ─┬─ 核心竞争力 ─┬─ ESG关键议题
                │             └─ 行业特性
                └─ 内部控制 ─┬─ 人才建设
                            └─ 权责分配

事后纠正控制 03 ─── 舆情管理 ─┬─ 品牌建设
                            ├─ 负面舆情抵消
                            └─ 供应链舆情监测
```

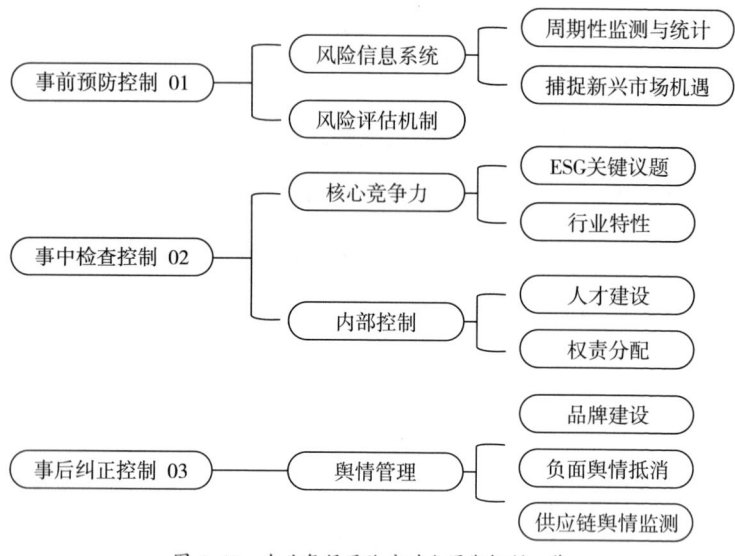

图 4-15　企业气候风险应对全周期机制一览

资料来源：根据公开资料整理

产危机做出充分的信息应对。一方面，该环境与气候风险信息系统应当具备周期性监测和统计功能，为企业提供对照，进而从数据的角度发现直观风险点，提早实现风险预警功能。另一方面，完善的风险信息系统有助于企业捕捉新兴市场机遇。在全球多个国家已承诺实现碳中和的背景下，低碳相关的产品和服务将渗透到我们生活的方方面面。当前低碳相关的国际行动和国家政策要求也催生了众多低碳与绿色转型发展相关的新兴产业市场，例如新能源供应链、绿色建筑和绿色金融等具体范畴。因此，充分运用金融科技手段并形成可互联互通的环境与气候信息系统，能够标准化完善风险评估机制，帮助企业及时有效地洞悉自身风险敞口，从而"化风险为机遇"，寻求新的蓝海。

从事中检查控制的角度而言，企业需要融合ESG理念，完善内部控制体系。风险分析结果的落实需要借助完备的内部控制体系，在后疫情时代背景下，潜在的生产运营停摆危机与全球整体经济下行的颓势情况日益严峻，各企业原有的风控体系面临机制失灵的挑战。因此，如何在宏观时代命题下，重铸内部控制体系的有效性是企业维稳的基本保障。如前文所述，ESG理念是各行业践行可持续发展中无法忽视的重要战略。为保持核心竞争力，企业需要充分考量自身行业特性以及所涉及的ESG关键议题，灵活改进并扩充能够适应现阶段市场发展的经营战略，将相关气候风险信息进行分析和解读。此外，在内部控制的组织架构与权责明晰方面，可增设可持续发展部门或对现有的气候环境风险部门进行人才加码，并基于企业的产业特征有选择地实施内部监督与管理。例如，高碳排的重工业企业在生产与排放环节要加强区域巡查，并针对相应风险设置预警与处置部门，及时防范风险的扩大与转移。

从事后纠正控制的角度而言，企业应加强舆情管理，树立良好的外部形象。企业声誉是企业品牌管理的重要组成部分。好的企业声誉不仅可以帮助企业赢得消费者口碑，提高竞争优势，更能在经济逆行的情况下发挥积极作用。具体而言，气候变化方面的积极行动与企业的社会责任履行情况相钩稽，能够在当前绿色消费理念逐步盛行之时引起具有市场关注度，以提升同等产品在市场中的竞争力。与此同时，良好的商誉基础在企业出现无法及时处理的风险危机时，能够一定程度上抵御外部的负面压力。比如，高碳企业在生产过程中将难以避免地产生废弃物排放，不仅会对企业主体的财务绩效造成冲击，同时也会受到监管处罚及媒体扩散报道的双重影响。而将ESG理念融入企业管理、设置相关舆情部门，能够帮助企业更高效地监控环境与气候风险点触发后的负面反馈，及时做出应对。更重要的是，在供应链层面，舆情监控能够帮助企业及时监测到上下游利益相关者的诉讼、处罚等信息，提前进行利益链的优化甚至解绑，保障企业的可持续性以及自身价值的稳固增长。

本章小结

1. 环境与气候风险分析工具箱能够帮助企业牢筑风险管理防线。
2. 企业绿色转型的关键在于"用能基础"和"用能方式"的绿色化改造。
3. ESG理念的引入是企业践行可持续发展路径的必备条件，也是企业对接国际资本市场的"敲门砖"。
4. 绿色供应链管理是将全生命周期管理、生产者责任延伸理念融入传统的供应链管理工作中。当前企业转型思路的重心，不是依托上下游企业间的供应关系盲目扩大管理范围，而是以自身为核心支点，确定主要管理改革方向，寻求绿色转型突破口。

本章思考

1. 企业如何参与碳普惠制的建设？
2. 企业如何应用气候风险分析工具实现自身高质量发展？

第五章
碳金融之力：实现碳中和转型的助推器

- 零碳转型战略定力
- 零碳政策指引
- 零碳行业重塑
- 零碳企业优化
- 零碳金融工具使用
- 零碳实践样本

从企业主体的绿色低碳转型实践，再到碳交易市场机制协同降碳减排，"碳"命题从企业端的探索与发展，流动到了市场端的合作与博弈。随着世界各国纷纷设定减排降碳的宏大目标，企业日常的节能行为已无法满足国家低碳要求和企业碳中和承诺。因此，运用金融手段为"碳"赋值，推动全球资本市场为企业碳中和减排事业献力成为重中之重。企业以碳资产为载体，在实施的碳排放交易市场和碳金融衍生工具等一系列市场体系、资金融通工具及相关制度安排中持续发力，以市场化减排手段加速企业碳中和转型进程。本章将基于碳资产的框架介绍，详细阐述企业作为碳资产原料的供应方参与碳排放权交易市场的具体路径，并介绍碳市场衍生的碳金融相关产品。

5.1 弄懂碳金融

5.1.1 "碳"如何成为资产

若将日常生活消费场景或传统市场带入,"资源的稀缺性"和"供需关系"的基本特点可以在一定程度上解释碳资产的形成与演变历史,以及碳资产最终成为交易标的的进化过程。一方面,碳排放权只有作为特殊的、具有一定市场需求的资源,才有商品化、资产化的价值。例如,在当今国际"碳中和"目标趋势日益明确的宏观背景下,碳排放权逐步成为重点碳排放管控企业需要耗费成本以维持生产与生态环保平衡的关键资产。另一方面,随着市场减排降碳的需求日益迫切,市场价格机制的引入将会推动外部经济成本内部化,是活化绿色转型经济的有效手段,同时也赋予了碳排放权资产价值属性。

从"资源的稀缺性"角度来看,各国通过国际公法及订立协议对"排碳量"进行了商品赋值。《联合国气候变化框架公约》和《京都议定书》两项国际协议催生了多种碳排放权交易模式及配额核算机制,对各经济体的碳排放量设置了一定的体量、时间及区域约束条件。原本看似取之不尽用之不竭的"碳排放量"因而被定义为有限的"资源",具有了商品属性。

从"供需关系"角度来看,各经济体下碳市场发展的不均衡推动了金融力量的介入。一方面,各国家、地区、行业以及市场主体分配的碳排放配额存在差异性，这是由于各区域经济发展水平与阶段的时空基础不同，因而所需要承担的减排义务与责任也相去甚远。另一方面，在"碳中和"战略规划施行的背景下，行业和市场主体层面的减排降碳技术成熟度参差不齐，企业绿色低碳转型成效不同，碳配额余额与成本差异促成了碳排放权供需关系的建立以及交易市场的形成。因此，碳排放权在市场交易中，逐步"准货币化"，从商品属性向金融资产属性过渡。

值得关注的是，碳资产的货币化俨然有积极发展的态势。随着应对气候变化的举措逐步升级，未来的国际货币体系可能会在"碳本位"上重建，在继黄金、白银及美元后形成以"碳货币"为基础的另一种国际货币，并可能发展为新的超主权货币。按照《京都议定书》规定，如果各国就气候问题达成一致，就可以对国际货币新体系（碳货币）达成一致，届时各国只有购买碳货币才能在新框架下维持自身发展。国际碳货币流通催化出中国碳货币的出现，从而激活了企业间的碳货币流转。因此，学会如何应用碳货币为企业经营添砖加瓦成为企业绿色高质量发展的必由之路。

1.碳资产的定义

碳资产是碳金融的基础组成要素，可分为狭义和广义两个维度来理解。首先，狭义上的碳资产主要指碳排放权、碳信用及各项衍生品的交易。在碳排放权交易的背景下，直接或间接影响一个组织温室气体排放效果的配额排放权、减排信用额交易及相关金融活动，都可形成碳资产。比如，政府分配给企业的碳排放量配额是基本的碳资产范畴内容。其次，从广义角度而言，碳资产涵盖了服务于节能减排目标、管理环境和气候风险的各项金融活动与制度安排，包括以市场或机构为主体，以产品或服务为呈现形式，以及其他不可分割要素等主要内容。广义的碳资产通过支持碳金融体系的形成，为实现可持续发展、缓解与适应气候变化提供一条低成本、灵活有效的市场化途径。

2. 碳资产的形成

从上可知，以碳排放权为代表的碳资产具备了资产本身的所有原始属性。碳资产作为一种生态环境资源，不仅拥有稀缺性、可消耗性及投资性，同时具有商品属性和金融价值，因而可作为一种金融资产产品存在。企业的"三步走"减碳路径会形成碳资产，为了详细展开碳资产的形成机制，让我们回到碳市场构建的初衷。众所周知，碳市场体系脱胎于传统商品市场，同时又具有极其个性化的市场期望，即"服务于国家的碳减排事业"。因此，为了满足整体的减排目标以及重点企业和项目的绿色转型需求，除了国家分配的额定碳资产（碳配额），各参与方持有的碳资产还可以来源于特定交易机制下的投资行为。具体而言，在核查机构完成企业或项目主体的碳排放量核算后，减排主体会结合国家分配的碳资产额度计算得出自身供需缺口，余量将进入碳交易市场进行流转，而需求方将寻求碳配额、碳信用等产品进行补足。此时,社会资金将基于需求流入绿色项目,如植树造林、海滨生态治理等碳汇及新能源开发项目,进而产出碳信用,实现碳资产的增量。同时,碳信用作为碳资产进入金融市场,在各交易主体的参与下,也会实现资产的增值。整体而言,社会总体碳资产在经济的驱动和减排目标的鞭策下会逐步积累,而实现积累的过程也是对节能降碳事业的回馈。

5.1.2 企业:碳资产原材料的供给方

碳金融作为气候金融的重要关联概念,是紧密联结金融资本市场和实体经济绿色低碳转型的纽带。传统意义上,金融市场中的参与者以资金供求双方为主。因此,买卖碳资产的企业是碳金融市场的最重要组成部分。要建立一个以碳资产为核心标的的新兴金融市场,不仅需要监管部门及市场规则的引导与规范,而且有待金融机构的深度参与并持续供应创新碳金融产品。故政府、金融机构等也是碳金融市场的主要角色。相对而言,碳金融市场更具国际合作性及探索性,所以国际组织、碳金融第三方服务机构等参与者同样承担了不可或缺的责任。

如图5-1所示,碳金融市场的主要参与者可分成五部分,分别为企业、国际组织、政府及监管机构、金融机构及碳金融创新的相关机构。其中各主体充分发挥自身职能属性,助力碳金融市场机制建设。第一，国际组织与监管部门相互联动，推动可持续发展议题的深化并主导构建碳金融市场本土化机制，为企业参与碳金融市场交易提供土壤；第二，金融机构以专业赋能产品及服务创新，活跃碳金融市场，进而倒逼企业节能减排，积极应对气候风险，是减排降碳的重要资金支持者；第三，碳金融第三方评估机构发挥辅助性作用，助力碳金融市场基础设施建设，为企业交易服务提供支持。

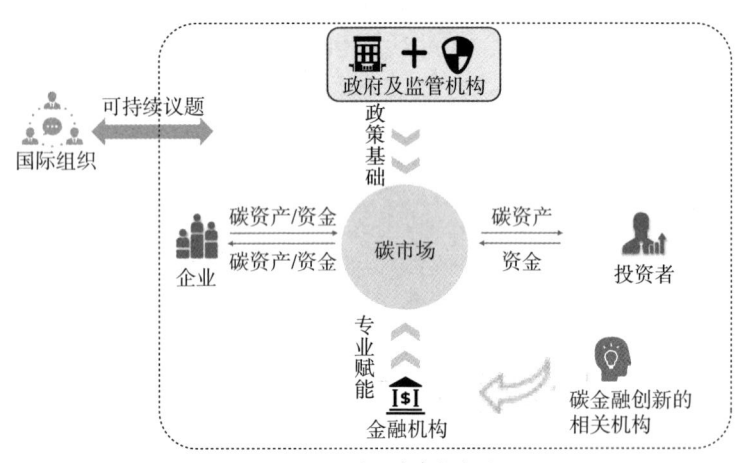

图 5-1 碳市场角色构成图

资料来源：根据公开资料整理

1.碳市场的直接参与者——企业

企业作为低碳转型、实现宏观"碳中和"目标的直接参与者，面对着来自生态环境保护、社会责任履行、政策约束和国际合作要求等多方面的碳排放量管控压力。因此，企业在碳市场中通常展现出供需双向的诉求。一方面，作为碳资产的供应方，企业通过自身减排路径，能够产出或结余一定碳资产，并进入市场交易中，实现碳排放权交易机制下"碳"的金融属性认证；另一方面，有效减排的企业在利用碳资产赚取额外收益的同时，能够借助减排成果提升企业信用，进而在未来融资活动中获得优势。因此，在碳排放权机制设置逐渐完善、碳排放量信息披露逐步健全、碳金融市场逐步繁荣的情况下，企业（尤其是高碳密集型企业）应当进一步推进管理和技术的创新研究与迭代，致力于提升碳金融市场有效性，同时切实落实碳减排目标。

2. 企业参与碳市场的引导者——国际组织

气候风险适应与缓释的难度不同于以往任何一项国际社会性任务，该理念也正由国际组织传播至碳金融市场的方方面面。目前，联合国正基于"发现、引导、讨论与研究、执行、追踪、实现"的基本原则在国际社会气候事务中崭露头角，从而引导各国政府机构与资本市场关注气候风险敞口，着力构建低碳转型发展的市场顶层设计。此外，如联合国开发计划署（UNDP）、国际能源署（IEA）、世界银行碳金融部门（World Bank CFU）等多个国际组织正不断地开展协同合作，从不同角度共同推动碳金融交流与合作平台的进一步完善，为企业参与碳金融市场提供可靠指引和具体框架。

3. 碳市场的监管者——政府及监管机构

现阶段，碳金融市场的架构并不完善，核心交易标的碳资产在界定规则及核算计量层面尚未具有稳定的实操经验，产品创新、市场交易及结算交割等方面仍以探索性为主。因此，亟须政府及监管机构充分运用政策性引导工具，约束参与碳金融市场企业的基本行为，同时完善市场机制建设，构建合理、有效、可持续的市场环境，为企业参与碳市场交易提供落地土壤。此外，构建有序良好的交易场所对于规范企业交易行为同样至关重要。现阶段，中国在碳金融市场发展上已拥有突破性成果，随着全国碳排放交易市场的构建，我国碳排放权交易已从点状试行分布发展为全国性规模，为碳金融交易奠定了良好基础。

4.碳市场的推动者——金融机构

金融机构作为碳金融市场活动实践的中心角色，是逐步完备的市场机制建设中不可或缺的动力引擎，同时也是产品与服务创新的提供者以及资金的主要供给方。一方面，在碳金融市场中，金融机构是引导市场行为从利益导向趋向公益化的关键要素，通过对碳资产的创新性金融赋能，原有的企业或绿色项目间基础的碳配额等交易将"进化"成为产品线上的"新贵"，吸引更多市场关注；而以利驱使的投资者也将在逐利行为中将投资重心转移到节能降碳的可持续板块，推动实现整体市场的良性运作。另一方面，金融机构作为机构投资者的重要组成部分，是碳金融市场发展过程中重要的推动者。具体而言，金融机构以资本供应为企业减排降碳提供资金支持，并在后期共享经营和碳资产交易的收益果实。同时，机构投资者活跃于市场中，通过甄别优质投资标的，以优胜劣汰的形式促进产品开发并引导企业主体关注自身节能减排绩效水平，显著提高碳金融市场的有效性和产品创新的积极性。

5.碳市场的赋能者——碳金融第三方评估机构

碳资产存在着界定、核算及计量的基本诉求，无法直接适用于传统金融市场的交易标的、企业主体、项目评估体系等，因而亟须第三方专业机构进行认证。与此同时，市场的运作需要专业机构开展碳排放强度、碳排放边际效益及碳减排技术有效性等方面的综合分析，评估减排降碳企业与项目投融资价值，为金融机构提供参照依据。因此，第三方专业评估机构与智库是支持碳金融市场发展的关键组成部分。以碳信用评级机构为例，其主要市场功能是将企业碳排放量标准化为"单位商品"，促使碳资产获取普适性标准认定，通过设定专业性资产类别，针对项目或企业在特定时期内的碳减排承诺进行评估，提高企业碳交易的决策效率，提升碳金融市场的有效性。

5.1.3 碳排放交易市场与相关规则

与证券交易所类似，碳排放交易所是企业参与碳交易的场所，为企业买卖碳货币提供了流通渠道。作为世界较早建设碳市场的地区，欧盟碳排放权交易市场为我国和其他地区碳市场的建立提供了宝贵的建设经验，是全球碳排放交易领域的先锋和标杆；而作为全球温室气体排放量最大的国家，中国碳排放权交易市场的建设对于全球减排协定的实现至关重要，备受全球瞩目。因此，在这里将探讨欧盟碳市场和中国碳市场的运行机制的走向，对国内外碳排放交易市场的相关规则及发展路径做概要分析，为企业开展碳交易阐明交易规则和变迁脉络。

1. 欧盟碳市场：国际引领

（1）碳市场发展阶段

欧盟碳市场经历了两段低谷时期，在建设初期和2008年国际金融危机时期出现碳价崩盘的情况（见图5-2）。但在碳市场运行的第三阶段，随着欧盟调整碳市场机制并提出了积极的应对气候变化目标，欧盟碳价显著回升，并到达了历史高峰时期。

第一阶段（2005—2007年），探索建立碳市场。该阶段同时也是欧盟碳交易市场为期三年的"边做边学"时期。在缺乏可靠碳排放数据的情况下，第一阶段的碳配额总量主要根据估计值设定。因此，欧盟碳排放交易市场出现发放的配额总额超过实际碳排放量的情况，在供应远超需求的情况下，2007年欧盟市场碳价遭遇了降至"零欧元"的尴尬局面。

第二阶段（2008—2012年），缩紧碳配额。在市场流通配额数量方面，欧盟吸取了第一阶段的经验教训，相比2005

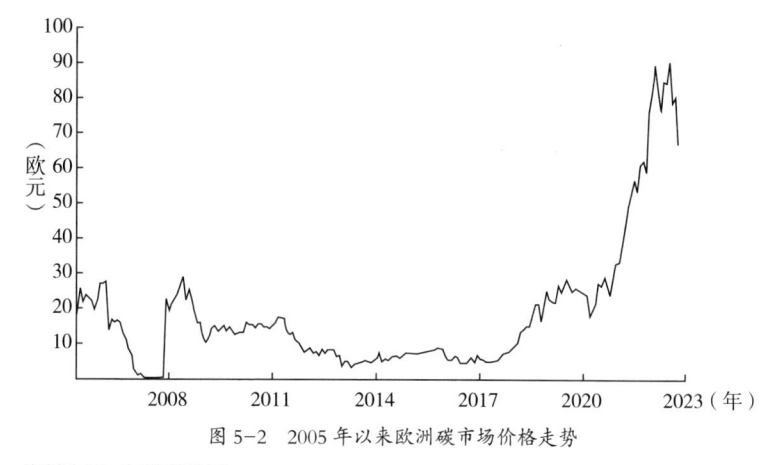

图 5-2 2005 年以来欧洲碳市场价格走势

资料来源：《贸易经济》

年减少了约 6.5% 的碳配额发放量，并且经过第一阶段的摸排，欧盟已经基本掌握了一定数量企业的碳排放基础数据，可成为市场调控的数据基础。然而不幸的是，受 2008 年国际金融危机影响，欧盟经济受挫，大量企业生产经营停摆，进而实际碳减排规模远比预期数值庞大，欧盟碳排放交易市场再次面临大量的碳配额剩余的局面，使得碳价一度跌至 3 欧元/吨。

第三阶段（2013—2020 年），完善碳市场机制。欧盟通过调整市场机制，通过实施市场稳定储备机制（Market Stability Reserve），提升了市场参与者的信心，实现了碳价大幅回涨，更是升至 20 欧元/吨。2020 年随着新冠疫情肆虐，碳价短期跌至 15 欧元/吨之下。随后，欧盟提出将 2030 年的气候目标从实现碳减排 40% 提高为至少 55%，该政策信息显著刺激碳排放交易市场，促使碳价继续上涨。欧盟碳配额（EUA）期货于2020年4月29日收盘价为48欧元/吨，再创历史新高。

第四阶段（2021—2030年），提升减排效率。2021年，欧盟提出了"在下一个十年加强碳市场建设"的计划。为了加快碳减排步伐，从2021年起，欧盟将进一步削减碳配额分配量，从每年减少1.74%碳排放配额总数提高至每年减少2.2%。受应对气候变化战略影响，欧盟碳价连续上升。截至2022年8月，欧盟碳配额收盘价已经达到98.01欧元/吨，创下近两年来的最高水平，簇拥欧美碳市场再次进入高峰时刻。

（2）多元化交易市场

交易平台是碳市场的重要载体，多元化交易平台能够显著提高市场流动性。与全球其他国家、地区只有一个或者为数不多的碳交易平台不同，欧盟的碳交易场所呈现多样化特征。最初的欧盟碳交易平台包括9家主要场内碳交易所，具体为欧洲气候交易所（ECX）、欧洲能源交易所（EEX）、BlueNext交易所、奥地利能源交易所（EXAA）、Climex联盟、北欧电力交易所（Nord Pool）、未来电力交易所（Powernext）、绿色交易所（CME-GreenX）及意大利电力交易所（IPEX）。经多次并购与整合，发展成为今天的五个主要的碳交易平台：欧洲气候交易所、欧洲能源交易所、Climex联盟、绿色交易所及被收购但依然独立运行的北欧电力交易所。

知识点：市场稳定储备机制（Market Stability Reserve, MSR）

为了解决碳配额过剩问题，在碳市场运行的第三阶段，欧盟实施了核域（Backloading）机制作为短期手段，暂时推迟了9亿吨配额的拍卖。但是站在决策者的角度，每当市场出现供求失衡，就由政府或监管机构出面进行市场干预，一方面会无上限地增加行政成本；另一方面会形成决策壁垒，加重市场变动的不定因素。首先，在具体测算需要被削减的碳配额量方面存在难度。若是测算错误并对应实施调控手段，就会产生行政干预难以达到预期甚至破坏市场的结果。其次，考虑到政策实施的公平性，每当欧盟委员会进行市场干预，或将面临成员国的不满或是质疑，都会增加政策实施难度。因此，欧盟碳市场需要一个完全按照预先定义的机制，保证委员会或成员国在执行储备时不享有任何自由裁量权，MSR机制由此应运而生。

2019年1月，欧盟正式启用市场稳定储备机制（MSR），主要原理是欧盟每年计算往期碳市场的累积过剩配额总数（2008年以来的总配额供给减去总的实际碳排放

> 量），然后将过剩配额总数的24%转存入MSR，并在年度配额拍卖量中减去相应的数额，减少配额的供给量。截至2019年底，欧盟碳排放交易市场累积过剩配额总数在13.9亿吨，因此2020年9月到2021年8月底（一个履约周期）的配额拍卖减少3.3亿吨，约为年度配额拍卖总额的四成。MSR是一种用于应对配额供给过剩的长期、有效手段，能够有效降低市场调节的决策成本。在新冠疫情暴发初期，碳市场排放量大幅下降，使累积过剩配额总数继续上涨。借助MSR，累积过剩配额总数的增加会促使更多的配额被转存入储备系统，2021年9月起拍卖配额将被削减更多，以进一步促进企业减排。配额供给的减少对碳价有一定的支撑作用，这也体现了MSR设计的初衷，即在应对不可预料的需求侧冲击的同时，实现稳定碳市场信心的主要目的。

五大交易所在职能承担上基本实现错位发展。如表5-1所示，欧洲气候交易所专门从事二氧化碳排放权交易，而一氧化碳、全氟化碳等衍生品则多数在其他能源交易所挂牌。另外，北欧电力交易所是全球首个交易EUA（欧盟配额）的平台，它与BlueNext交易所、欧洲能源交易所及奥地利能源交易所均以现货交易为主，而欧洲气候交易所是目前全球交易规模最大的碳交易所，既有现货交易，也有期货交易。正是由于众多交易平台提供了优质与完善的服务供给，欧盟的碳交易量和交易额长期高居全球首位。同时碳排放交易市场与金融产业之间持续的交互作用形成良性循环，而其中稳定的交易模式具有更高的潜在投资价值，并被认为将在未来吸引更多的投资者和企业参与。多样化碳交易平台的相互促进作用既深化了欧盟碳交易市场，又提高了欧盟金融产业的竞争力。

表5-1 欧洲碳相关交易所

序号	交易所名称	职责
1	欧洲气候交易所	碳现货，碳期货交易
2	欧洲能源交易所	EUA（欧盟配额）、一氧化碳、全氟化碳等衍生品
3	Climex 联盟	—
4	绿色交易所	—
5	北欧电力交易所	EUA（欧盟配额）

资料来源：根据公开资料整理

2.我国碳市场：渐入佳境

（1）试点碳市场

碳排放权交易试点工作。2011年，国家发展改革委办公厅发布《关于开展碳排放权交易试点工作的通知》[1]，同意北

---

[1] https://www.ndrc.gov.cn/xxgk/zcfb/tz/201201/t20120113_964370.html?code=&state=123.

京、天津、上海、重庆、湖北、广东、深圳7个省市开展碳排放权交易试点。2013年6月18日，全国第一个试点碳排放权市场——深圳碳排放权市场启动交易。2016年，福建加入碳排放权交易试点，自此我国共有8地作为碳排放权交易试点地区。表5-2为试点碳市场开市时间。

表5-2 试点碳市场开市时间

开市时间	开市地点
2013年6月18日	深圳
2013年11月26日	上海
2013年11月28日	北京
2013年12月19日	广东
2013年12月26日	天津
2014年4月2日	湖北
2014年6月19日	重庆
2016年12月22日	福建

资料来源：根据公开资料整理

碳价走势。从碳价来看，我国试点碳市场普遍经历了碳价先升高，再走低，最终部分回升并在一定区间相对稳定波动的过程。如图5-3所示，试点碳市场建立初期，深圳碳市场价格领跑，并一度超过了120元/吨，表明市场对碳配额认可度较高。但好景不长，广东、上海碳市场在2015年经历了严重的碳价走低的过程。以上海为例，2015年，上海碳市场碳价从近40

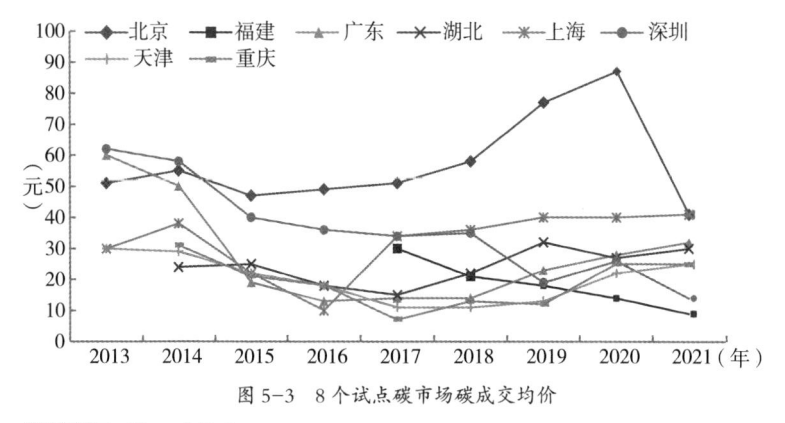

图 5-3　8 个试点碳市场碳成交均价

资料来源：Planet Data

元/吨跌至 10 元/吨，并在 2016 年初继续走低。除北京以外，其他地区碳市场都经历过低于 20 元/吨的碳价"崩盘"困境。其中，重庆碳市场碳价一度低至 5 元/吨以下。2016 年之后，北京碳市场价格领跑全国，并一度超过了 100 元/吨，但是其他 7 个试点碳市场的碳价多在 10 元/吨至 40 元/吨的区间内波动。碳价及其波动率会通过"信号—预期"机制对企业的碳中和进程和碳交易市场产生影响。碳价越高，企业为降低经营成本，越愿意通过企业低碳转型的方式实现减排和履约。碳价波动率越大，碳市场越不稳定，企业为避免风险，越愿意通过购买碳排放权的方式实现履约。

成交量。从成交量上来看（见图 5-4），8 个试点的碳市场交易量整体呈现逐步升高的趋势。其中 2020 年的交易量由于新冠疫情的暴发而受到影响，成交量较 2019 年下降约 17%，但由于成交均价提高，成交总额仍同比上升 2.3%。

图 5-4　8 个试点碳市场年碳历年成交量

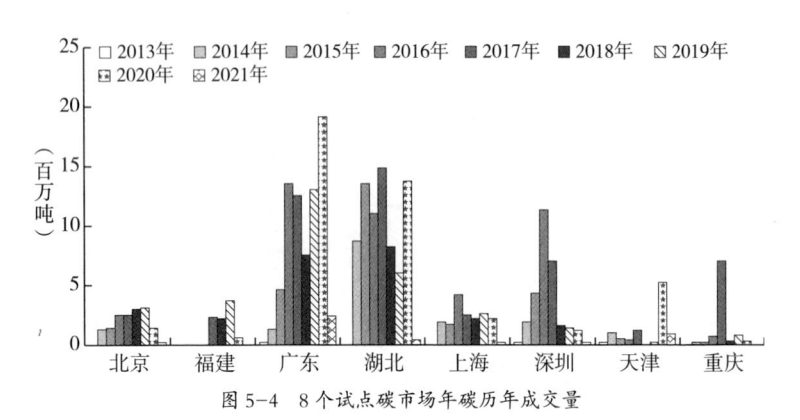

资料来源：Planet Data

从试点交易量比较来看，试点碳市场交易量较为集中。如图 5-5 所示，自 2016 年以来，广东试点碳市场成交量一

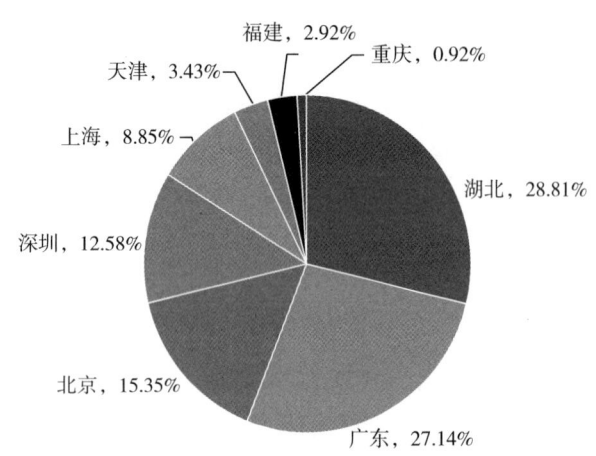

图 5-5　2020 年度 8 个试点碳市场碳成交量占比

资料来源：中央财经大学绿色金融国际研究院，Wind

直居于首位，湖北省的交易量基本位于第二位和第三位。广东和湖北两省作为省级的碳市场，被纳入碳市场的产业规模较大，因而交易体量也居于前列。就2020年度而言，广东和湖北两省的成交量占全国的78.83%，体现出我国试点碳市场活跃度的集中性。

（2）全国碳市场

全国碳市场建设。随着碳排放市场试点的运行，我国不断总结碳市场交易经验，并计划建立全国范围内的碳排放权交易市场。在顶层设计上，2017年12月，国家发展改革委发布《全国碳排放权交易市场建设方案（发电行业）》，标志着我国碳排放交易体系完成了总体设计，并正式启动。2019年4月，生态环境部发布《碳排放权交易管理暂行条例（征求意见稿）》，为全国碳市场建设奠定法律制度基础，促使2018年陷于停顿状态的全国碳市场建设工作于2019年全面提速。全国碳交易市场的建设将进一步规范我国碳交易规则，吸引更多的企业关注和参与碳交易。

碳价走势和交易量情况。自从2021年7月全国碳市场开市之后，被纳入市场交易的发电行业正式开展交易。从交易产品来看，全国碳市场交易产品为碳排放配额（CEA），以"每吨二氧化碳当量价格"为计价单位，买卖申报量的最小变动计量为1吨二氧化碳当量，申报价格的最小变动计量为0.01元人民币。根据上海环境能源交易所发布的《关于全国碳排放权交易相关事项的公告》(沪环境交〔2021〕34号),碳排放配额交易应当通过交易系统进行,可以以协议转让、单向竞价或者其他符合规定的方式开展,其中协议转让包括挂牌协议交易和大宗协议交易。

从图5-6碳价数值来看,2021年7月至10月期间,全国碳市场碳价正在经历持续走低的过程,从7月最高价61.07元/吨跌至10月最高价48.4元/吨,反映出市场参与者的主观情绪逐渐趋于冷静。从成交量来看,全国碳市场成交量不断上升。同时如图5-7所示,全国碳市场交易量从7月的500多万吨增长到10月的2000多万吨。尤其是9月,成交量为8月的两倍有余,表明碳排放交易市场上企业参与度和市场活跃性的不断提高。2021年11月至12月期间价格、交易量变化显著上涨,2021年12月交易量占全年64.3%。2022年1月至4月期间,碳交易价格最高价与最低价之间逐步缩小差距,价格趋于稳定。2022年5月至8月,全国碳市场碳价相对平稳,有走低趋势,从5月最高价61.00元/吨跌至8月最高价59.50元/吨。在此期间,交易量整体下滑严重,8月市场成交量已不足5月1/3,市场整体活跃度降低。

碳价尚未合理有效地体现碳排放的外部成本。首先,我国试点地区和全国碳市场的碳价整体水平低。截至2022年8月,试点碳市场最高价为122.97元/吨,全国碳市场最高价为61.07元/吨,远低于同期欧盟碳市场价格。碳价较低表明

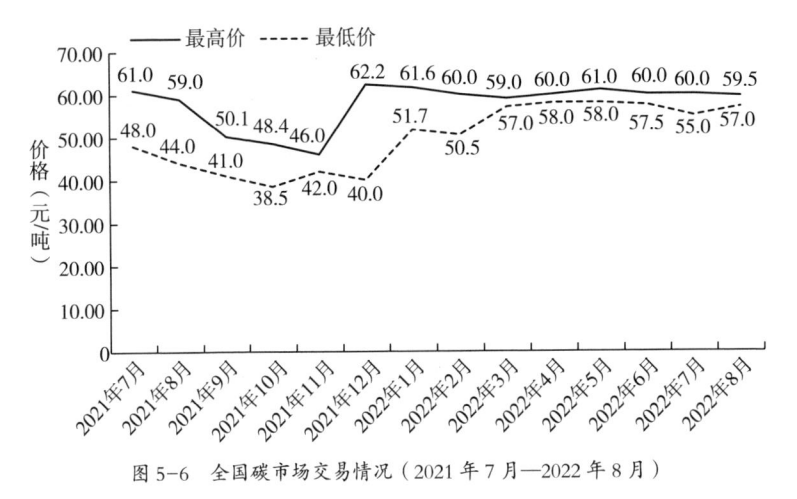

图 5-6 全国碳市场交易情况（2021 年 7 月—2022 年 8 月）

资料来源：上海环境能源交易所

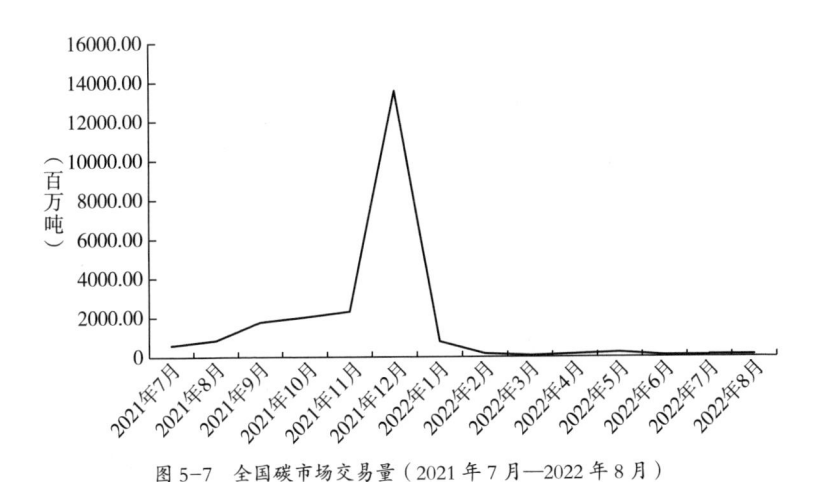

图 5-7 全国碳市场交易量（2021 年 7 月—2022 年 8 月）

资料来源：上海环境能源交易所

企业碳减排成本不高，试想若是碳价仅为 1 元 / 吨，那么企业减排成本将微乎其微，碳市场也将无法起到将碳排放外部成本内部化的效果。此外，碳价较低也可能是配额总量分配较多、企业减排压力较小造成的。若是企业获得的配额量足以涵盖自身实际碳排放量，那么企业将无须参与碳市场交易，碳价也将持续处于低迷状态。其次，我国试点碳市场价格不稳定、波动较大，对企业履约成本产生一定的不确定性。如2020年，深圳市碳市场的碳价最低点仅为个位数，而最高价达42.27元/吨。虽然碳排放交易是一种市场工具，碳价由买卖双方的供求需要决定，但是浮动过大的碳价极易造成市场风险，对参与交易的企业主体造成损失。举例而言，若某控排企业在配额清缴前遇到市场碳价激增的情况，将对企业减排造成很大的成本压力。

（3）碳市场未来展望

试点碳市场将何去何从？目前全国碳市场已经建立，试点碳市场是否需要继续运作，以及如何把试点地区的控排企业纳入全国碳市场也是值得关注的重点。现阶段，我国仍处于由试点碳市场到全国碳市场的过渡阶段，试点碳市场与全国碳市场的衔接路径还在讨论当中。2021年7月14日，生态环境部应对气候变化司司长李高在国务院新闻办的政策发布会上表示，在全国碳市场建立的情况下，不再支持地方新增试点，已有试点可以在现有基础上进一步深化，同时做好向全国碳市场过渡的相关准备工作。可以明确的是，国家正在朝着一个统一的碳市场方向发展，符合条件的控排企业将逐步被纳入全国碳市场实行统一管理，不再参与地方碳排放权交易试点市场。但是，目前全国碳市场和地方碳市场制度仍存在较大的差距。比如，全国碳市场仅仅将发电行业纳入市场范围，但是地方碳市场基本覆盖了石化、化工、钢铁等八大行业，因此全国碳市场将如何扩大覆盖范围也值得深思。除此以外，随着符合条件的控排企业逐步被纳入全国碳市场，地方碳市场交易将会受到影响，以及在此阶段如何保证市场的活跃性存疑，都将成为我国探索建设碳交易市场道路上的重要问题。

全国碳市场覆盖范围将扩大。从行业上看，目前，纳入全国碳市场范围的企业只有2 225家发电行业企业，石化、化工、钢铁等行业尚未纳入；从地区上看，试点碳市场仅包括了国内8个地区，碳排放大省如江苏、浙江等尚未被纳入试点地区。因此，未来如何制定覆盖所有行业的碳配额核定与分配标准仍不确定。就建立健全碳市场的角度而言，我国碳市场覆盖范围仍然较小，但随着碳达峰的时间节点临近，未来纳入全国碳市场的企业覆盖范围将逐渐扩大。

支撑我国碳市场流动的金融机制即将建立。未来，支撑我国碳市场流动的金融机制将逐渐建立。碳金融市场是对碳市场的重要补充（有关于碳金融的部分将会在下一节详细叙述），可以进一步为实体经济提供创新的产品及服务，进一步联结金融资本市场和低碳技术支持的实体经济。以欧盟为例，在碳市场发展初期就同步形成了包含期货、远期、期权、掉期交易在内的碳金融产品与服务。从碳金融产品角度而言，欧盟碳金融产品在碳市场表现活跃，如2017年，欧洲能源交易所和洲际交易所交割的主力碳期货合约交易总量为33.59亿吨，期货交易约占90%。就我国而言，现存碳金融市场交易产品以碳现货为主，期货产品交易量并不活跃。从碳金融参与者来看，我国碳市场参与主体以控排企业为主，金融机构参与度不高，无法完全满足企业投融资需求。因此，从长远来看，我国将逐步完善服务碳市场的金融机制，大力开发企业碳相关的信贷产品和碳金融产品，对碳配额发挥价格发现机制作用，增强企业和金融机构碳资产风险管理能力，建立提升碳市场流动性与活力。

5.1.4 企业参与碳市场交易的路线图

在了解企业参与碳市场交易的路线前，要先了解碳排放交易的两大机制：配额分配机制和碳排放权交易机制。正确认知碳交易机制是企业入场碳交易的前提和基石。

1.配额分配机制：历史强度法和基准线法

（1）历史强度法

历史强度法是一种让企业"自己和自己比"的配额分配方式，即基于某一家企业的历史生产数据和排放量，计算企业单位产品的排放情况，并以此为基数确定逐年下降目标，以达到碳减排的效果。历史强度法有助于督促企业自身寻找产品的节能解决方案，但是对于已经实行节能方案的企业并不友好，因为它们更难寻找节能的途径。除此以外，企业产品的更新换代和个别参数不一致等情况，导致企业无法找到参照产品进行排放数据对比，因此难以确定历史强度走势。

（2）基准线法

在探讨基准线法之前，可以首先明确一个碳相关的单位，即碳排放强度。具体而言，碳排放强度旨在衡量生产每单位产品的二氧化碳排放量，在基于碳排放强度的分配方式下，企业获得的配额数量需要根据企业的实际产量调整。基准线法是参考行业整体碳排放数据水平，设置行业碳排放强度基准并根据该基准发放配额的主要方法。运用基准线法时，单位产品碳排放强度较高的企业将面临显著的减排压力。与此同时，节能企业则会获得和行业平均值间差额的碳排放额度，因此能够有效地鼓励节能企业。但是同种产品若是生产流程差距较大，难以获取碳排放数据基础时，基准线法适用则有难度。

现阶段我国碳排放配额分配办法以基准线法为主。单位产品的碳排放量越小，生产的产品越多，获得的碳配额就越大；单位产品的碳排放量越大的企业就需要加大产品低碳研究，让单位产品的排放量低于基准线，否则每生产一个产品，都要向市场购买碳排放权，或者只能退出市场。根据生态环境部发布的《2019—2020年全国碳排放权交易配额总量设定与分配实施方案（发电行业）》，国家将对2019年至2020年的发电行业碳配额实行全部免费分配，并采用基准法核算重点碳排放单位所拥有机组的碳配额量。该基准法核算方式主要基于实际产出量，对标行业先进碳排放水平，实行碳配额的免费分配以及与实际产出量的挂钩，既体现了奖励先进、惩戒落后的原则，也兼顾了当前我国将二氧化碳排放强度列为约束性指标要求的制度安排。

历史强度法和基准线法如图5-8所示。

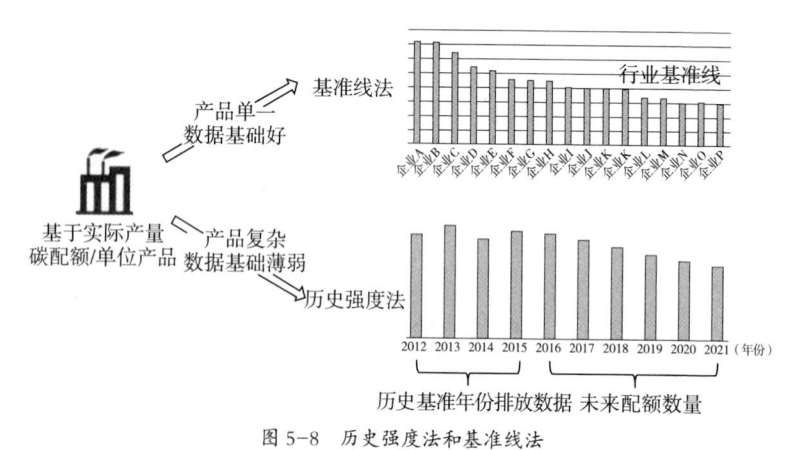

图 5-8 历史强度法和基准线法

资料来源：根据公开资料整理

不同于我国的碳配额免费分配机制，欧盟已经在免费配额的基础上大幅提高碳配额拍卖机制的比例，要求企业通过竞价拍卖的方式获得碳配额，以增加企业履约成本，促进企业碳减排。欧盟委员会在碳市场建设的第三阶段（2013—2020年）总共拍卖了57%的初始碳配额；2020年碳配额拍卖产生的总收入共计超过266亿欧元，2021年全年拍卖收入达到530亿美元，该数值更是在2022年3月超过85亿欧元，并且按照欧盟碳排放交易体系（EU Emissions Trading System，EU ETS）指令规定，欧盟成员国应将至少50%的拍卖收入或同等财务价值用于气候和能源相关用途。碳配额拍卖机制会对稳定碳排放权交易市场价格发挥积极作用，通过以获取方式的有限性保证市场流通碳配额资源的稀缺性，对适当地调控碳价具有显著作用。与此同时，政府可以将竞拍所得款项用于支持低碳行业发展，实现双赢。从长远来看，我国还将引入拍卖机制等有偿获取碳配额方式，以提高外部气候与环境成本内部化，完善碳市场建设。

历史强度法和基准线法对比如表5-3所示。

表5-3　历史强度法和基准线法对比

	历史强度法	基准线法
优点	有助于督促企业自身寻找产品的节能解决方案	有助于增大单位产品碳排放强度较高的企业的减排压力
缺点	存在"快鞭打牛"的情况	面临数据采集问题
适用情形	数据基础较差、产品复杂、能耗不能分开、可比性差的行业	数据基础好，产品单一，可比性强的行业
适用行业	钢铁、化工、铜冶炼、造纸等	发电机组、水泥熟料生产线、电解铝的电解车间、平板玻璃的窑炉等

资料来源：根据公开资料整理

2.碳排放权交易机制：总量控制与交易机制和基线与信用机制

（1）总量控制与交易（Cap and Trade）机制

企业的碳排放配额是由国家先根据社会总体排放控制目标

确定碳排放总量上限,然后依据行业基准值或企业历史排放表现,通过无偿或者有偿的方式向纳入碳排放交易市场的企业统一分配的,因此该形式的碳排放权交易机制也被称为总量控制与交易机制(见图5-9)。分配式碳配额不可以被另外创造,但是可以被交易。配额的盈余方或供给方(碳排放较低的企业)可以通过碳交易市场将碳排放配额转让给配额需求方(碳排放较高的企业),从而形成碳排放配额在企业间的流转,也就是碳排放配额交易市场。若企业无法清缴足额的碳配额,则会被监管方处以相应的罚款。

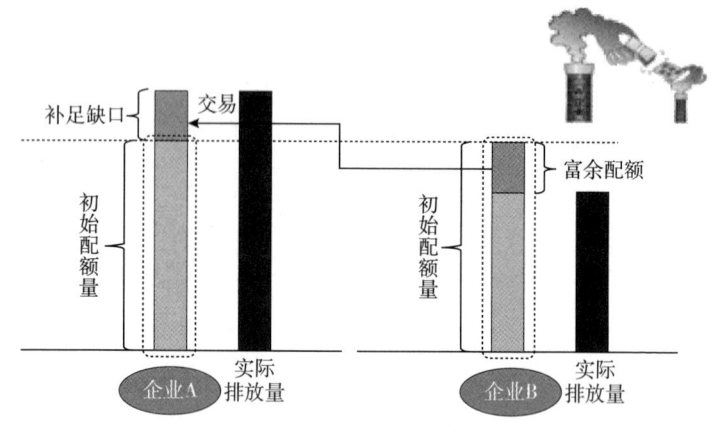

图 5-9 总量控制与交易机制

资料来源:根据公开资料整理

以我国为例,为达到我国"双碳"目标,政府将以模拟计算出的碳达峰时的碳排放量作为目标,以此规划每年的排放量,即社会总体的碳排放量。然而对企业而言,碳减排不是一蹴而就的,政府将综合考虑企业的减排成本和减排技术效果,使用历史强度法或基准线法来确定企业的碳排放表现，以确保向企业分配合理数量的碳配额。

那么，企业间是如何进行碳排放配额的交易呢？以图5-9中的两个企业为例，企业A实际排放量超出了初始的配额量，面临着配额缺口的问题；而企业B实际排放量低于初始的配额量，因此企业B在清缴时将拥有富裕的配额。出于经济的考虑，企业B可以将富裕的配额卖给企业A并以此获利，即碳排放额交易。

目前，我国的碳排放交易体系建设尚在起步阶段，中国正在学习和借鉴先进国家的运作经验，进一步完善碳配额交易的规则。欧盟碳排放交易体系作为世界上最大的碳排放权交易体系，是我国完善碳交易体系建设的重要参考和学习标杆。EU ETS是世界上第一个国际碳排放交易体系，于2005年开始初步运行，2008年正式运行。截至2022年8月，EU ETS覆盖了31个国家（全部27个欧盟成员国加上冰岛、挪威和列支敦士登）超过1.2万家工厂、发电站和其他净热量超过20兆瓦的设施。EU ETS的配额管理与交易相关规则的演变过程，展示了EU ETS不断改进和完善的经验与教训，为我国碳排放交易试点工作的推广，以及全国市场的建设提供参考和借鉴。领先企业也可通过关注EU ETS的碳交易机制，预测中国碳交易机制的发展前景，抢占先机，提前于市场布局碳交易领域。

（2）基线与信用（Baseline and Credit）机制

基线与信用机制是碳排放权交易市场的补充机制，核心交易对象并非碳配额，而是来自自愿减排项目所产生的碳信用或碳抵消额度（见图5-10）。具体来说，基于项目的碳排放基准，若碳减排主体实际排放量小于基本排放量，则对应差额可以产生减排信用，并予以出售。以我国为例，经备案的减排量称为"核证自愿减排量"（CCER），碳排放企业管控每年可以使用国家核证自愿减排量抵消一定数量的碳排放配额清缴要求，但抵消比例不得超过应清缴碳排放配额的5%。但是由于温室气体自愿减排交易中个别项目不够规范等问题，2017年3月，国家发展改革委发布公告暂缓受理温室气体自愿减排交易方法学、项目、减排量、审定与核证机构、交易机构备案申请。

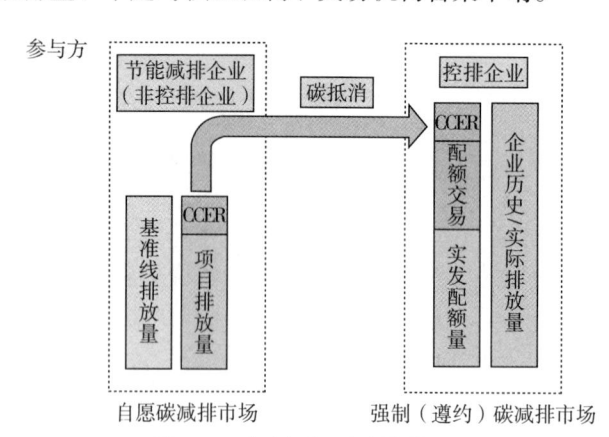

图 5-10　基线与信用机制交易图示

资料来源：根据公开资料整理

企业间是如何进行CCER交易的呢？还是以图5-9为例，碳排放管控企业A的实际排放量远超实发配额量，且在购买一定的碳配额之后仍然有着清缴缺口。此时，企业B可以将自身碳减排项目所产生的CCER额度售卖给企业A。一方面，企业B可以通过碳减排项目获得经济效益；另一方面，企业A可以通过购买市场上公开交易的CCER清缴足量的碳配额。

碳抵消机制并不会削弱减排的市场效果。举例而言，如表5-4所示，在未实施抵消机制时，假设强制碳减排市场覆盖100个单位的碳排放量，而其他领域的碳排放（未被强制碳减排市场覆盖）为200个单位，总计300个单位的碳排放量。在实施了碳抵消机制后，交易前的抵消方案内（CCER项目）20个单位的碳排放量被纳入强制减排市场，而未被强制碳减排市场覆盖的排放量相较未实施抵消机制时候减少了20个单位，因此交易前后总排放量保持了300个单位的碳排放不变，从而达到辅助碳市场运行的效果。

表5-4 碳抵消机制的市场效果

碳排放来源	未实施抵消机制	实施抵消机制	
		交易前	交易后
强制碳减排市场	100	100	120
抵消方案内碳排放	200	20	0
其他未被强制碳减排市场覆盖的总量		180	180
总排放量	300	300	300

资料来源：根据公开资料整理

知识点：CCER与碳汇项目

碳汇是指通过植树造林、森林管理、植被恢复等措施，利用植物光合作用吸收大气中的二氧化碳，并将对应碳排放固定在植被和土壤中，从而减少温室气体在大气中浓度的过程、活动或机制。碳汇项目开发也是CCER项目中的组成部分，广东长隆碳汇造林项目是全国首个可进入碳市场交易的中国林业温室气体自愿减排（CCER）项目，该项目造林规模为13 000亩，在20年计入期内，预计产生34.7万吨减排量，年均减排量为1.74万吨。项目首期签发的5 208吨CCER已由广东省粤电集团以每吨20元的单价签约购买。但是CCER备案数据显示，林业碳汇

图5-11　广东长隆碳汇造林项目

资料来源：https://www.huitu.com/photo/show/20191203/235530659033.htm

> 项目数量少、占比低。第八次全国森林资源清查显示我国仍然是一个缺林少绿、生态脆弱的国家，基于我国资源禀赋的国情，为促进林业碳汇及现代林业发展提供了巨大的空间，林业碳汇项目可能成为碳抵消的重要组成部分。

5.2 金融机构如何布局碳金融市场

5.2.1 碳减排金融产品

金融机构可通过发布碳减排金融产品，在履行引导社会绿色高质量发展义务的同时抢占碳金融市场先机。金融产品具有资源配置、风险管理和市场定价三大功能，合理运用在碳减排场景中能够有效协助市场自发形成运作机制，达到引导企业与项目减少温室气体排放的基本目的。整体而言，碳减排金融产品是活化市场，将资金源源不断输送至低碳转型领域的关键。2021年11月，中国人民银行推出碳减排支持工具，向金融机构提供低成本资金。针对金融机构向碳减排重点企业发放的、符合条件的碳减排贷款，中国人民银行按贷款本金的60%提供资金支持，优惠利率为1.75%。参照中国人民银行最新标准可知，碳减排金融产品的标的对象为具有碳减排效益的项目，具体涉及清洁能源、节能环保、碳技术领域。因此，我们将碳减排金融产品的范畴进行相同逻辑映射，确立为以金融工具助力中国人民银行所特指三大板块项目发展的基本概念。

随着可持续发展目标（SDGs）与转型金融理念的迅猛发展，以银行为代表的金融机构正蓄力开发低碳减排金融工具。举例而言，美国花旗集团推出的MCM（My Community Mortgage）产品，将低碳减排理念融入传统的住房抵押贷款，在资质审查时不仅评估贷款房屋的节能等级，还评估住房抵押贷款申请人的贷款资质，将生活中的用电、用水等节能指标纳入审批标准，形成"住房抵押节能差异化贷款"。MCM产品为鼓励消费者购买节能型住房和节能减碳出行，提供了多种条款和贷款方案，消费者可根据自身接受程度自主选择。加拿大帝国商业银行设计了Enviro-Saver Rebate产品，对购买节能型住房或进行节能型改造的抵押贷款保险费提供10%溢价退款和最长35年的延期分期付款，其退款方式为一次性付款[1]。新能源银行则与太阳能节能企业合作，为商业建筑或个人住宅的绿色节能项目提供利率为1%的1/8贷款优惠，且利息支出能够税前抵扣。此外，英国的巴克莱银行也提供了相同的贷款项目[2]。新能源汽车绿色信贷部分，2021年2月，星展银行推出新加坡首个绿色汽车贷款计

---

[1] North American Task Force of the United Nations Environment Programme Finance Initiative.（2007）. Green Financial Products and Services, 15-38. Retrieved August 2007 from https://www.unepfi.org/fileadmin/documents/greenprods_01.pdf.

[2] 中央财经大学绿色金融国际研究院，NRDC自然资源保护协会.中国商业银行绿色零售业务发展研究报告.http://www.nrdc.cn/Public/uploads/2020-03-26/5e7c0cc160935.pdf.

划，明确购买新能源汽车或混合动力汽车的买家可享有1.68%的固定车贷优惠年利率。

碳减排金融产品立足于碳市场的逐步成熟和多元化的市场需求，是助力资金流向低碳转型领域从而推动企业落实减排降碳战略的重要工具。碳减排金融产品包含"场内"交易的碳金融产品和"场外"交易的碳金融产品两大部分，以是否在碳排放权交易所内交易为区别点。"场内"交易的碳金融产品包括但不限于碳现货、碳期货、碳期权等，主要以碳排放权交易所（如欧洲气候交易所）为主要流通场地，通常具有更为体系化的合约设置，具备标准化、合规性、公开透明等特征，可以有效提高供需双方的匹配性和交易效率，实现碳排放权与流动现金的直接转化，推动企业提高减排降碳意识以降低运营成本。"场外"交易的碳金融产品以碳远期、碳掉期等非标准化金融衍生品为代表，可依据交易双方的实际需要进行更为灵活的定制化设置，满足企业和金融机构的多样化需求，吸引更多碳排放主体及投融资主体进入碳市场，进一步提高碳市场活跃度。

5.2.2 碳普惠金融服务平台

金融机构可通过发展碳普惠金融服务平台，对小微企业、社区家庭和个人的节能减碳行为进行具体量化并赋予价值意义，建立起以商业激励、政策鼓励和核证减排量交易等形式相结合的正向引导机制，扩大绿色普惠群体的同时也提升自身平台的辐射范围和深度。该服务通过激励性手段促进绿色低碳的生产、生活方式，具有普惠民生的公益性与外部性。2013年以来，北京"绿色出行碳普惠"、成都"早点星球"、广东省"碳普惠"以及深圳碳账户等政府主导的碳普惠项目陆续展开搭建碳积分体系的尝试，积极鼓励公众采用城市公共自行车、搭乘城市公交、步行等绿色出行方式。因此，以政府牵头的普惠性减碳服务平台已为碳普惠金融服务提供了较多实践性经验。

> **知识点：碳减排的金融支持**
>
> 2021年11月8日，为贯彻落实党中央、国务院关于碳达峰、碳中和的重要决策部署，完整准确全面贯彻新发展理念，中国人民银行创设推出碳减排支持工具这一结构性货币政策，以支持清洁能源、节能环保、碳减排技术等重点领域的发展，撬动更多社会资金促进碳减排。在具体的机制设计上，碳减排支持工具由中国人民银行向全国性金融机构发放贷款，相当于再贷款的政策工具。在操作流程上，金融机构首先为清洁能源、节能环保和碳减排技术三个重点领域的企业提供碳减排贷款，贷款利率应与同期限档次的贷款市场报价利

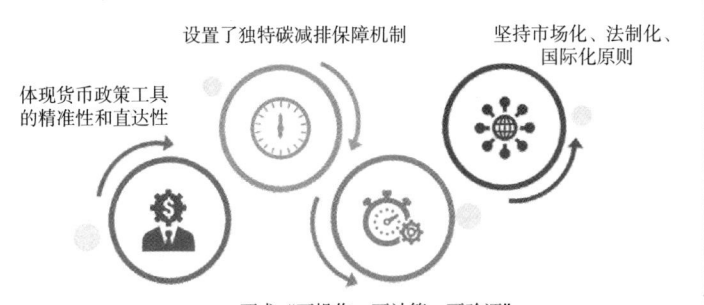

图 5-12 碳减排支持工具的特点
资料来源：中财大绿金院

率（LPR）大致持平；再向中国人民银行按贷款本金的60%申请碳减排支持工具的资金支持，利率为1.75%。金融机构申请碳减排支持工具不仅需要向中国人民银行提供合格质押品，同时还需要提供贷款的碳减排数据，并承诺对公众进行信息披露。

截至2021年11月底，全国各地多笔碳减排贷款已逐步落地，其中兴业银行深圳分行、招商银行深圳分行率先发放首批12笔总额达到10.54亿元的碳减排项目贷款，预计带动年度碳减排量93.06万吨二氧化碳；兴业银行杭州分行发放了2.3亿元的碳减排贷款，用于支持浙江省内71个分布式光伏发电项目的建设；兴业银行太原分行也发放了首笔总额1.12亿元的碳中和贷款，专项用于山西省高速公路分布式光伏发电项目建设。

案例：兴业银行领先开展"绿色银行"建设，精准开发碳减排金融产品

兴业银行是国内绿色金融先行者，已然将"绿色银行"打造为自身发展的重要品牌。截至2022年6月末，兴业银行已累计为46 950家企业提供绿色金融融资41 875亿元，绿色金融表内外融资余额达15 253亿元，较年初增长约10%。在此之前，兴业银行提出，"十四五"期间全行绿色金融业务规模翻番，即至2025年末，集团绿色金融全口径融资余额不低于2万亿元，绿色金融企业客户数不低于5.5万户。"双碳时代"背景下，兴业银行能够及时创新现有绿色金融产品形式，开拓性探索助力碳减排的金融工具。2021年10月，兴业银行成都分行发放四川首笔"碳足迹"挂钩贷款，将融资成本与四川环龙新材料有限公司的碳排放表现相匹配，信贷额度为2 500万元。若企业在该笔贷款期间能完成既定的减排目标，每年最多可降低25万元的融资成本，对应减碳行动所节约的碳配额，按照审批时碳价，将带来约50万元的额外收入。2021年11月，兴业银行杭州分行优选国网浙江综合能源服务有限公司分布式光伏项目作为融资支持对象，以期限为12年、授信额度为6.4亿元的专项资金支持企业在浙江省内的144个分布式光伏发电项目建设。据初步测算，该项目建成运营后可实现年节约标准煤量62 494.76吨、年减排二氧化碳量156 221.64吨、年减排二氧化硫量1 784.85吨、年减排氮氧化物量288.73吨。

随着越来越多的金融机构和互联网企业进入碳普惠市场，碳普惠金融平台层出不穷，其中相对成功、具有代表性的项目为"蚂蚁森林"。2016年8月底，蚂蚁金服旗下子公司支付宝正式推出"蚂蚁森林"。该绿色低碳公益项目将社会大众的绿色生活方式与低碳减排行为（如步行或骑自行车代替开车、选择公交出行、网上办事等）的减排量计算为虚拟的"绿色能量"，在手机程序中浇灌虚拟树。待到虚拟树长成后，"蚂蚁森林"和公益合作伙伴对应在荒漠化地区种下一棵真树，以培养和激励参与者的低碳环保行为。2019年，"蚂蚁森林"连获联合国环保领域最高奖项"地球卫士奖"与应对气候变化最高奖项"灯塔奖"。《蚂蚁森林2016—2020年造林项目生态系统生产总值（GEP）核算报告》统计显示，截至2020年底，"蚂蚁森林"的参与者逾5.5亿，累计种植真树超过2.23亿棵。蚂蚁集团和中国绿化基金会、阿拉善SEE基金会、亿利公益基金会、阿拉善生态基金会等公益合作伙伴一起种植及养护树木总面积超过290万亩。

绑定支付、增加客户黏性是金融机构及互联网企业发展碳普惠金融平台的重要原因。碳普惠金融平台以碳账户为主要载体，通过运用金融科技手段将用户绿色支付、绿色出行、绿色生活等低碳行为折算为相应碳积分，并将碳积分与商品优惠券兑换或公益捐赠等激励手段相挂钩，逐步成为企业绑定用户支付黏性的工具之一。但考虑到企业作为营利性组织的属性，积分或服务兑换这一商业模式仍不够畅通，这一激励手段对推动企业碳普惠的发展仍然有限。因此，拓展碳账户的应用场景显得极为必要，在防范风险的同时提供更多的碳普惠激励方法，推动公众形成绿色低碳生活方式。此外，"蚂蚁森林"等碳普惠金融平台将支付、征信、担保等金融属性与低碳场景相结合，以"支付获取绿色能量"为支点，撬动绿色消费。2021年天猫等电商平台"双11"活动首次上线"绿色会场"，消费者购买有"绿色"标识的绿色低碳产品可获取"绿色能量"，为商家和消费者嫁接起绿色消费的"桥梁"，同时也成为向消费者宣传、推广绿色低碳环保理念的重要方式。

> **案例：打造全国首个数字人民币碳普惠平台"青碳行App"**
>
> 2021年9月，由工商银行青岛市分行与数金公共服务（青岛）合作研发的"青碳行App"在中国国际服务贸易交易会发布，成为全国首个以数字人民币结算的碳普惠平台（见图5-13）。"青碳行App"对团体、家庭、个人的绿色低碳、健身活动行为进行具体量化处理，以数字人民币衡量碳减排量价值，通过智能合约方式直接支付给居民以作为低碳活动的奖励。该应用程序首先按照用户通勤距离与公共出行方式（青岛市区地铁、公交）划分可量化的低碳标准，然后通过区块链分布式账本记录对应的低碳积分

案例：打造全国首个数字人民币碳普惠平台"青碳行App"

并以数字人民币计价，在用户发起兑换操作后将等价数字人民币支付到用户个人数币钱包中。"青碳行App"依托中国工商银行的"工银玺链"区块链技术，直接对接青岛地铁等数据，实现数字人民币记账不可篡改、透明高效、全程可追溯等特点，保障项目交易流程的隐私性与有效性。具体而言，该项目的落地得益于中国人民银行青岛市中心支行、青岛市发展改革委、青岛市大数据局等部门的共同指导，同时也是工商银行青岛市分行对金融支付、绿色出行和智慧生活协同发展模式的成功探索，为金融机构积极提供碳普惠服务、鼓励市场参与者践行低碳生活提供借鉴意义。

至臻社区
发现-臻美之谛
满足你的探索之旅

我的碳资产
感受-数字链接
数字化资产.享全新
数字生活

我的碳足迹
拓印-你的生活
简单瞬间都值得
被记录

日臻榜
找到-生活态度圈
与绿色低碳践行者
肩并肩

图 5-13 "青碳行 App"功能示意图
资料来源：青碳行官网，https://www.lcago.cn/

案例："低碳冬奥"微信小程序引导低碳生活

2020年7月2日，北京冬奥组委正式发布并上线"低碳冬奥"微信小程序，2021年8月"低碳冬奥"小程序2.0版（中英文双语模式）正式上线。"低碳冬奥"小程序利用数字化的技术手段和科学的计算方法，全面记录用户在日常生活中的低碳行为轨迹。用户在践行绿色出行、垃圾分类、光盘行动等低碳行为的同时，可通过截图上传信息、授权获取微信步数、自主打卡确认、冬奥知识答题、低碳行为拍照记录等方式获得碳积分和"低碳达人"等荣誉勋章，并用碳积分来兑换相应的奖励。碳积分主要通过步行、自行车骑行、公交出行等5项绿色出行活动和光盘行动、爱用随行杯、自备购物袋等6项低碳生活消费行为，再加上全国都在推行的垃圾分类，共计12项行为活动获得。另外，公众还能通过参与分享活动、发表绿色宣言、知识答题3项活动获得碳积分。这种将碳积分量化的方式，有助于鼓励和引导社会公众践行绿色低碳生活方式，培育社会公众的低碳责任感与荣誉感，能起到良好的社会示范效应。同时，为了增加趣味性，主办方还设计了非常丰富的互动社交玩法。比如，邀请好友组团践行低碳行为，可获得翻倍的碳积分；好友的碳积分忘了领，你可以帮忙收取；建立低碳排行榜，比比

案例:"低碳冬奥"微信小程序引导低碳生活

看谁是低碳达人等。北京冬奥组委号召公众迅速行动起来,与家人、朋友一起,自觉践行绿色出行、垃圾分类、光盘行动等绿色低碳的生活方式,玩转"低碳冬奥"小程序,提高绿色环保意识,争做冬奥低碳达人、低碳家庭。截至2021年12月底,已有11 0324用户参与"低碳冬奥"小程序(见图5-14)。

图5-14 "低碳冬奥"小程序
资料来源:冬奥会官网

5.3 碳金融产品交易流程

在碳金融市场蓬勃发展过程中，创新的产品及服务是机制运作的基础，也是监管部门与金融机构最为关心的核心市场要素。通过相关产品的市场化运行，碳资产也得以真正发挥金融支持低碳发展的资源配置、风险管理和市场定价三大功能。在此背景下，掌握碳现货和期货等产品交易流程是企业"驰骋"碳市场的必经之路。

碳金融产品类型的更迭受政策与市场的双向影响，正逐步呈现出多样化趋势，但各金融市场的进展程度不同。早在2016年，中国人民银行、财政部等七部门即联合印发了《关于构建绿色金融体系的指导意见》，提出碳金融产品及衍生工具的发展包含但不限于碳远期、碳掉期、碳期权、碳信贷、碳债券和碳基金等内容。目前，我国仍以碳排放权交易为主要金融产品。相比之下，在碳金融市场发展较早的国外市场（以欧洲为代表），碳期货已经成为市场的主力支撑。以下内容将立足于碳金融定义范畴，探讨现行主流碳金融产品的交易流程，以期为企业合理运用碳金融产品及衍生工具提供指引和方案。

5.3.1 碳现货交易

碳现货交易是二级碳金融市场中最为原始和根本的金融活

动,以碳排放权为核心资产标的,最早出现在国际温室气体排放权交易市场中,同时也是我国碳排放权交易所中的核心交易形式。如表5-5所示,碳现货的主要交易参与者是企业和金融机构,通过现金买卖的方式对碳排放权的归属转移进行交割结算。碳期权是碳金融市场发展的根基,在实现碳排放权流动及促成企业减排降碳等方面有显著的作用。如图5-15所示,交易双方会在现货交易合约中对碳排放权交易时间、地点、方式、数量、价格等细则予以协定,最终实现碳排放权的转移、交换与流通。

表5-5 碳现货

标的资产	市场实时的碳排放交易权
交易场所	场内交易
交割结算	现金买卖,碳排放权归属转移
主要交易参与者	企业、金融机构
特点	碳金融市场发展根基、实现碳排放权的流动、促成企业减排降碳等

资料来源:根据公开资料整理

目前,国际市场上主要流通的碳现货为EUA现货、CER现货和EUA、CER差价现货;我国全国碳市场流通的CCER认定的碳排放权便属于CER现货。

碳现货如何助力减排降碳?碳现货机制是基于对市场资源的高效配置,进而推动全维度减排降碳的执行。因此,短期内无法达成强制碳减排任务的市场参与者可通过碳现货交易,向

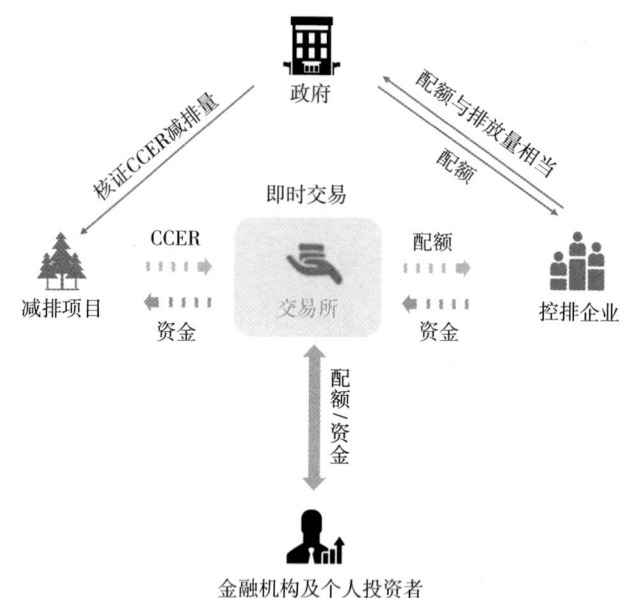

图 5-15 碳现货交易流程（以 CCER 为例）

资料来源：根据公开资料整理

有碳排放权余额的企业购买额度予以抵消需超额排放的部分。如此一来，降碳任务的分配虽则增加了企业运营成本，但也反向督促企业提高减排降碳意识。碳排放权得以转化为流动现金，正向激励并推动企业的绿色低碳发展。

5.3.2 碳金融衍生工具

为了保障碳金融市场的健康运作，以活跃的流动交易引导市场参与者践行减排降碳，金融机构可基于碳现货市场的探索经验，引入碳金融衍生工具。下文将重点关注碳金融衍生产品，讨论几种主要产品类型。

1. 碳期货（Carbon Futures）

碳期货交易是以碳现货为标的、在交易所内进行交易的金融活动，标的资产是未来时刻的碳排放交易权。与明确结算交易价值的有价证券不同，碳期货是具有一定时间跨度和承诺性的期货合约。如图5-16及表5-6所示，碳期货买家（投资者）与拥有排放权的卖方（套期保值者）约定以某个价格在未来的时点、地点执行合约，并通常以"约定报价与未来交割时点碳价"的差价进行结算，而不是真正意义上的碳排放权归属转移。整体而言，碳期货交易的促成缘于交易双方对碳市场未来"上涨或下跌"趋势的预期差异。

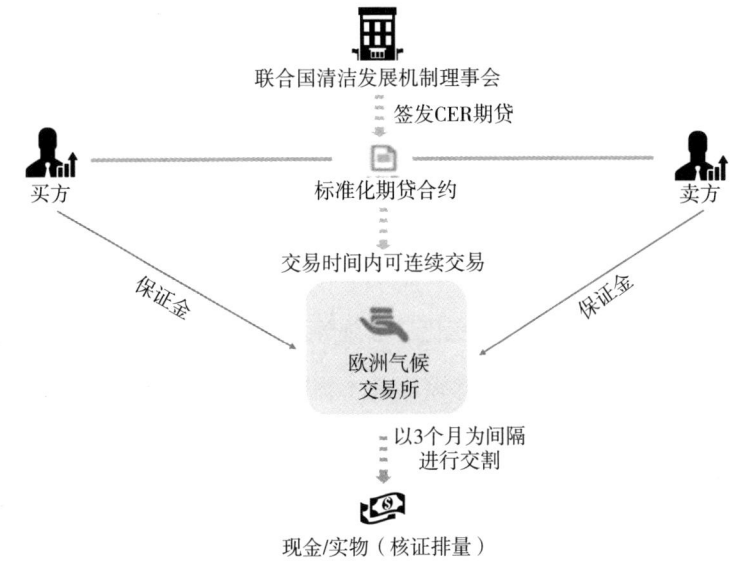

图 5-16 碳期货交易流程（以欧洲气候交易所 CER 为例）

资料来源：根据公开资料整理

表5-6 碳期货

标的资产	未来时刻的碳排放交易权
交易场所	场内交易
交割结算	合同约定的碳价与到期时点碳价的"差额",非碳排放权归属转移
主要交易参与者	企业、金融机构
特点	价格发现、规避和转移价格风险、降低交易成本和减缓价格波动等

资料来源:根据公开资料整理

相较于碳现货市场的需求实时变动,碳期货市场给予投资者一定的弹性,也是锚定碳金融市场产品价格的重要工具。具体而言,一方面投资者可以通过现货市场与期货市场买进或卖出的操作机制来对冲风险;另一方面期货具有的"做空"机制和"双向交易"等属性,在高活跃度、高探索期望和低交易成本的情况下,更能够使碳期货价格相对真实公允,并以公开认证的合约协议有效分配市场资源、稳定供求关系。此外,碳期货可以更好地体现市场参与者对其未来真实市场的预期和信心,其中包含但不限于气候变化、宏观经济波动、碳减排政策调整及趋势、能源价格、减排降碳技术突破等因素。碳期货产品具备价格发现、规避和转移价格风险、降低交易成本和减缓价格波动等功能,俨然成为国际市场上活跃度最高的碳金融衍生产品之一。

碳期货如何助力减排降碳?碳期货可以有效体现出碳金融

市场机制建设是否有效、市场参与者对未来的期望程度及调动碳排放市场交易活跃程度，因此各市场参与者可基于碳期货产品特性对应采取相关措施。首先，政府及监管部门可以通过发展碳期货、完善碳金融市场机制建设，引导市场通过减排降碳获取及催生碳信用。其次，国际多双边组织及金融机构可基于活跃的碳期货交易、碳期货衍生工具创新，将资金用于支持可持续发展的同时，获取收益、规避风险。最后，企业可通过购买碳期货，锁定每年间接碳排放量成本，提升剩余额度的收益，稳定企业减排降碳过程中的运营资本。

2.碳远期（Carbon Forwards）

碳远期主要代指为减排降碳项目（以CDM项目为例）建立的远期交易。如表5-7所示，碳远期产品通常在项目开始前，由买卖双方约定形成；在项目运作成功后，由买方支付合同中明确的价格并获得远期交易合同中约定的碳排放配额量。本质上，碳远期合同与传统金融学意义上的远期合同存在一定共性，主要差异是将基础远期合同的资产转换为单位碳配额量。与此同时，相较于碳期货在合同到期时可酌情决定是否选择执行，碳远期合同到期时则必须执行。图5-17也显示了碳远期合同的需求方（买方）需按照约定价格支付金额，合同提供方（卖方）则交付合同中的基础碳资产。相关强制执行的交易模式也同时赋予了碳远期"规避风险、固定收益"的双重特点。

表5-7 碳远期

标的资产	碳资产
交易场所	场外交易（交易所可提供OTC结算服务）
交割结算	以约定金额购买碳资产，碳资产所有权归属转移
主要交易参与者	企业、政府、非营利性机构组织
特点	碳资产保值、投机、价格发现等

资料来源：根据公开资料整理

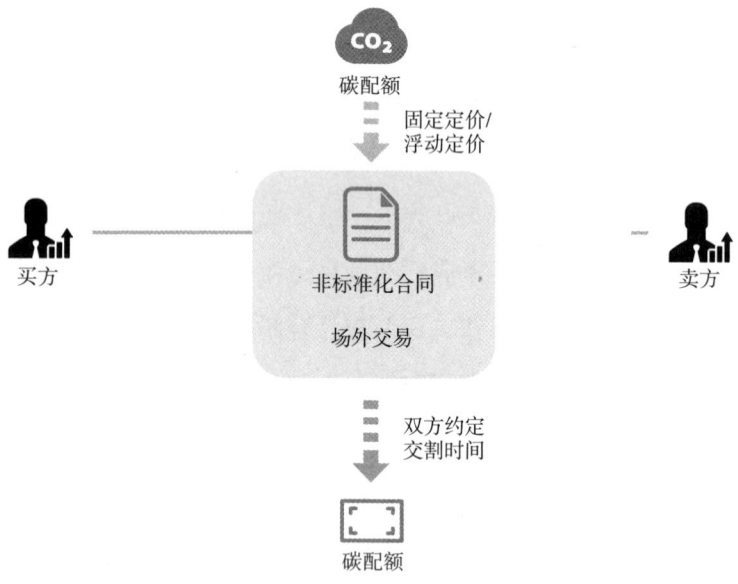

图 5-17 碳远期交易流程

资料来源：根据公开资料整理

碳远期合同的创新不仅可有效为碳减排项目提供资金收益，实现相关项目核证减排量的资产价值，活化金融市场，还可以拓宽市场碳减排路径，维持供给平衡，以固定成本（避免未来碳价波动）满足碳资产需求方的市场化诉求。同时，碳远期同碳期货合同相类似，能够在市场交易中探索金融机构与企业对市场的期望，以交易机制灵活、流动性高等特性稳定市场供需关系，进而发挥价格发现的功能。

碳远期如何助力减排降碳？碳远期与碳期货产品有诸多类似特性，其主要区别体现在碳远期可依据交易双方需求量身定制，是非标准化金融产品。碳远期合同中，碳资产需求方会依据自身减排额度积极寻求适配的碳减排项目，在某种程度上可促使减排降碳执行效益的最大化。碳远期与其他金融衍生品一致，具有活跃市场交易、完善市场价格发现机制的功能，同时具有"保值避险"的主要特点。因此，企业作为碳资产需求方可通过购买碳远期合同锁定自身减排降碳的成本。

3. 碳期权（Carbon Options）

"期权"是指在合同有效期间内，买入或卖出某项资产的特权；买入"特权"的资金暂在此称为"特权价格"。期权合同的形式与标的具有多样性，此处对相关内容的分析及有关碳期权的介绍将以期货期权为代表。在期权合同中带入"碳"属性后，碳期权合同的行权实际交易对象为碳期货，因此碳期权是建立在碳期货上的进一步金融产品创新。

表5-8 碳期权

标的资产	碳期货合同
交易场所	场内交易及场外交易
交割结算	（选择执行的情况下）依据协定价格交易"碳期货"，不涉及直接的碳资产所有权归属转移
主要交易参与者	政府、金融机构、企业
特点	控制风险、套期保值、组合投资等

资料来源：根据公开资料整理

如图5-18所示，碳期权买家协定在一定时间范围内，以某个固定的行权价格向卖家买入能够履行碳期货合同的"特权"。该"特权"保证买家在未来一定时间点可以行权价格"买入或卖出"碳期货合同，且碳期权合同的买家有权依据市场价格的变动情况，选择是否执行"特权"。卖家在交易中单向尊重买家是否选择执行的结果，固定收获买家支付的购买"特权"费用，并依据买家选择到期"履行或不履行"碳期货内容。碳期权买家若选择"执行"，则在名义上赚取价值为"市场碳期货价格−协定碳期货价格"的差额，实意则为碳期货所属权的转移；碳期权买家若选择"不执行"，仅损失有限的"特权"成本。碳期权卖方损失与收益则与买方完全相对立。由此，碳期权也可以理解为"单向合同"。

碳期权合同与传统期权类似，交易方式可分为4种：买家视角的"买入看涨期权""买入看跌期权"与卖方视角的"卖出

图 5-18 碳期权交易流程（以期货期权为例）

资料来源：根据公开资料整理

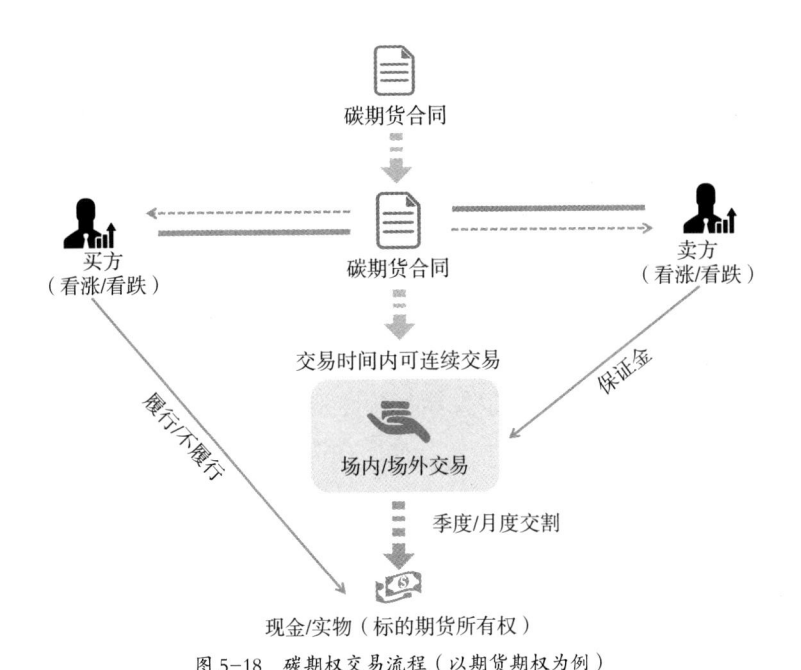

看涨期权""卖出看跌期权"。具体的收益与损失情况仅可基于市场碳期货价格实际变动来判定。以买方视角举例来看，若买家手握资金并预计碳期货价格大幅上涨，则买入"看涨期权"，协定到期时可以协定的"低价"执行买入碳期货；若买家手握碳期货，为防止碳期货价格走低造成的亏损，买入"看跌期权"可在一定程度上控制风险损失。

碳期权相较于其他碳金融衍生品具有一定的特殊性，主要表征为以下四个方面的特点。一是在碳期权的交易执行中，实际交割的资产为碳期货合同，不以碳资产所有权归属地转移为结果。二是碳期权本质上以碳期货合同为交易对象，因此有关"特权"成本的定价与碳期货价格具有显著的"同涨同落"特征。三是碳期权的履约极为强调时效性，买家权利的执行仅限于期权合同中签订的"到期日"，过时不候。具体而言，期权合同可依据不同的触发时点和交易设定分为碳欧式期权、碳美式期权、碳百慕大期权等。通常碳期权到期日为交割月的最后3个交易日，碳欧式期权仅能在约定到期日当日行使，碳美式期权则在约定到期日前均可行使，碳百慕大期权则可在到期日前所规定的一系列时间内执行交易，更适用于固定收益市场。四是碳期权交易"买方"投资损失有固定上限。相较于碳现货、碳期货在市场价格沉浮时可能面临的无限收益或损失，碳期权以协议金额的形式，将买方风险控制为购入"特权"的成本金额，收益则没有限额。依据"定额风险成本、无限收益向上"的产品特点，投资者则更倾向于将碳期权纳入投资组合构建中。

碳期权如何助力减排降碳？不同于其他碳金融衍生品，碳期权参与者能够以有限的沉没成本进行风险管控。首先，政府及监管部门可通过完善碳期权交易机制，完善碳金融市场交易、提供有效的风险控制工具。同时，在碳金融市场价格产生剧烈波动时，相关部门能够通过配置一定的碳期权产品，发挥宏观风险调控作用。其次，金融机构作为产品与服务供给方可以不断完善市场交易结构，并从资产端积极开展市场活动，提升碳金融市场的有效性。与此同时，碳减排企业作为碳资产的市场供需方，一方面能够提升自身的减排降碳执行力度；另一方面则可通过买卖碳期权组合策略实现套期保值、风险对冲，甚至实现一定的投资收益。

4.碳互换、碳掉期

互换合同，也称掉期合约，是交易双方约定好在未来的一定时点，相互交换一系列"资产"的交易形式。其特点主要体现于"交换"二字，如生活场景中的互换交易可以是用资产购买商品、再进行商品交换的基本形式，也可以是传统金融市场中的货币互换（换汇等）、利率互换、股票互换、期限互换等，具有高度的灵活性（见表5-9）。

表5-9 碳互换、碳掉期

标的资产	碳资产
交易场所	场外交易（交易所可提供OTC服务）
交割结算	碳资产互换；碳资产与其他资产；未来时点碳价的"差额"等
主要交易参与者	政府、企业、投资者
特点	促进产生碳信用、风险管理、筹资与投资、辅助价格发现等

资料来源：根据公开资料整理

碳互换合同中，因碳资产同时具有商品属性和货币属性，依据标的物的不同在互换形式创新设计上则更为丰富，体现出多样化特征。相对典型的碳互换交易形式是打通交易所规则与碳资产形式的壁垒，实现不同交易市场的碳资产互换。具体而言，国际上各个交易所的碳排放权交易体系、碳核查、碳信用认证机制等内容存在差异，且不同类型的碳资产无法对等处理或直接在公开市场上交易。市场参与者为实现跨市场的交易需求，积极实现碳减排目标，由此衍生出"碳权互换"（品种互换）的本质需要。因此，碳互换合同应运而生，旨在实现如CER与EUR之间、CER与EUA之间及EUR与EUA之间的碳资产类型互换。

如图5-19所示，碳资产还可以与其他类型的资产进行互换。类似的互换合同通常包含"债务与碳信用互换"和"温室气体排放权互换"两种形式。"债务与碳信用互换"主要指债务国在债权国的要求下将资金投资于碳减排项目，项目产生的碳资产则作为"债务还款"归属于债权国所有。"温室气体排放权互换"则是让企业主体直接以资本支持碳减排项目，并在最后获得项目产生的碳资产以作为资本投入的收益。归根到底，碳互换合同在本质上可类比看作"一系列碳远期合同"，即以不同类型的资本购买未来时点的碳资产。

碳互换、碳掉期如何助力减排降碳？相较于其他碳金融产品，碳互换交易双方因国家、地区及企业碳减排压力的差异，具有鲜明的"各取所需"功能性要求。尤其在资产负债比高、资金压力大或者技术短缺的碳减排项目中，碳互换、碳掉期在实现碳资产资源合理配置、助力企业或相关参

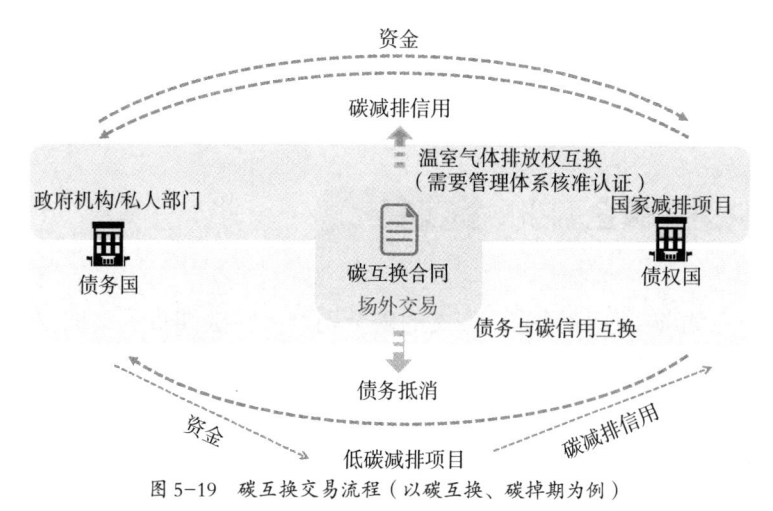

图 5-19 碳互换交易流程（以碳互换、碳掉期为例）

资料来源：根据公开资料整理

与者完成碳减排任务等方面扮演重要角色。就政府而言，一方面需为碳互换机制提供必要的基础设施与机制建设，以政策性引导的方式强化场外交易监督，积极推动碳互换交易的发展，加速市场的减排降碳；另一方面可运用诸如"债务与碳信用互换"的创新产品形式吸引海外资本对所在国开展生态环境建设，不仅可以通过低价碳资产吸引发达国家企业的进驻，更可以引进先进的低碳清洁技术助力产业转型升级。与此同时，企业作为减排降碳的执行者和碳资产的市场需求方，在"碳资产互换"或"碳资产与其他资产互换"可实现的机制下，可充分运用市场机制，开拓碳减排与碳抵消路径。针对短期内无法完成碳减排任务的企业，如传统能源等高碳密集型企业，碳互换交易提供了地域性更为广阔、类型更为丰富的碳资产获取路径，能够有效助力企业参与减排降碳的具体行动。

5.4 碳金融投融资工具

如前文所探讨的，广义的碳金融产品除碳期货、碳期权、碳掉期等代表之外，还包含但不限于碳信贷、碳基金、碳债券、碳保险等碳金融投融资金融工具。信贷、证券、基金、保险等金融产品名词在日常生活与财经新闻中较为常见，与碳金融概念相结合也是以金融手段支持应对气候变化的重要方法，值得深入关注。在全球联合应对气候变化、贯彻实现"双碳"目标的国际背景下，赋予金融市场可持续发展思维，明确支持减排降碳方向的投融资服务工具至关重要。现阶段，我国在推动绿色金融发展的进程中，已囊括部分与碳金融相关的重要议题。下文将重点关注部分我国已采取对应创新探索的碳金融投融资工具，以期为企业碳减排的实现提供金融的思路。

5.4.1 碳信贷

碳信贷产品通常由商业银行作为主要发起人，明确以减排降碳为目标导向，以企业或项目为申请主体，对应发放信贷资金支持。具体而言，碳信贷产品主要以信贷资金为资本支持，为减排降碳企业或低碳技术改造项目提供有力的资金支持，促进低碳技术的研发或生产线设备购置等。区别于传统信贷产品，碳信贷重点在企业的经营与风险评定环节增设环境建设、社会权益及碳排放强度等碳绩效指标。此外，商业银行会针对投向企业实施环境风险控制评估和追踪，以专业经验为减排企业提供一定的咨询支持。一方面，碳信贷产品是切实引导资金流向低碳转型的有效路径；另一方面，碳信贷能够提升企业或项目主体对生态环境和低碳发展的重视。

碳信贷产品案例

2021年12月，浦发银行上海分行推出可持续发展关联贷款产品，创新性地将企业的可持续发展目标、实现的碳减排目标与融资利率紧密挂钩。以浦发银行服务的新能源汽车充电桩企业特来电为例，这笔贷款的利率与特来电所能达到的碳减排量"环保绩效"指标、公益服务的"社会绩效"指标挂钩，并设立年度观察日，依据行业协会提供的权威数据，对特来电上一年的碳减排量进行评估，确保企业实现了上一年度的"观察指标"后，贷款利率就会阶梯式下调，最终可实现3.20%的优惠利率。

关键性政策文件：中国人民银行于2021年11月发布"碳减排支持工具"，采用"先贷后借"的模式，以碳减排贷款本金的60%提供强有力的政策资金补贴，加速以商业银行为代表的金融机构向碳减排企业或项目放贷。

5.4.2 碳基金

碳基金产品是专项提供低碳转型资金的金融手段，以股权投资或采购协议为主要形式，为全球范围内的减排降碳项目和交易进行注资。区别于传统金融层面的基金投资产品，碳基金的投资回报可以为碳资产，也可以为资金收益。碳基金投资通常涉及低碳转型领域的专业属性，相较于普通财务资本，碳基金的进驻附带更高的专业性，获得投资的碳减排项目大抵有机会获得更为前沿的减排技术支持。在相对更长的时间维度上，碳基金可凭借雄厚的资本和专业经验引导企业实现节能减排技术的创新，推动市场产业结构优化调整，同时完善以企业为主导的低碳战略布局及研究等内容。值得关注的是，碳基金同时是全球维度的项目投资。举例而言，国际投资基金组织可凭借碳基金工具在获取较低定价的碳资产投资机会的同时，支持财力较弱的《联合国气候变化框架公约》缔约国开展减排降碳项目，各取所需，实现资源互补。综合而言，碳基金的设立和相关项目的投资能够向市场传递积极的"减排降碳"信号。

关键性政策文件：2021年10月24日，中共中央、国务院印发的《关于完整准确全面贯彻新发展理念做好碳达峰碳中和工作的意见》指出,将研究设立国家低碳转型基金,鼓励社会资本设立绿色低碳产业投资基金。

碳基金产品案例

◇ 2020年,财政部、生态环境部和上海市人民政府共同发起设立国家绿色发展基金,规模为885亿元,主要支持治理或修复大气、水、土壤、固体废物污染治理等外部性强的绿色发展项目。这是我国首只专注绿色发展的国家级母基金,是碳基金板块引领可持续投资的重要里程碑。

◇ 2021年11月23日,由深圳福田引导基金与柏纳基金合作设立"深圳柏纳碳中和"专业投资基金,这是国内首只政府引导基金参与的"双碳"基金,主要聚焦新能源领域的前瞻布局。基于深圳的新兴产业战略与风电光伏等产业集群不足的现状,该基金将投资更多外部新能源产业,深耕当地碳排放权交易,助力福田区成为智慧、绿色、协同的"双碳"示范区。

5.4.3 碳债券

碳债券产品主要由企业以发行债券的形式向金融市场的投资

者募集资本，并将资金投向具有减排降碳效益的项目或企业。区别于传统债券以货币为主要标的，碳债券是承诺在一定时期后支付现金或碳资产的债务凭证。碳债券的主要功能是填补政府、企业等在应对气候变化和转型过程中的投融资资金缺口。政府视角下，碳债券具有资金规模大、周期和收益分配机制稳定等特点，可有效支持地方政府建设减排降碳、适应气候变化等的公共项目；企业视角下，公司碳债券同样能够以合理适配的资金为企业减排降碳和全面转型提供支持。碳债券的发行及运作可完善"碳资产"配套机制的建设，包含但不限于财政税收考量、碳会计核算体系、减排项目评价体系等内容。在产品端，碳债券可衍生为碳债券期货、混合碳债券期货等产品，为碳金融市场引入更多资本进场，提供更多样化的投资品种和风险对冲工具。与此同时，碳债券的发行能够为金融市场提供优质投资产品，也可形成投资者教育资源，加强广大市场参与者对低碳经济的重视。

碳债券产品案例

2014年，中国广核集团有限公司作为清洁能源企业，发行国内首只碳债券产品，该债券项目主要用于五个风电项目建设，依据当时CCER市场均价区间（8元/吨至20元/吨），该项目每年的碳资产收益价值在50万元至300万元。2021年3月18日，国家开发银行发行国内首只碳中和金融债券，明确将投向风电、光伏等碳减排项目，从电力系统脱碳助力能源行业的可持续发展转型。2021年11月22日，湖南省发行全国首只"碳中和"政府专项债，募集资金将专款用于地方中低速磁浮和有轨电车类电气化交通建设，致力于以明确的二氧化碳减排收益助力"双碳"目标的达成。

5.4.4 碳保险

碳保险主要以保险机构为核心承保单位，企业为主要被保险人，旨在以碳资产相关创新保险产品或服务保障企业或项目的系列风险。相关风险范畴包含企业在践行减排降碳过程中潜在的物理或转型风险，诸如运营、技术、气候变化等相关内容，以及外部环境受政策、碳核查机制、碳价波动等方面的影响所带来的法律、市场及金融风险等。整体而言，碳保险以风险补偿为前提，为企业在减排设备运营、项目开发过程中提供保障，能够通过费率厘定机制倒逼企业积极践行减排降碳转型路径。就负债端而言，碳保险能够通过创新开发多样化保险产品，满足市场参与者日益增长的碳风险管理需求。保险机构为降低碳保险产品的赔付风险，也将基于低碳转型项目的开发与实践经验为企业提供风险检测和技术支持。就资产端而言，保险公司可借助碳保险投保资金，在优化保险机构资产结构、提升风险管理和投资收益的同时，以资本流向支持市场减排降碳项目的可持续发展。综合而言，有关碳保险的风险研究与实践需求可推动碳资产法律制度与金融体系配套制度的完善，为行业及企业在应对气候变化与实现"双碳"目标时可能面临的诸多困境提供更具操作性的风险管理方法及辅助措施。

碳保险产品案例

2021年5月，人保财险与顺昌县国有林场签订《"碳汇保"商业性林业碳汇价格保险协议》，开创"碳汇＋保险"模式，发布国内首个林业碳汇价格保险。在保险期内，若市场林业碳汇项目价格波动造成保险碳汇实际价格低于约定目标价，将按照保险条款为林场进行赔付，这对碳汇林业种植企业探索林业固碳项目开发具有积极推动作用。

2021年11月，太平洋产险为第四届中国国际进口博览会（以下简称"进博会"）打造"碳中和保险"，提前购入碳资产以实现进博会期间超额化石燃料消耗的碳排放抵消，实现"零碳进博"。进博会期间，太平洋产险与上海环境能源交易所、申能碳科技有限公司、交通银行股份有限公司达成"碳配额＋质押＋保险"合作，为全国首笔碳排放配额质押贷款保证保险业务。

关键性政策文件：2021年1月，中国银保监会在工作会议中明确将"积极发展绿色信贷、绿色保险、绿色信托，为构建新发展格局提供有力支持"列为年度工作重点。2021年6月，中国保险行业协会发布的《保险业聚焦碳达峰碳中和目标助推绿色发展蓝皮书》，从强化绿色保险保障、加大绿色投资支持、深化绿色低碳运营三方面提出保险业支持"双碳"目标的规划建议。2021年11月，中国银保监会明确支持保险机构推出符合绿色低碳发展需求的保险产品和服务，会同保险业资产管理协会及行业机构，持续推进保险资金运用市场改革，强化低碳转型、ESG等领域投资引导。

其他碳金融产品及服务包含但不限于碳理财、碳指数、碳资产质押融资、碳融资租赁、跨境碳资产回购等，未来都将成为碳金融市场的重要组成部分，但相关内容尚未形成体系与规模化，本文将不再做进一步展开。综合而言，各种类型的碳金融产品和服务都能够通过持续深化市场参与者的可持续发展意识、有针对性地配置碳中和资源需求、提供多元化投资组合及风险管控等方式强化碳金融市场的生态圈建设，探索推进经济社会减排降碳、高质量转型的有效路径。

本章小结

1. 碳金融是聚焦于可持续金融、以减排降碳为使命的金融创新。
2. 看不见摸不着的"碳"在碳中和的使命下，被人类智慧赋予了资源稀缺性，并逐步深化其商品属性、资产属性；同时，供求关系的存在实现了具有流动性的碳市场,碳资产因而被赋予了金融属性。

3. 有别于传统金融市场,碳金融市场发展需要包含但不限于"联合国、主权政府、国际组织、非政府组织、金融机构、企业、投资者、创新碳服务机构"等全球力量的合作。

4. 当前金融端在我国碳市场发展上尚未完全发力,但绿色金融实践效果良好,未来有望助力发挥市场潜力。

本章思考

1. 国家倡导自愿减排的"自愿"真的有用吗?
2. 如何让逐利的市场参与者积极推进减排降碳的公益行为?
3. 碳信用额度会不会随着减排降碳技术创新而增加?同时,会不会随着净零社会的逐步实现而湮灭?随着碳中和进程的推进,碳排放权交易市场还会存在吗?

第六章 零碳实践之行：典型案例选

- 零碳转型战略定力
- 零碳政策指引
- 零碳行业重塑
- 零碳企业优化
- 零碳金融工具使用
- 零碳实践样本

基于现阶段我国各行业碳排放情况和降碳重点等状况，本书选取碳排放量较大的能源业，在能源消耗侧扮演重要角色的制造业，以及金融业、科技业等以资本或科技为支撑的间接核心行业作为企业碳中和实践探索的四大方向。依照中央财经大学绿色金融国际研究院（IIGF）ESG评级等级、ESG实践奖项和荣誉、重大ESG相关新闻等补充信息，重点介绍上述行业中ESG评级较高的八家企业的典型案例，为企业实现低碳转型提供借鉴参考。

6.1 制造企业零碳案例

6.1.1 钢铁企业案例：宝武集团"四新"齐发，大力推动低碳冶金

宝武集团作为提供钢铁及先进材料综合解决方案和产业生

态圈服务的国家重点高科技企业,以"共建产业生态圈,推动人类文明进步"为使命,近年来致力于构建以绿色精品智慧的钢铁制造业为基础,新材料产业、智慧服务业、资源环境业、产业园区业、产业金融业等相关产业协同发展的"一基五元"格局。通过新流程、新能源、新职能以及新材料"四新"同步发展,向零碳冶金迈进(见图6-1)。不断创新、以新取胜是宝武集团低碳发展的核心武器。

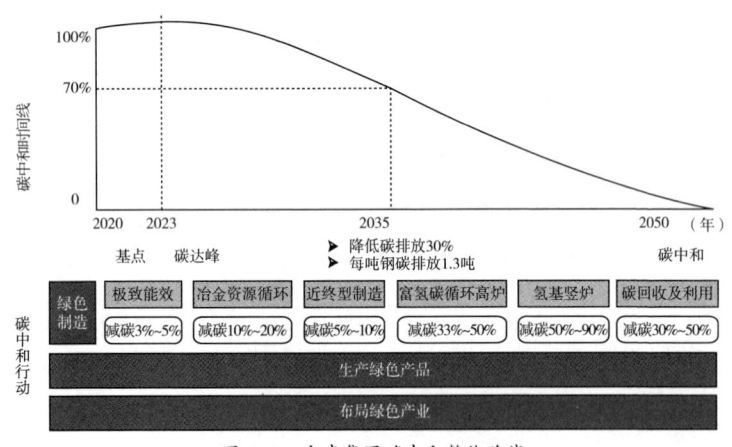

图 6-1 宝武集团碳中和整体路线

资料来源:宝武集团

◇ 在新流程方面,宝武集团全面布局绿色冶金技术路线,致力于形成全球钢铁行业的关键技术。在技术减碳方面,宝武集团从极致能效、冶金资源循环利用、近终型制造、富氢碳循环高炉、氢基竖炉和碳回收及利用六大方面进行部署,以六个技术方向协同发展,深层融合为以富氢碳循环高炉为核心工艺的碳中和绿色产业线和以氢基竖炉为核心的氢冶金工艺路径,逐步形成宝武特色的碳中和冶金技术路线（见图6-2）。

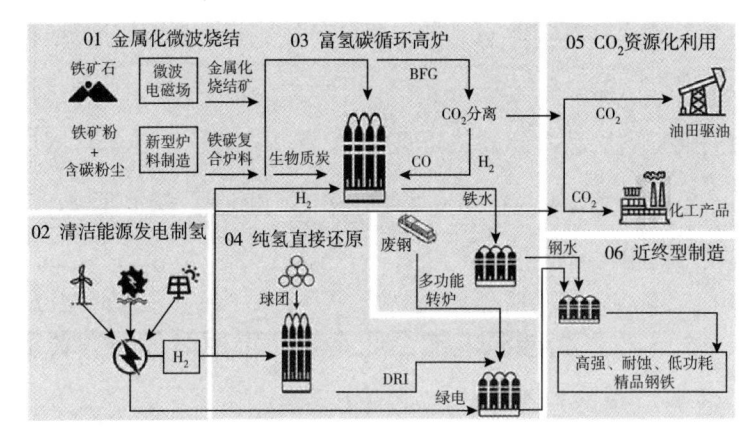

图6-2 宝武集团碳中和冶金技术路线

资料来源：宝武集团

◇ 在新能源方面，宝武集团因地制宜布局开发，形成绿色能源保障体系。依托各基地的负荷及资源优势，以建设自备绿色电厂为目的，加快风光核等绿色电力布局与开发，同时探索绿电异地输送通道，发展源网荷储一体化、智能微电网组建技术，开展熔盐储能、规模化水电解制氢等示范应用工程，夯实"零碳冶金"所需可再生能源和新型电力系统技术的保障基础。

◇ 在新智能方面，数字化升级加速产业链迭代，培育新生态。宝武集团坚持以数据智能驱动高科技创新，打造数字化工程设计与工程服务、先进装备制造、设备智能运维服务业务平台，发展相关场景和产业互联网平台，为钢铁及先进材料产业生态圈提供全生命周期智慧制造和智慧服务的数智化整体解决方案。

◇ 在新材料方面，宝武集团重点开发高性能绿色产品，降低碳足迹和放大碳手印并重。通过新材料和钢铁的协同耦合，为用户提供综合材料解决方案，实现全产业链绿色制造和全生命周期降碳。首发超规格重型 H 型钢，实现民用建筑低碳应用。该产品突破了高性能重型热轧 H 型钢的生产技术瓶颈，与焊接用钢相比吨钢可降碳 12%。

6.1.2 新能源电池企业案例：宁德时代的宜宾工厂成为"全球首个电池零碳工厂"

新能源车环保性一直饱受诟病的原因之一，是其使用过程中的碳排放虽然近乎为零，但其生产过程尤其是动力电池的生产过程却是排碳大户。不过，作为世界领先的新能源电池厂商，宁德时代正在改写这一现状。2022年3月，全球知名认证机构SGS为宁德时代全资子公司四川时代颁发PAS2060碳中和认证证书，宁德时代宜宾工厂成为全球首家电池零碳工厂（见图6-3）。这是宁德时代向碳中和目标迈进的重要里程碑，为电池生产制造环节碳中和提供了可借鉴样本，并给市场带来了电动+零碳的全新解决方案。

◇ 在绿色能源管理方面，宜宾工厂自主研发了CFMS智慧厂房管理系统，并在厂区中铺设了超过4万个环境探测传感器，通过窄带物联网（NB-IoT）采集，实现全域厂房设备100%在线监控。它们的状态参数都可以实时上传，数据可以实现快速交互。AI系统通过计算这些数据，进行节能方案的优化，并为每台设备量身定制最优的运行参数（见图6-4）。

图 6-3 宁德时代零碳工厂

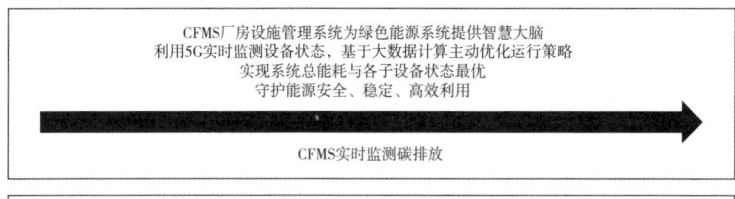

```
┌─────────────────────────────────────────────────┐
│  CFMS厂房设施管理系统为绿色能源系统提供智慧大脑      │
│  利用5G实时监测设备状态，基于大数据计算主动优化运行策略 │
│      实现系统总能耗与各子设备状态最优              │
│         守护能源安全、稳定、高效利用               │
├─────────────────────────────────────────────────┤
│              CFMS实时监测碳排放                   │
└─────────────────────────────────────────────────┘

┌─────────────────────────────────────────────────┐
│           对物流链条电动机进行改进                 │
│      广泛使用电动叉车、电动传车、无人驾驶物流车      │
│  实现供应商工厂、原料仓库、加工工厂、成品仓库、客户工厂之间零碳运转 │
├─────────────────────────────────────────────────┤
│                   绿色物流                       │
└─────────────────────────────────────────────────┘

┌─────────────────────────────────────────────────┐
│     搭建数字化生产中控管理系统，实现全局化目视管理    │
│                  放大每一处细节                   │
│                大幅降低工序损失                   │
│       仅智能涂布控制系统就可使断带接带时间减少90%    │
├─────────────────────────────────────────────────┤
│                   智能管理                       │
└─────────────────────────────────────────────────┘
```

图 6-4 宁德时代"减碳"措施

资料来源：根据公开资料整理

◇ 在绿色制造方面，宜宾工厂搭建了数字化生产中控管理系统，全局化目视管理可大幅降低工序损失，AI视觉检测系统可以自动学习和提取缺陷特征，在模切分条、卷绕等多环节提升检出率。制造过程中产生的废料将全部投入回收利用，镍、钴、锰等贵金属回收率可达99.3%。此外，宜宾工厂对物流链条及厂区交通进行了全面升级，广泛使用无人驾驶物流车、电动叉车等实现供应商工厂、原料仓库、加工工厂、成品仓库、客户工厂之间零碳运转。同时鼓励员工电动出行与共享出行，将减碳融入生产与生活。

6.2 科技企业零碳案例

6.2.1 科技制造案例：联想集团充分发挥"零碳链主"作用，助力"零碳未来"

作为全球化科技制造企业，联想集团在全球有35个制造基地，80多个物流分销中心，在180个市场开展业务，2 000多家供应商，拥有高度复杂的全球供应链网络。因此，联想集团在自身减排实践的基础上，更加重视发挥"链主"企业的带动作用及"净零效应"溢出作用，实现绿色效益10倍放大。

早在2011年，联想集团就率先实现了自身生产运营"范围一"的温室气体净零排放，并在2019/2020财年实现10年间减少92%的温室气体排放的里程碑式成就。2023年2月，联想集团正式发布净零排放目标（net-zero）路线图，成为中国首家通过科学碳目标倡议组织（SBTi）净零目标验证的高科技制造企业。

根据SBTi发布的净零标准，联想集团不仅要在2050年实现全价值链的净零排放，更要采取措施减少价值链之外的温室气体排放。

1.零碳生产＆运营

◇ 绿色产品方面，联想集团推动低碳产品设计与创新以减少产品碳足迹，将闭环再生塑料应用到298种产品中，推出5款含有趋海塑料的电脑产品并在2022年面向全球推出首款碳中和电脑Yoga Slim 9i。与此同时，联想集团还在拓展"零碳服务"，2022年联想全球客户合计抵消的二氧化碳已经超过100万吨。绿色能源方面，促进能源结构优化调整，采用提升能源效率、采纳新能源和开发再生能源信用额度等方式，截至2021/2022财年联想集团全球总太阳能装机容量约为17兆瓦。

◇ 绿色技术方面，加大低碳技术创新应用，温水水冷解决方案降低数据中心42%功耗，深冷制氮技术实现每单位气量节约0.05度电。

◇ 绿色制造方面，联想已有合肥、武汉等工厂入选国家级绿色工厂，并在此基础上继续推进向"零碳工厂"转型。其中，联想武汉产业基地于2022年12月达成碳中和，联想合肥产业基地在2020—2022年实现了单台产品碳排放减少49%的飞跃。

◇ 绿色运营方面，联想集团全球总部大楼实现了2022年度大楼运营层面碳排放的全面碳中和，成为智慧零碳楼宇方案的样板间。

◇ 绿色物流方面，在空运、海运中积极采用可持续燃料替代品，如与德迅合作利用可持续航空燃料（SAF），携手马士基启用生态环保运输解决方案等。

2021/2022 财年数据显示，联想集团"范围三"排放在总排放中占比超过 99%。因此，在积极推进自身减排的基础之上，打造零碳供应链将成为联想集团净零转型的关键。一方面，联想集团通过严控准入与退出机制加强供应商绿色管理，推动更多中小企业加入全球气候治理进程；另一方面，持续加强供应商减碳能力建设，提升减碳能力。以联想合肥产业基地为例，通过打造以 ESG 为抓手的生态战略管理体系、全面开展供应商节能技改星火行动、签约绿色材料战略合作、研发并推广适合供应商应用的 ESG 数字化管理平台等举措，积极带动供应链合作伙伴进行科学减碳。其中，星火行动节能技改项目共 10 个，参与供应商 20 家。项目总投资 1.2 亿元，预计总节电量可达 7 亿度，节电费用 5 亿元，效益提升 20%，项目周期内总减碳量 51 万吨。

此外，联想集团还进一步深化绿色协同创新，与供应商探索低碳技术应用。多年来，联想集团研发团队与供应商紧密合作，开展轻量化及集成化设计，将再生塑料、趋海塑料、再生金属等材料引入产品，大幅减少塑料污染，降低碳排放。同时，联想集团通过工艺创新、环保材料研发等手段逐步淘汰塑料包装。自2016年以来，联想集团创新推出兼具轻薄与可再生优势的竹纤维包装，减少包装材料用量4 137吨。此外，联想集团联合多方发起"你好，中国竹"可持续发展行动，倡导更多企业践行"以竹代塑"。

2023年3月，联想集团获得EcoVadis授予的2023年可持续采购领导奖"杰出项目领导力奖"，可持续采购再获肯定。此前，凭借在供应链脱碳减排领域发挥的引领作用，联想集团荣获全球环境信息研究中心（CDP）2022"供应链脱碳先锋奖"，为中国唯一获奖企业。

2.零碳解决方案对外赋能

联想集团作为服务和解决方案提供商，以自身转型经验打造可持续发展解决方案（Sustainability Solutions），推动各行各业客户实现净零转型。

联想集团可持续发展解决方案主要通过低碳产品采购、提升能源效率及推动循环经济发展三个方面助力客户减少碳足迹。具体而言，联想集团通过提高产品能效、降低数据中心能耗等形式，减少客户"范围二"排放；联想集团还通过产品设计、低碳生产、可持续材料应用、低碳物流、零碳服务等方式助力客户推动负责任的采购和运输，并通过延长设备使用寿命，加大设备的再利用和回收力度，推动循环经济发展，减少客户"范围三"排放。

3.零碳智能方案赋能

为不同产业打造科学、可复制的低碳制造解决方案，为

300余家汽车制造、石油石化、能源电力、电子制造等行业第三方客户输出行业智能解决方案，通过提质增效，助力企业节能减排。如联想集团为某大型钢铁行业企业打造的智能制造管理系统和能源管控平台，做到了对生产过程进行精细化管理，在实现零碳转型的同时，降本增效。如今，该企业每年可减少超过13万吨碳排放，实现了真正的高质量、低排放的绿色发展。

未来10年，新IT技术有潜力通过赋能其他行业帮助减少全球20%的碳排放，较之2020年数字信息行业企业碳排放占比为全球的2.3%，实现绿色效益的10倍放大。

6.2.2 科技企业案例：主线科技助力天津港打造全球首个人工智能零碳码头

当前，中国正在对努力推动实现"双碳"目标进行全面部署。主线科技作为以全栈自动驾驶技术助力智慧物流向高质量发展的人工智能高新企业，正积极争当低碳供应链&物流的先行者和实践者，为中国绿色供应链&物流发展做出了突出贡献。2021年10月17日，全球首个智慧零碳码头——天津港北疆港区C段智能化集装箱码头正式投产运营，主线科技作为重要合作伙伴，正式向其完成60台氢电混合动力人工智能运输机器人（ART）的交付并投入运营，持续助力天津港打造世界一流的智慧港口、绿色港口。ART基于主线科技自主知识产权的无人驾驶核心技术研发,搭载自研L4级自动驾驶系统"Trunk Master",具备业界首屈一指的"完全无人驾驶"能力,真正达到了在港口真实复杂作业场景中的高精度、全无人、全天候、安全稳定的集装箱自主水平运输作业,有效提高了码头的整体运营效率。同时,ART采用新能源动力,可实现自主充电、智能算法节电等功能,减少能源消耗,降低运营成本,真正实现了零碳排放（见图6-5）。

图6-5 主线科技助力天津港打造零碳码头

6.3 能源企业零碳案例

6.3.1 石化企业案例：中国石油成为"低碳能源"排头兵

中国石油是国有重要骨干企业和全球主要的油气生产商和供应商之一,是集国内外油气勘探开发和新能源、炼化销售和新材料、支持和服务、资本和金融等业务于一体的综合性国际能源公司。如图6-6中国石油绿色低碳转型路径所示，中国石油始终坚持绿色发展理念，大力实施"创新、资源、市场、国际化、绿色低碳"五大战略，努力构建石油石化行业的绿色产业链。未来，中国石油将坚持"在保护中开发、在开发中保护、环保优先"的理念，按照清洁替代、战略接替和绿色转型"三步走"战略部署，持续大力开展构建绿色能源产业链合作，以高质量合作助力能源绿色低碳发展，打造可持续的"绿色"命运共同体。

图 6-6 中国石油绿色低碳转型路径

资料来源：中国石油

◇ 战略规划引领绿色低碳发展：中国石油深入贯彻习近平生态文明思想，按照清洁替代、战略接替和绿色转型"三步走"总体部署，制订《绿色低碳发展行动计划3.0》，进一步明确了碳达峰、碳中和的时间表和路线图，打造化石能源与新能源全面融合发展的"低碳能源生态圈"。部署实施节能降碳、甲烷减排、生态建设、绿色文化、天然气+清洁能源发展、氢能+零碳燃料升级、综合能源供给体系重构、深度电气化改造、碳捕集利用与封存（CCUS）产业链建设、零碳生产运营"十大工程"，推动公司向"油气热电氢"综合性能源公司转型。

◇ 先进技术研究推动低碳生产：中国石油紧盯公司节能降耗、固废管控、排放达标升级、碳排放管控等重大需求，基于过程清洁生产控制、末端优先资源化、系统优化促进达标升级等新思路，打造了废物资源化技术、地面工程能量系统优化、污染物综合控制技术及碳排放核算和管理体系等四大技术体系，其中，29项新产品、1项新工艺、9项新技术通过三新项目鉴定。已鉴定的成果均达到国际先进或国际领先水平。专项经济效益6.03亿元，推广后可形成28万吨标煤节能能力，减排二氧化碳49万吨，废水中有机物质201吨/年，氨氮86吨/年等。

◇ 坚持绿色低碳生产，提升节能减碳效益：首先是调整优化用能结构。钻探企业以降低柴油消耗为核心，积极实施钻机"电代油、气代油"项目。2021年，西部钻探公司先后在新疆、塔里木、吐哈等油田推广应用油改电钻机钻井350口，累计完成钻井进尺112万米，外购电力4亿千瓦时，替代柴油9.3万吨，减排二氧化碳28万吨。同时，通过对水基钻井岩屑危险特性的研究，推动了水基钻井岩屑从危险废物名录中的去除。该技术在中国石油经过全面推广应用，创造了巨大的经济效益和环境效益，被评为中国石油和海南省科技进步奖二等奖。

◇ 深化国际绿色低碳合作交流，参与构建全球能源新体系：2016年12月，中国石油作为首批企业会员，正式加入《履行企业环境责任 共建绿色"一带一路"》倡议。在"一带一路"工程建设和技术服务合作方面，涌现出伊拉克哈法亚油田三期工程、哈萨克斯坦奇姆肯特炼厂现代化改造工程、乍得2.2期油田产能建设工程等一大批典型项目，这些项目对接国际标准，多方合作共建，属地化程度高，在项目执行过程中注重可持续发展，推动了绿色清洁能源在当地的有效利用。

6.3.2 科技能源企业案例：远景能源成为"零碳产业园"先行者

远景能源是全球领先的能源互联网技术服务提供商，致力于解决可再生能源时代面临的挑战。远景能源以新能源发电领域为基础，深入发展风、光、储、动力电池，推动传统能源领域的智慧变革。2022年，远景能源与鄂尔多斯市政府合作打造了全球首个零碳产业园。远景能源充分依托鄂尔多斯当地丰富的绿色可再生能源，打造出100%绿色零碳能源供给的"新型电力系统"，建立起基于国际标准的"零碳数字操作系统"。同时，远景能源依托鄂尔多斯的资源禀赋和市场优势，聚集形成了"绿色新工业集群"。

未来，远景能源将以"为人类的可持续未来解决挑战"为使命，持续推动风电和储能成为"新煤炭"，电池和氢燃料成为"新石油"，智能物联网成为"新电网"，零碳产业园成为"新基建"，同时培育绿色"新工业"体系，努力将"零碳制造"进行到底。

◇ 新型电力系统：远景鄂尔多斯零碳产业园通过智能物联网源荷互动控制系统和基于绿氢的零碳能源岛，园区80%能源由本地的风电、光伏直供，20%与电网交易，进而实现园区100%绿色零碳能源供给。

◇ 零碳数字操作系统：远景能源基于全球领先的智能物联网操作系统自主构建能碳管理平台，对生产运营环节的能耗数据和碳排数据进行统计监测，打破各生产环节的数据壁垒进行全产业链碳排放跟踪（见图6-7）。此外，园区内企业通过平台打通绿电交易、绿证以及碳权益交易市场，实现剩余碳排放管理。

◇ 严格执行国际化标准：远景能源联合国内外领先的认证机构发布零碳产业园国际标准。同时，基于远景智能物联操作系统和远景方舟能碳管理平台打造的零碳数字认证体系，赋予了园区内产品可追踪溯源、符合各类国际标准、经过权威机构认证的"零碳绿码"。

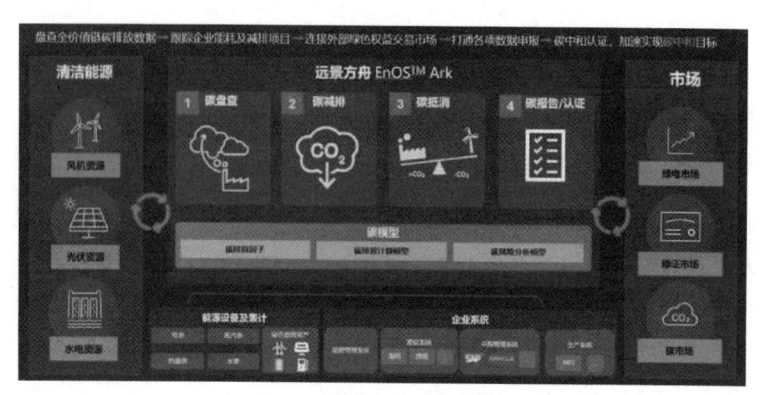

图 6-7　远景能源碳管理系统

资料来源：根据公开资料整理。

◇ 牵头产业链龙头，打造绿色新工业集群：远景能源依托鄂尔多斯的资源禀赋和市场优势，吸引电池及储能产业链、光伏产业链、氢燃料电池及绿氢设备制造产业链与新能源汽车制造产业链龙头企业入驻产业园区，逐步聚集形成"绿色新工业集群"，助力当地到2025年实现3 000亿元绿色新工业产值，创造10万个绿色高科技岗位，1亿吨二氧化碳年减排，实现"零碳制造"与经济发展和谐统一。

6.4　金融企业零碳案例

6.4.1　商业银行企业案例：兴业银行成为银行业零碳先锋

作为中国首家赤道银行，兴业银行长期致力于助力绿色经济发展，在绿色道路上积极实践，以市场化方式支持国家节能

兴业银行绿色金融生态图

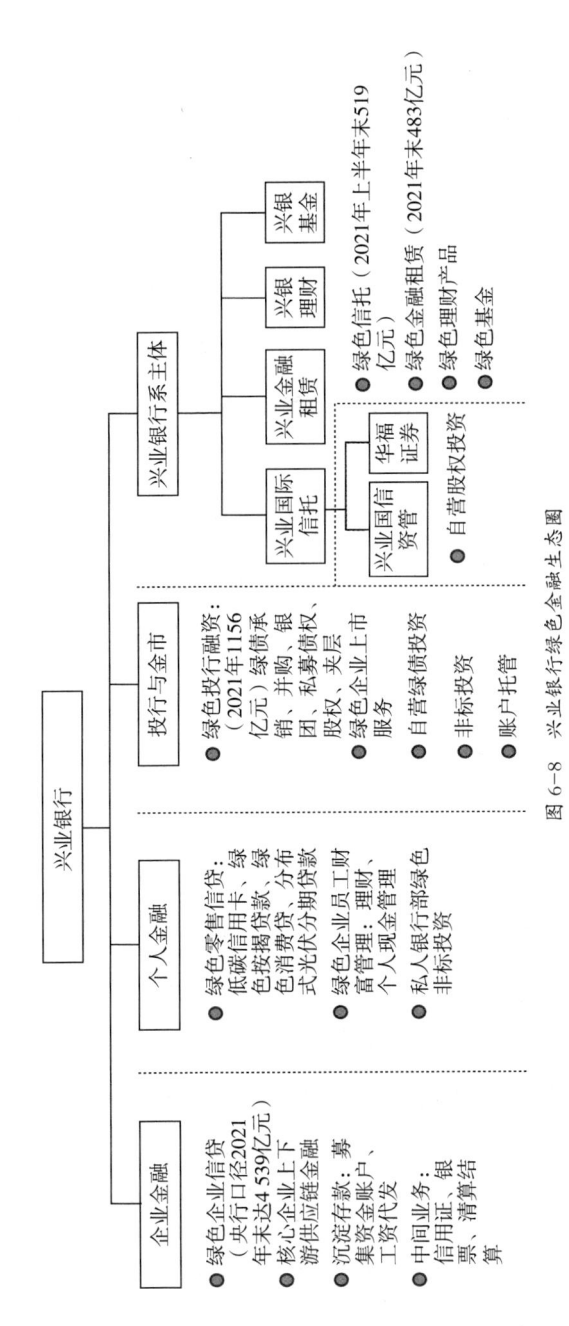

企业金融
- 绿色企业信贷（央行口径2021年末达4539亿元）
- 核心企业上下游供应链金融
- 沉淀存款：募集资金账户、工资代发
- 中间业务：信用证、银票、清算结算

个人金融
- 绿色零售信贷：低碳信用卡、绿色按揭贷款、绿色消费贷、分布式光伏分期贷款
- 绿色企业员工财富管理：理财、个人现金管理
- 私人银行部绿色非标投资

投行与金市
- 绿色投行融资（2021年1156亿元）绿债承销、并购、私募股权、股权、夹层
- 绿色企业上市服务
- 自营绿债投资
- 非标投资
- 账户托管

兴业银行系主体
- 兴业国际信托
  - 兴业国信资管
    - 华福证券
  - 自营股权投资
- 兴业金融租赁
- 兴银理财
- 兴银基金

- 绿色信托（2021年上半年末519亿元）
- 绿色金融租赁（2021年末483亿元）
- 绿色理财产品
- 绿色基金

图6-8 兴业银行绿色金融生态图

资料来源：根据公开资料整理

减排环境保护事业，通过将节能环保与个人消费相结合，不断加快创新升级步伐，提供多层次的绿色金融综合服务（见图6-8）。近期，兴业银行更是凭借在环保出行、绿色消费、低碳公益等金融服务板块中守正创新：稳中求进的高质量发展成果，荣膺《21世纪经济报道》2022年度竞争力案例"绿色金融先锋企业"以及"2022年度低碳榜样"奖，其信用卡服务获得"可持续金融创新奖"，这些奖项的获得是兴业银行坚定落实可持续金融的重要体现。

◇ 践行绿色运营，推动零碳行动：兴业银行对自身办公场所进行节能改造，降低能耗，减少自身运营过程的碳排放。此外，在供应链管理上，坚持对供应商在环保认证、安全生产、劳动保障等方面进行审查，将环境和社会绩效作为重要考量。

◇ 打造绿色消费立体版图：兴业银行信用卡积极响应国家"双碳"目标，深耕新能源汽车金融服务领域，目前业务遍及全国44家分行，覆盖百余座城市。在2022年汽车分期业务中针对新能源汽车推出低年化利率服务。同时通过权益兑换促进绿色消费，并加大支持乡村振兴力度，引导客户践行低碳环保理念。

◇ 助力新能源产业发展：兴业银行西安分行坚定践行总行绿色金融新能源策略，深挖西北地区的新能源资源禀赋优势，为靖边县风电场项目提供2.8亿元融资额度，引导企业将更多的资源向"绿"发展，储备了一批优质的新能源项目。

◇ 擦亮"绿色银行"名片：近年来，兴业银行先后承销落地全球首单蓝色非金债券，市场首单"三绿"资产支持票据、首单绿色资产支持商业票据、首批碳中和债券、首批可持续发展挂钩债券、首单社会责任债券等多笔绿色可持续债券创新产品，2022年承销绿色债券规模达到了355亿元，名列股份制银行前列。

◇ 践行绿色环保公益：兴业银行在公益板块身体力行，与中国绿色基金会达成合作，2022年度累计向沙漠绿化计划捐款超过65万元，同时通过特色商城引导客户深度参与绿色公益事业，为"双碳"事业添砖加瓦。

6.4.2 商业保险企业案例：平安保险成为零碳践行者

在"低碳"成为时下热议词汇前，平安保险作为中国第一家股份制保险企业，就已积极践行节能减碳，承担国企社会责任，在零碳道路的探索中与时俱进（见图6-9）。除了完善组织结构、学习优秀实践经验等顶层结构的优化，丰富绿色保险、鼓励内部竞争等绿色运营实践也为平安保险在同业竞争中逐步树立起了优势，使其成为综合性金融业的零碳践行者。

◇ 丰富绿色保险服务：平安保险针对绿色企业或绿色项目的保险客户，积极推出优惠政策。旗下各类保险子公司也积极开发、推广适合企业或个人的人身保险类绿色产品或服务。

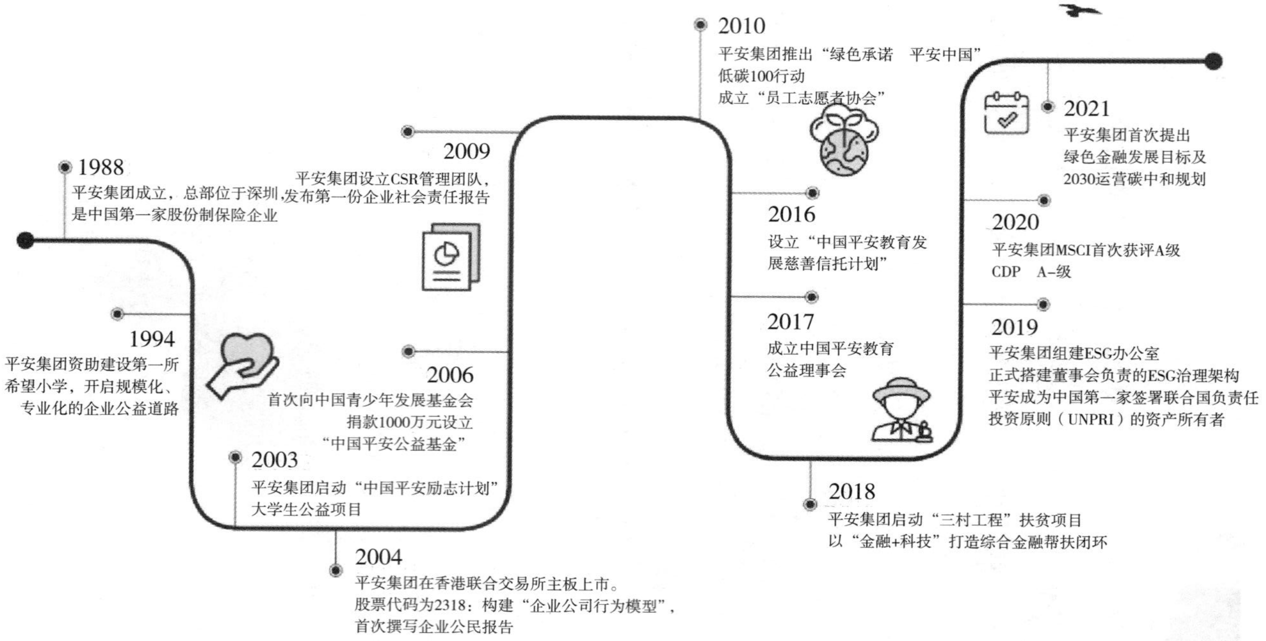

碳中和先立后破之路——企业寻碳

- **1988** 平安集团成立,总部位于深圳,是中国第一家股份制保险企业
- **1994** 平安集团资助建设第一所希望小学,开启规模化、专业化的企业公益道路
- **2003** 平安集团启动"中国平安励志计划"大学生公益项目
- **2004** 平安集团在香港联合交易所主板上市,股票代码为2318;构建"企业公司行为模型",首次撰写企业公民报告
- **2006** 首次向中国青少年发展基金会捐款1000万元设立"中国平安公益基金"
- **2009** 平安集团成立CSR管理团队,发布中国第一份企业社会责任报告
- **2010** 平安集团推出"绿色承诺 平安中国"低碳100行动;成立"员工志愿者协会"
- **2016** 设立"中国平安教育发展慈善信托计划"
- **2017** 成立中国平安教育公益理事会
- **2018** 平安集团启动"三村工程"扶贫项目,以"金融+科技"打造综合金融帮扶闭环
- **2019** 平安集团组建ESG办公室,正式搭建董事会负责的ESG治理架构;平安成为中国第一家签署联合国负责任投资原则(UNPRI)的资产所有者
- **2020** 平安集团MSCI首次获评A级,CDP A-级
- **2021** 平安集团首次提出绿色金融发展目标及2030运营碳中和规划

图6-9 平安保险可持续发展路径

资料来源:根据公开资料整理

◇ 完善零碳组织结构：平安保险已成立集团绿色金融委员会，统筹绿色金融相关战略、规划、制度等的制定和审议，并在绿色金融委员会下设立集团绿色金融办公室，各专业子公司同步设立绿色金融办公室，以便具体进行绿色金融工作的落地执行，通过改善组织结构，进一步推动零碳计划。

◇ 鼓励内部"绿色"竞争：平安保险在集团内部发起面向各专业子公司的绿色运营大赛，对优秀的绿色运营实践形成鼓励和经验传播，并逐步探索制定详细的运营碳中和路线图。

◇ 借鉴国内外优秀实践：平安保险目前正学习符合国际最佳实践的碳中和策略，探索实现运营碳中和的具体路径，即"先内后外"和"先减后买"。优先通过职场建筑和数据中心节能等形式做好内部减排工作，同时寻求外部购买绿电等方式进行外部减排。在内外部可行减排措施实施后，通过碳汇交易等方式以实现碳中和。

后　记

气候变化是全人类面临的共同挑战，第28届联合国气候变化大会（COP28）再次明确了全球气候环境的紧迫状况并向大众展望减缓气候变化带来的社会及经济效益。在全球减缓气候变化的大环境之下，中国立足"绿色金融"以及"转型金融"的顶层设计，在应对气候风险及企业绿色低碳转型道路上探寻新的发展机遇。不论是双碳目标的提出、国家"十四五"规划对于能源结构调整的要求，还是对于企业的ESG理念引导，都将可持续发展摆在了企业商业议程的前沿。2022年，国务院发布《提高央企控股上市公司质量工作方案》，倡导央企主动探索以建立健全ESG体系，同时也为全市场企业的高质量发展指明了方向。

受宏观经济与政策影响，企业作为金融市场的核心参与方，亟须重新审视自身经营模式，积极应对气候变化和ESG管理所带来的挑战，并在政策指引下发掘潜在市场以创造更高价值。部分中国企业或是在华外企已开始进行相应尝试，并将其行动方案输出至其他企业。在这一趋势下，《碳寻》的编写也将协助企业更好地理解可持续发展目标的深层含义，通过重点解析碳减排路径、资源有效利用、履行社会责任以及高质量企业管理，为企业提供实际的执行参考。本书旨在通过激发企业创新思路，协助重点行业企业转危为机，引导其谋求适宜的发展路径，实现经济高质量增长和可持续价值创造的双赢成果。

《碳寻》一书包含社会及政府对企业低碳转型的呼声及企业实现绿色可持续发展的思路方法，以企业低碳转型路径与ESG管理方法为核心，帮助企业从基础认知一步步加深对"低碳转型""气候风险""ESG管理"的理解，结合企业自身所处行业的发展情况及地域属性探索有效解决方案并积极实践。全书分为六大部分：

◇ 以国际局势及气候状态之"思"破局，阐明各类环境变化所产生的社会经济影响，引导企业主动担负社会责任、入局气候变化。

◇ 关注本地化发展"寻"可持续发展与企业的潜在挑战与机遇，以碳之"思"为出发点给予企业低碳发展的指引和参考。

◇ 将控排行业的低碳发展及转型之"路"作为参考模板，引导企业借鉴重点企业转型路径，同时剖析减碳转型"三步走"的底层逻辑。

◇ 了解外部发展之路的同时，提炼分析企业内部战略规划、组织运营及风险控制之"术"，协助企业充分发挥绿色转型的内生动力并树立完备主观能动性。

◇ 第五部分为企业再添金融工具之"力",运用金融手段为"碳"赋值,运用资本市场资源配置为企业转型发展及绿色降碳输送可持续动力。

◇ 借助制造、科技、能源、金融行业的参考案例,为企业实现"碳寻"之"行"提供可行参考,为构建更加绿色、可持续的未来提供珍贵指引。

新时代下,可持续发展、绿色低碳转型、ESG已成为全球范围内各金融市场参与者的共同议题,也是企业所不可或缺的发展使命。单单追寻低碳发展、ESG管理并不能从根本上解决企业发展瓶颈、极端气候风险等问题,但相关理念业已成为推动世界向着绿色、低碳可持续发展的重要力量。这要求企业有着行则将至的决心,建立健全低碳体系,分层次、按阶段稳中求进地推进低碳转型,保障长效的增量发展。

未来,相信在政策制度引导、行业自律规范以及其他利益相关方的协同合力之下,企业将行而不辍,探寻企业"碳寻"的真正奥义,在挑战中寻觅机遇,迎来可持续高质量发展的未来。